JOSÉ M. MILLÁS

# Cristianismo y Realidad

La credibilidad de Cristo en J. Monserrat
y la novedad teológica de X. Zubiri

Progetto grafico di copertina: Serena Aureli

Impaginazione: Lisanti Srl - Roma

© 2014 Pontificio Istituto Biblico
Gregorian & Biblical Press
Piazza della Pilotta 35, 00187 - Roma
www.gbpress.net - books@biblicum.com

ISBN: 978-88-7839-**292**-2

# INTRODUCCIÓN

El origen de este escrito son los *Apuntes* preparados para mis estudiantes en la Facultad de Teología de la Universidad Gregoriana en Roma. El interés por efectuar una exposición sistemática que pudiera interesar dirigió mi atención hacia la filosofía de la *realidad* de Xavier Zubiri y la aplicación que él mismo hace a los temas teológicos. La insuficiencia del modo clásico de justificar y fundamentar la existencia de Dios y la fe cristiana me llevó a profundizar en la intuición desarrollada por Javier Monserrat, en la que ofrece una justificación de Dios y de la fe, actual y convincente. El resultado fue positivo. La exposición basada en los dos autores tenía coherencia y actualidad, y los estudiantes manifestaban la percepción de una novedad válida. Esto me animó a ampliar los *Apuntes* y convertirlos en material publicable.

En las páginas que siguen expongo el resultado de mi estudio de Zubiri y Monserrat. Lo he efectuado con la intención de contribuir a la fundamentación de la fe y a una estructuración del pensamiento cristiano, que facilite el desarrollo de una teología dogmática coherente y actual. Una breve presentación de los dos autores puede ayudar en la lectura.

Xavier Zubiri nació en San Sebastián, en 1898. Muy pronto mostró una privilegiada capacidad intelectual que se concretó de dos maneras. La familia suscitó y fomentó la vocación al sacerdocio. Al mismo tiempo, se iba manifestando una decidida orientación hacia la filosofía. Tuvo maestros que reconocieron su vocación intelectual y la fomentaron, y terminada la escuela se trasladó a Madrid. Allí siguió los cursos de filosofía y teología eclesiásticas, y estudió filosofía en la universidad civil. Zubiri realizó el completo recorrido de los estudios en las dos direcciones de su orientación vital. Obtuvo la licencia en filosofía eclesiástica en Lovaina y el doctorado en teología en Roma. Acabados los estudios en la universidad, escribió una tesis doctoral sobre

E. Husserl, y ganó la cátedra de Historia de la filosofía en la Universidad de Madrid, el año 1926.

Para comprender a Zubiri tiene interés llamar la atención sobre un hecho particular: abandonó el curso público y oficial de las dos orientaciones fundamentales de su vida por motivos ciertamente muy diversos. En 1933 pidió la reducción al estado laical, con la intención de solicitar luego la nulidad de su ordenación sacerdotal, alegando la fuerte influencia familiar en la decisión y el hecho de estar viviendo una grave crisis modernista en el momento de la ordenación sacerdotal. Siguió todos los pasos legales y obtuvo la reducción al estado laical (1934) y el permiso de casarse por la Iglesia (1936). Esto lo liberó de las obligaciones del sacerdocio, que había vivido como una carga insoportable. Superada la crisis modernista, recuperó una sincera fe cristiana y vivió una seria vocación a la teología, cuyo excelente conocimiento, tanto de la tradición latina como de la tradición griega, mantuvo rigurosamente al día.

Durante la estancia en Roma para tramitar la dispensa de celibato estalló la guerra civil en España. Permaneció en Roma, pero resultaba sospechoso para la policía de Mussolini, y el 31 de agosto de 1936 recibió una orden de expulsión, y tuvo que trasladarse a Paris (SS 380). Al acabar la contienda pudo regresar a Madrid.

El abandono de la práctica sacerdotal influyó en otra grave decisión. La reducción al estado laical le imponía la condición de no ejercer como profesor laico donde le habían conocido como sacerdote. Por ello se trasladó a la Universidad de Barcelona, donde impartió sus lecciones durante los cursos 1940-41 y 1941-42. Llevado por una compleja inspiración, que se puede interpretar de maneras diversas, regresó a Madrid y renunció a su cátedra. El primer problema que tuvo que afrontar fue haberse quedado sin sueldo. Sus amistades le ayudaron generosamente, y pronto se organizó un Centro en el que Zubiri impartía conferencias y cursos abiertos al público, logrando una suficiente autonomía económica.

Los incidentes eclesiásticos y académicos instalaron a Zubiri en unas condiciones excepcionales. Se encontró en una situación cuyas únicas exigencias eran estudiar, pensar, crear y exponer libremente su pensamiento. Si esas condiciones tenían ciertamente un carácter de *soledad*, la actividad de Zubiri se pudo concentrar exclusivamente en transformarla en *Soledad sonora*; éste es el título que J. Corominas y J. A. Vicens han dado a la biografía del filósofo: X. *Zubiri. La soledad sonora*. El pensamiento de Zubiri siguió una senda que se concluyó al final de su vida, y los autores que reconocen la originalidad de su filosofía, sitúan la expresión de la madurez definitiva de su pensamiento en *Inteligencia sentiente*, obra en tres volúmenes, publicados en 1980, 1982 y 1983, poco antes de su muerte, en septiembre de 1983. A mi juicio, la novedad filosófica de Zubiri se encuentra, sobre todo, en *Inteligencia y realidad*, primer volumen de la obra indicada, y en *La realidad humana*, primera parte de *El hombre y Dios*, texto que estaba preparando para la publicación, y que encontraron sobre la mesa de su despacho después de su fallecimiento.

Nuestro autor llegó a esta meta mediante una dedicación al estudio y a la creación filosófica que duró toda la vida. Él mismo reconocía que fue un recorrido fatigoso, pero el resultado es novedoso, convincente y válido. Tuvo sus etapas, y Zubiri las explica en la introducción a *Naturaleza. Historia. Dios* (1994, 13-15). La primera fue la etapa inspirada por la fenomenología. Atraído por el principio de E. Husserl de "volver a las cosas mismas", estudió su obra y profundizó en ella en su tesis doctoral titulada *Ensayo de una Teoría fenomenológica del Juicio*. Pronto sintió la necesidad de ir más allá de la fenomenología e iniciar una nueva etapa. Tiene interés notar que la primera etapa se concluyó con una estancia en Alemania. Residió en Friburgo (1928-1930), donde asistió a las últimas clases de Husserl y a las primeras de su sucesor, M. Heidegger, llegado de Marburgo para sustituirlo. Zubiri encontró a Heidegger, cuya obra *El ser y el tiempo* conocía, y se estableció una relación en la que se puso de manifiesto el acuerdo sobre la conveniencia de ir más allá de la fenomenología. Se trasladó luego a Berlín (1930-1931), movido por el interés de seguir de cerca la creación de la *nueva física*, que estaba surgiendo allí. Había profundizado en el conocimiento de las matemáticas hasta el punto de poder seguir los cursos y seminarios de Albert Einstein, Max Planck y Erwin Schrödinger, a quienes conoció y trató personalmente. Al final de su estancia en Berlín, durante un paseo por sus calles, tuvo la experiencia de la agresión de un grupo de jóvenes nazis (SS 241). El partido nacionalsocialista estaba ya presente en el parlamento alemán; era un grupo minoritario, que alcanzó luego la mayoría relativa, y en enero de 1933 Adolf Hitler fue elegido Canciller.

El regreso a Madrid, en 1931, significa el final de la etapa "fenomenológica" y el inicio de una nueva etapa, que se podría denominar "ontológica", y que transcurre bajo la influencia de Heidegger. Pero Zubiri se distanció de él, pues no compartía su modo de entender el *ser*. A partir de 1944 se extiende la tercera y última etapa: "la etapa rigurosamente metafísica" (NHD 15).

Durante este período nuestro autor experimentó serias dificultades. Tenía una propia novedad en la mente, y ponerla por escrito y darla a conocer le resultaba difícil. Después de años de trabajo publicó *Sobre la esencia* (1962). Pero la novedad zubiriana no estaba entera en este libro, y al autor le faltaban las fuerzas para completar su obra. La superación de la dificultad fue posible gracias a otro hecho decisivo en su vida. El entorno más íntimo de amigos y colaboradores percibía el conflicto que vivía el maestro, y surgió la idea de iniciar unas sesiones de trabajo que se convirtieron en el *Seminario Xavier Zubiri* (SS 653-675). Ignacio Ellacuría convocó la primera sesión y asumió las funciones de dirección. A partir de enero de 1972, cada viernes se reunía con Zubiri un reducido grupo de colaboradores y profesionales para exponer, discutir y criticar los temas que el filósofo proponía. Las sesiones del Seminario se mantuvieron con regularidad hasta su muerte. La colaboración, la amistad y el apoyo humano de los participantes en el Seminario fueron una ayuda decisiva en la tarea de escribir los tres volúmenes de *Inteligencia sentiente*.

Javier Monserrat, jesuita y profesor de la Universidad Autónoma de Madrid, era miembro del Seminario Xavier Zubiri desde 1975. Podemos decir, por tanto, que pertenece a su escuela, aunque se declara "zubiriano heterodoxo" (*Conv* 223). Él mismo dice que el encuentro con el pensamiento de Zubiri fue "un punto de apoyo para evadirme intelectualmente de la escolástica" (222), lo considera "el filósofo que ha propuesto el marco conceptual más congruente con la ciencia contemporánea", y nota que era muy crítico con el to-

## Introducción

mismo intransigente que imperaba en los centros eclesiásticos españoles (218s).

Monserrat es profesor de *Teoría del conocimiento* en la Universidad de Comillas (Madrid) y de *Ciencias cognitivas* en la Universidad Autónoma de Madrid. Nuestro interés se concentra en la intuición que tuvo cuando era un joven profesor, y que expuso y desarrolló ampliamente en *Existencia. Mundanidad. Cristianismo* (Madrid 1974). El libro ofrece un modo original de justificar la existencia de Dios y la fe cristiana, que contiene una profunda novedad y una estimulante actualidad. Pero la obra es de difícil lectura y ha tenido un eco reducido. Yo he podido conversar personalmente con el autor sobre el tema, y juzgo convincente su argumentación. Monserrat ha propuesto de nuevo su intuición en forma de novela: *Dédalo. La revolución americana del siglo XXI* (Madrid 2002), y últimamente la ha integrado en un ensayo sobre la necesidad de un nuevo paradigma del pensamiento cristiano: *Hacia un Nuevo Concilio* (2010). A mi juicio, el modo como Monserrat justifica la existencia de Dios y la fe cristiana, supera la argumentación de Zubiri sobre el tema, expuesta en *El hombre y Dios*. Así lo he mostrado en mi estudio *La realidad de Dios. Su justificación y sentido en X. Zubiri y J. Monserrat* (Roma-Madrid 2004).

Nuestro texto tiene dos partes. En la primera: *Realidad y credibilidad de Cristo*, presentamos puntos fundamentales de la filosofía de Zubiri (cc. 1 y 2) y exponemos la visión de Monserrat sobre la credibilidad de Cristo y la necesidad de renovar el paradigma del pensamiento cristiano (cc. 3-5). En la segunda parte: *Realidad y teología*, seguimos los temas del volumen de inéditos de Zubiri sobre cuestiones teológicas: *El problema teologal del hombre: Cristianismo*, publicado en 1997. Estamos convencidos de que en el libro hay una notable riqueza teológica y pretendemos ofrecer una ayuda para acceder a ella. El libro no es de fácil lectura; no ha sido preparado por el autor para la publicación. Pero en él hay un rico contenido, que podría ser una base para la exposición sistemática de la teología cristiana, efectuada desde una comprensión actual del mundo y del hombre y elaborada en una estricta fidelidad al dato revelado.

*Agradecimientos*

Al terminar la introducción debo dar las gracias a las personas que con su ayuda han hecho posible la realización del trabajo. En primer lugar a Santiago Bretón, que ha ido leyendo lo que escribía y me ha animado con sus comentarios y observaciones. En segundo término, a Gianluca A. Giordano con quien mantuve frecuentes diálogos sobre los tres primeros capítulos y a Juan Jesús Bastero que ha leído y hecho observaciones sobre una parte del manuscrito. Finalmente debo dar las gracias muy en particular a François-Xavier Dumortier, Rector de la Pontificia Universidad Gregoriana, por sus observaciones y su interés por el tema, manifestados en los encuentros tenidos con él, y por la aceptación del manuscrito en las ediciones de G&B. Press, la editorial de la Universidad.

Roma, 1 de febrero de 2013

José M. Millás

# PRIMERA PARTE
# REALIDAD Y CREDIBILIDAD DE CRISTO

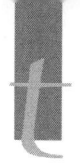

CAPÍTULO 1

# ELEMENTOS DE FILOSOFÍA DE LA REALIDAD

La filosofía de Zubiri es una filosofía de la *realidad*. La realidad es el término primario de la inteligencia. El hombre comparte muchas cosas con el animal, pero se distingue en algo decisivo. Para el animal las cosas son estímulos que determinan de algún modo la respuesta. Para el hombre, en cambio, las cosas percibidas no son simplemente estímulos pues mantienen una autonomía suficiente y una consistencia propia: son *realidad estimulante*, que invita al hombre a dar una respuesta sin determinarla plenamente. El hombre está abierto a la realidad por medio de la inteligencia, y lo está de un modo primordial y constitutivo. La realidad es el término formal de la inteligencia (IS I 225).

Según Zubiri, la filosofía es el modo humano de querer saber qué es la realidad en cuanto tal. Esta intención puede aparecer en cualquier tipo de saber humano. Pero los resultados quedarán fuertemente determinados por el modo como la realidad se presenta a la inteligencia. Precisamente éste es el problema radical: el *modo como las cosas se presentan a la inteligencia* (SR 9s).

## A. El acto primordial de la inteligencia

Zubiri no pretende hacer una "Teoría del conocimiento" sino un análisis del acto de la inteligencia. Las cosas, en efecto, se presentan al hombre en un acto de la inteligencia, en una actividad intelectiva, en una *intelección*. Ahora bien, en este punto aparece la cuestión de la sensibilidad, es decir, la cuestión del papel y función que tiene la actividad de los sentidos en la presentación de las cosas al hombre.

## 1. Inteligencia y sensibilidad

En la historia de la filosofía se ha aceptado siempre que las cosas se "dan" al hombre por medio de los sentidos, es decir, mediante los datos de la sensibilidad. A partir de esos datos, la inteligencia debe hacer aquello que los sentidos no pueden hacer, a saber, lograr la comprensión de las cosas. Aparece, por tanto, como una dualidad entre la sensibilidad (la actividad de los sentidos) y la inteligencia (la intelección). La filosofía de Zubiri tiene un modo propio de explicar esta dualidad en su "análisis del acto de la inteligencia". Dice, en efecto, que los datos de las cosas, cuando aparecen en la sensibilidad, no son datos que pertenezcan exclusivamente a la sensibilidad, pues son datos *de la realidad* que son también datos *para la inteligencia* que los debe comprender. El momento de los datos en la sensibilidad es necesario para la comprensión, pero no porque la sensibilidad ofrezca los datos sensibles a la inteligencia, sino porque la inteligencia "encuentra" la realidad en los mismos datos de la sensibilidad. Los sentidos son para la inteligencia humana la vía de acceso a la realidad (SR 17s).

Zubiri dice: "El acto formal de la intelección sentiente es, repito, aprehensión impresiva de realidad... Lo que llamamos inteligir y sentir no son sino dos momentos del único acto de aprehender sentientemente lo real... La intelección es, pues, constitutiva y estructuralmente sentiente en sí misma en cuanto intelección. Recíprocamente, el sentir es en el hombre constitutiva y estructuralmente intelectivo en sí mismo en cuanto sentir. De ahí que la sensibilidad no sea una especie de residuo 'hylético' de la conciencia, como dice Husserl, ni un *factum brutum*, como la llaman Heidegger y Sartre, sino que es un momento intrínseco y formal de la intelección misma" (IS I 84s).

En la concepción zubiriana la inteligencia es *inteligencia sentiente*. Ello significa que la inteligencia y la sensibilidad no son dos facultades distintas y relacionadas, con sus actos propios, sino dos potencias de una única facultad: la inteligencia sentiente o el sentir intelectivo, cuyos actos tienen dos momentos: el momento sentiente y el momento intelectivo.

Nuestro autor observa que en las concepciones de la sensibilidad como intuición sensible, se insiste en particular en el momento cognoscitivo de la intuición (SR 18-22); en la sensibilidad se cumpliría la presencia inmediata de las cosas en la actividad de los sentidos (18); en la intuición sensible el objeto estaría presente "corporalmente" (leibhaftig) (21). Pero concentrando la atención en el momento cognoscitivo, pasa inadvertido lo más característico de la sensibilidad, a saber, el hecho de que se trata de una intuición *sensible*. Y precisamente el carácter sensible de la intuición indica el modo de presentarse de la cosa, es decir, el modo como la cosa real se presenta al hombre, y este modo es un presentarse por *impresión*: el dato sensible es dato sensible en la sensibilidad por impresión. Esta es la cosa esencial. En la intuición sensible la cosa está presente por impresión.

2. *La impresión*

La impresión es, ante todo, una *afección*, es decir, una cierta modificación en el hombre. La cosa, en la impresión, modifica de alguna manera al hombre, y éste recibe de las cosas una modificación "impresiva".[1]

Ahora bien, en la impresión no hay sólo una modificación del hombre; ella contiene también la presencia de la cosa que "impresiona". El hecho de que la cosa se presente en la impresión, indica el decisivo carácter de *alteridad* en la actividad de la sensibilidad. Los datos de la sensibilidad producen una modificación, y, al mismo tiempo, son datos "de la cosa". Sucede simultáneamente una modificación en el hombre y el presentarse de la cosa real. La unidad de los dos momentos: *alteridad* y *afección* (modificación), queda constituida en la impresión en cuanto ésta es intuición de la cosa real y modificación en el hombre (SR 23).

La impresión es lo que constituye formalmente el *sentir*, la actividad de los sentidos; y el sentir es un proceso que tiene tres momentos esenciales: *suscitación, modificación tónica* y *respuesta* (IS I 81-83). "La unidad procesual del sentir está determinada por la estructura formal de la suscitación"; y lo que suscita el proceso sentiente es la aprehensión sensible, la cual "consiste formalmente en ser aprehensión impresiva; he aquí lo formalmente constitutivo del sentir: *impresión*" (IS I 31). La impresión tiene estructu-

---

[1] En la historia de la filosofía se ha considerado una diferencia entre la sensibilidad y la inteligencia; en la sensibilidad habría una impresión que supondría una modificación o afección; en cambio, el acto de la inteligencia sería *impasible*. La impresión ha sido también entendida como algo subjetivo, que sería sólo una modificación del sujeto (SR 22s).

ralmente tres momentos constitutivos: *afección, alteridad* y *fuerza de imposición*. La aprehensión sensible es, por tanto, impresión (32-34).

### 3. La impresión de realidad

La cosa real se presenta en la impresión, en los datos de la sensibilidad. Pero no se trata sólo de que se presente el contenido de la cosa. En la impresión, el hombre percibe los datos del contenido y, al mismo tiempo, "siente la realidad de la cosa". La percepción de los datos de las cosas es también la percepción de su realidad. La actividad de los sentidos, al captar los datos de las cosas, siente también un dato que tiene una particularidad especial: son datos de una cosa *real*. El hombre *siente la realidad* en la actividad de los sentidos, y esto tiene una razón muy concreta, pues procede del hecho que la inteligencia humana está "constitutivamente orientada y dirigida" hacia la sensibilidad: "La inteligencia humana... está intrínseca y formalmente vertida a la sensibilidad... (las) impresiones de la sensibilidad humana se encuentran intrínsecamente absorbidas en un acto intelectivo" (SR 35), que percibe la realidad. Por tanto, la actividad de los sentidos nos dice y confirma que estamos en la realidad y en ella nos movemos. La impresión como actividad de la sensibilidad humana es *impresión de realidad*.

En la impresión de realidad las cosas se presentan al hombre con su contenido y sus cualidades, y según un modo de presentarse que Zubiri denomina *formalidad de realidad*. Dice, en efecto, que la cosa tiene un contenido y una formalidad, o modo de presentarse, y añade: La formalidad "puede ser de estimulidad (es el caso del animal) o bien de realidad (es el caso del hombre). En la formalidad de estimulidad la cualidad es aprehendida solamente como signo de respuesta. En cambio ser formalidad de realidad consiste en que el contenido es 'en propio' lo que es; es algo 'de suyo'. Realidad es, pues, formalidad del *de suyo*" (IS I 150s). La realidad como *formalidad*, como *de suyo*, significa que la cosa se presenta al hombre manteniendo una propia y suficiente autonomía e independencia.

Por consiguiente, la realidad no es algo escondido detrás de los datos de la impresión, ni es, en primer lugar, una afirmación de la existencia de la cosa, y tampoco es el mero contenido. Realidad es, ante todo, el

Elementos de filosofía de la realidad

*modo* como las cosas se presentan al hombre en la impresión (SR 24-26). Más adelante veremos la concepción zubiriana de la realidad en sí misma: la *substantividad*, y el modo de presentarse de las cosas como *actualidad* en la inteligencia.

La impresión de realidad tiene una estructura modal y una estructura trascendental.

*Estructura modal de la impresión de realidad*. El acto de la inteligencia no es un simple "permanecer en las cosas". La realidad, cuando se presenta a la inteligencia, se presenta impresivamente, en la impresión, con una variedad de modalidades sensibles. Entre estas modalidades encontramos aquellas que corresponden a los cinco modos clásicos del sentir: vista, oído, olfato, gusto y tacto. Pero Zubiri considera que la cosa es más compleja y determina once modalidades del sentir humano (IS I 101-103). Entre ellas hay una que tiene particular importancia: el modo de sentir *en hacia*, que nos invita a ir más allá de la cosa sentida; es "la presencia direccional de lo real"; en efecto, "recubriendo todo lo aprehendido en todas sus demás formas, la intelección en 'hacia' nos lanza a lo real *allende* lo aprehendido" (108).

*Estructura trascendental de la impresión de realidad*. La impresión de realidad contiene una primera referencia al contenido *específico* de la cosa. Pero el momento de realidad en la cosa aprehendida "se extiende" más allá de la cosa: tiene un carácter *inespecífico*. Por ello, en la primaria impresión de realidad, el hombre no sólo permanece orientado hacia el contenido específico de la cosa real, sino que, además, queda integrado en la realidad en su conjunto, cualquiera que ella sea. En su sentido más preciso, el término *inespecífico* significa *trascendental*. Por tanto, "cabe decir que el hombre queda trascendentalmente instalado en la realidad en cuanto tal" (SR 38). Además, es preciso advertir que "la trascendentalidad no es de carácter conceptivo, sino de carácter físico. Es un momento físico de las cosas reales en cuano sentidas en impresión de realidad" (IS I 123).

En la impresión de realidad la inteligencia aprehende la realidad, es decir, acontece la aprehensión de realidad, cuya estructura es la impresión.

17

4. *La aprehensión de realidad*

Sólo la inteligencia puede formular juicios, formar conceptos y razonar. Son actos intelectuales, propios de la actividad intelectual. Son las cosas propias de la actividad afirmativa y de la actividad racional de la inteligencia (SR 28). Ahora bien, en estos actos siempre aparece la realidad; en ellos siempre hay una referencia constitutiva hacia la realidad y están orientados y dirigidos hacia ella. Es más. Antes de las afirmaciones y de los razonamientos, antes de la actividad afirmativa y de la actividad racional, hay siempre una *aprehensión de realidad*, es decir, la aprehensión de las cosas como reales. La aprehensión de realidad es el acto elemental, exclusivo y radical de la inteligencia humana.

El animal percibe las cosas como estímulos, y los estímulos determinan la respuesta. Esto sucede también en el hombre con frecuencia. Pero llega un momento en el cual las estructuras humanas ya no pueden garantizar una respuesta adecuada. Entonces el hombre se detiene, y se dispone a hacer algo específicamente humano: "debe hacerse cargo de la realidad". Es el momento en el que aparece la inteligencia, es "el orto de la inteligencia" (SR 32).

En el pensamiento zubiriano hay una convergencia entre la sensibilidad y la inteligencia. El acto radical y primordial de la inteligencia es la *aprehensión de realidad*, que sucede por impresión. Este acto primordial, en cuanto *impresión*, es un momento de la sensibilidad. Pero en cuanto se trata de impresión *de realidad*, es un momento intelectivo. La sensibilidad humana está inmersa en la inteligencia, y por ello la sensibilidad es intelectiva porque en ella hay impresión *de realidad*. La inteligencia humana, por su parte, tiene una orientación constitutiva hacia la sensibilidad; la inteligencia "encuentra" la realidad en la impresión.

La sensibilidad y la inteligencia humanas no ejecutan actos propios y diversos como si fueran dos facultades. No se trata de dos facultades sino de una única facultad: la *inteligencia sentiente*, facultad que dispone de dos potencias: la inteligencia y la sensibilidad. La actividad de la sensibilidad y la actividad de la inteligencia son momentos diversos de un mismo acto; constituyen, en efecto, el momento sensible y el momento intelectivo del acto primordial de la inteligencia *sentiente*: la *aprehensión primordial de realidad* (SR 32s).

Ciertamente, la actividad de la inteligencia (comprender, afirmar, razonar) y la actividad de los sentidos (sentir) son dos modos de actividad irreducibles entre sí. Pero son actividades humanas que están integradas en un único acto, que proceden de una estructura unitaria: la *inteligencia sentiente*. Por un lado, la inteligencia tiene una orientación constitutiva hacia la sensibilidad, y por otro, las impresiones de la sensibilidad son impresiones *de realidad*; pertenecen, por lo tanto, a un acto intelectivo. Es importante subrayar que se trata de un único acto, que puede ser llamado *intelección sentiente* o *sentir intelectivo*; y el término de este único acto es la cosa real (34s). El acto primordial tiene dos momentos: inteligir y sentir, y la unidad de los dos momentos es una "*unidad formalmente estructural*" (IS I 81)

En resumen, "el acto formal de la intelección sentiente es la aprehensión impresiva de realidad" (84). Es el acto por el cual el hombre "aprehende" realidad; la estructura de este acto es la "impresión" de realidad. "La impresión de realidad es un hecho que es menester destacar contra el dualismo clásico. La intelección sentiente es un hecho". Para Zubiri la inteligencia es inteligencia sentiente, y denomina *inteligencia concipiente* la inteligencia entendida de tal modo que en ella se da el dualismo entre inteligir y sentir; pero "el dualismo entre el inteligir y el sentir es una concepción metafísica que [...] deforma los hechos" (85).

Nuestro autor constata diferencias entre su concepción de la inteligencia y la concepción clásica, que llama *inteligencia concipiente*.

La inteligencia sentiente tiene un propio *objeto formal*: la realidad; ésta no está dada por los sentidos "a" la inteligencia, sino que está dada por los sentidos "en" la inteligencia. Su acto formal no es concebir y juzgar, sino aprehender la realidad en el acto primordial de la aprehensión sentiente de lo real como real (85s).

La filosofía clásica ha pensado algo distinto, pues ha comprendido el acto de la inteligencia como un "aprehender de nuevo lo dado por los sentidos 'a' la inteligencia"; el objeto primario de la inteligencia "sería, por tanto, lo sensible", los datos sensibles (86); "el acto propio de esta intelección es concebir y juzgar lo dado a ella" por los sentidos (87). El acto propio de la inteligencia sería "un concebir y juzgar sobre lo dado por los sentidos", y se fue identificando como "declaración de lo que la cosa es"; se identificó la intelección, el acto de la inteligencia, con el "logos predicativo" (Platón, Aristóteles); a esta identificación Zubiri la llama *logificación de la inteligencia*" (86); y a la inteligencia así entendida la llama *inteligencia concipiente*, no porque forme conceptos, sino porque su acto propio es juzgar y concebir a partir de "lo dado por los sentidos 'a' la inteligencia" (86s).

Ahora bien, "abandonar la inteligencia concipiente no significa que no se conceptúe lo real. Esto sería sencillamente absurdo". Pero "conceptuar es solamente un despliegue intelectivo de la impresión de realidad", en el cual "los conceptos sean primariamente adecuados no a las cosas dadas por los sentidos 'a' la inteligencia, sino que sean adecuados a los modos de sentir intelectivamente lo real dado 'en' la inteligencia" (87).

El hombre se inserta constitutivamente en la realidad por el acto primario y radical de la inteligencia: la *aprehensión primordial de realidad*. La inserción original e inicial acontece en la aprehensión de un "sector" de la realidad: la "realidad inmediatamente sentida", que Zubiri llama *campo de realidad*. Mediante la actividad primordial de la inteligencia se constituye el *campo de realidad*, por medio del cual el hombre está constitutivamente integrado en la realidad. Notemos de nuevo que esto sucede "antes" de la actividad afirmativa. La actividad primordial de la inteligencia es "anterior" a cualquier tipo de actividad afirmativa o racional.

### B. La actualidad y la sustantividad

*1. La actualidad*

La aprehensión de realidad sucede en la "presentación" de la cosa real a la inteligencia. En esa presentación, la cosa real se hace actual, adquiere *actualidad*. La actualidad es el carácter esencial de la *intelección sentiente* (IS I 133ss). En su presentación a la inteligencia, la cosa real se hace actual por sí misma y en sí misma, precisamente por el hecho de ser real (149).

Zubiri distingue su concepto de actualidad del concepto clásico, según el cual la actualidad consiste en "ser en acto", es decir, ser la plenitud de aquello que la cosa es. A este modo de entender la actualidad lo llama *actuidad* (137). En cambio, la actualidad zubiriana consiste en

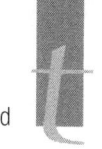

Elementos de filosofía de la realidad

el estar presente de la cosa en el mundo. Ciertamente, sin *actuidad*, sin que la cosa esté en acto, no hay actualidad. Pero la actualidad no es sólo el estar en acto de la cosa real, y es preciso distinguir entre la actualidad de la cosa y su "acto". El acto es la constitución de la cosa como realidad. En cuanto tal será siempre algo previo a la actualidad, es decir, algo previo al momento de la presentación de la cosa real a la inteligencia. La actualidad, por su parte, implica una actividad de la realidad, por la cual la cosa real se presenta en el mundo. La actualidad se puede adquirir y se puede perder, y existen diversos niveles de actualidad (HD 25).

El primer nivel de actualidad de la cosa real es su actualidad en el mundo. Toda cosa real tiene una apertura constitutiva "hacia" las otras cosas y está presente en el mundo precisamente porque es real: tiene actualidad y se hace actual en el mundo. Pero no se trata de mera presencia sino del *presentarse* en el mundo de la cosa real.

Un modo particular de actualidad es el presentarse de la cosa a la inteligencia humana. En este caso sucede la *actualidad de la cosa en la actividad de la inteligencia*. Notemos, ante todo, que cuando la inteligencia aprehende la cosa, se da cuenta de que la cosa es real *anteriormente* a su actualidad, es decir, anteriormente al momento de presentarse a la inteligencia como realidad actual. Ahora bien, la inteligencia sólo puede aprehender la cosa real cuando ésta se presenta en su actualidad (IS I 144s).

Zubiri explica el concepto de actualidad con ejemplos. Dice que en nuestros días los virus tienen actualidad para el hombre; pero en tiempos pasados no tenían para él ninguna actualidad. Hoy los virus tienen actualidad para el hombre, pero es una actualidad *extrínseca* a la realidad de los virus. En cambio, la actualidad de una persona que se presenta en un lugar determinado, es una actualidad que depende de la persona misma. En este caso, la persona humana se hace actual por sí misma y su actualidad es *intrínseca* a su realidad. Ahora bien, la actualidad primaria y más radical es precisamente la actualidad que tiene una cosa real por el hecho de ser real. Toda cosa real, precisamente porque es real, tiene actualidad en el mundo: "está presente, es actual en el mundo" (HD 26).

Por tanto, el acto primario de la inteligencia es la aprehensión de realidad, es decir, "enfrentarse con la realidad en tanto que ella es *de suyo"*, aprehender la cosa como "de suyo" en su actualización en la inteligencia. El acto primordial de la inteligencia es aprehender la realidad en su *actualidad*. La intelección, o acto de la inteligencia, "es una mera actualización: una actualización de lo real en tanto que real" (SR 36).

Zubiri dice que los griegos y los medievales han prestado atención, sobre todo, "a la producción del acto de intelección", es decir, al modo como se produce el acto de la inteligencia (IS I 134s). En cambio, la filosofía moderna ha atendido, sobre todo, "al acto en sí mismo", pero "con una limitación radical: ha pensado que la intelección es formalmente conocimiento" (135).

En todo caso, lo obvio es que "en la intelección está presente lo inteligido". Ahora bien, esto se puede entender de diversas maneras. "Puede pensarse que el estar presente consiste en que lo presente está puesto por la inteligencia para ser inteligido. Estar presente significaría 'estar puesto'...Posición significa que lo inteligido, para poder ser inteligido, necesita estar propuesto a la inteligencia. Y es la inteligencia la que hace esta proposición. Fue la idea de Kant". Pero se puede pensar también que "la esencia del estar presente no es estar 'puesto', sino el ser término intencional de la conciencia. Estar presente consistiría en *presencia intencional*. Fue la idea de Husserl". Además, "puede pensarse que estar presente no es formalmente ni posición, ni intención, sino desvelación. Fue la idea de Heidegger" (135).

Según Zubiri, el *estar presente* de la cosa inteligida "no consiste en ser término de un acto intelectivo, sea él cual fuere. Sino que 'estar' es un momento propio de la cosa misma; es ella la que está. Y la esencia formal de la intelección consiste en la esencia de este estar". Nuestro autor afirma además: "Intelección sentiente es aprehensión impresiva de algo real. Entonces lo propio de lo real inteligido es estar presente en la impresión de realidad". Y concluye: "Ese estar presente consiste formalmente en un estar como mera actualidad en la inteligencia sentiente. La esencia formal de la intelección sentiente es esta mera actualidad" (136).

En el momento de la aprehensión de realidad, el acto de la inteligencia es un acto primordial de actualización de la cosa real, es decir, de actualización de la realidad de la cosa. Pero se trata de una *reactua-*

*lización* por cuanto la cosa real ya tiene actualidad en el mundo antes de presentarse a la inteligencia humana y hacerse actual en ella y a ella. Por su parte, la inteligencia adquiere actualidad precisamente en el momento de aprehender la cosa real que se hace actual. En este momento sucede el acontecimiento de la *actualidad común*, que constituye "la unidad formal de la intelección sentiente" (155; cfr 156-160).

El problema que se presenta a la inteligencia es averiguar si aquello que las cosas son *de suyo*, es decir, si aquello que son en sí mismas, excede el ámbito de su actualización. En este momento aparece la cuestión de la estructura de la realidad.

2. *Las cosas reales y sus elementos: las "notas"*

Las cosas reales están constituidas por elementos y propiedades que Zubiri llama *notas*. Afirma, en efecto, que el término *nota* tiene la ventaja de designar unitariamente dos momentos en la aprehensión: por un lado la nota pertenece a la cosa real, y, por otro, notifica lo que la cosa es según esta nota (HD 18).

Las notas pertenecen a la cosa, son propiedad suya, son *suyas*. El conjunto de las notas constituye la cosa real, a la que pertenecen; y la pertenencia de las notas a la cosa es una pertenencia *de suyo* (HD 19s). Esta expresión quiere explicitar e indicar que las notas no son solamente signos, que suscitan y determinan una respuesta, sino que son realidad; las notas no son únicamente momentos de un estímulo, sino elementos o propiedades reales.

Las notas tienen un contenido y un modo de presentarse. En el hombre, el modo de presentarse de la cosa constituye la aprehensión de realidad. En ella la cosa se presenta como realidad, es decir, al presentarse no pierde su autonomía y mantiene una alteridad propia; no determina la respuesta, sino que deja un suficiente espacio de libertad (HD 18).

*La cosa real y la cosa-sentido.* Zubiri hace la distinción entre la cosa real y la cosa-sentido. Toma como ejemplo la mesa y dice que la aprehensión de realidad nunca es directamente la aprehensión de una mesa. La aprehensión primordial de realidad será la aprehensión de una estructura de madera, si la mesa es de madera. Esa estructura se transforma en "mesa" cuando queda integrada como un elemento en la vida del hombre. Pero la mesa actúa sobre las otras cosas no como mesa sino como una estructura de madera con determinadas cualidades: peso, color, volumen, etc. (HD 19).

3. *La sustantividad. La cosa real como "sistema de notas"*

Las notas de la cosa real constituyen una unidad. Ahora bien, esta unidad no es sólo una suma de elementos. El conjunto de las notas forma una unidad sistemática, en la cual cada nota pertenece al conjunto, es una nota del sistema. "La realidad última y primaria de una cosa es ser un sistema de notas" (HD 20).

Las notas o elementos del sistema pueden ser de dos tipos. Hay elementos que constituyen el sistema. Otros, en cambio, son elementos añadidos, pues se deben a la actuación de una cosa sobre otra (son las notas "adventicias"). Los elementos que constituyen el sistema pertenecen a la cosa por lo que ésta es ya "de suyo", y la constituyen (son las notas formales). Estos elementos o notas, son los elementos *constitucionales* de la cosa real y precisamente por ellos el sistema tiene *suficiencia constitucional*. La cosa real tiene su unidad sistemática y su autonomía justamente porque posee una suficiencia constitucional propia. La sustantividad es el sistema o estructura de la cosa real cuando tiene suficiencia constitucional; la cosa real es un sistema sustantivo (20s).

Zubiri distingue la sustantividad de la sustancia. Dice, en efecto, que un organismo puede tener muchas sustancias (glucosa, agua, minerales) pero una sola sustantividad, constituida por el único sistema de notas con suficiencia constitucional. Las notas de la sustantividad no son *accidentes* de una *sustancia* o *propiedades inherentes* de un sujeto, sino notas *coherentes* entre ellas en la unidad del sistema. Por tanto, las cosas reales no son sujetos sustanciales sino sistemas sustantivos de notas, con coherencia entre ellas (21).

Por consiguiente, la realidad está constituida por una estructura compleja: la *sustantividad*, que es además una estructura dinámica. Sus elementos, o *notas*, no son elementos "en" la estructura sino elementos "de" la estructura, es decir, pertenecen a la estructura en su conjunto; no pueden ser modificados, añadidos o suprimidos, sin que toda la estructura sufra una modificación correspondiente. Zubiri llama "estado constructo" a la estructura de la sustantividad, porque la entera estructura soporta una modificación por la modificación de uno de sus elementos (IS I 203).

La actualización de la sustantividad tiene "dimensiones"; Zubiri las llama así porque "en cada dimensión está mensurada la sustantividad". Las dimensiones son tres. En su actualización, la sustantividad se actualiza *como un todo*: "el todo actualizado en cada nota o en algún grupo de notas es la primera dimensión de la sustantividad". En segundo lugar, este todo no es una mera agregación de notas: el conjunto de notas "tiene una *coherencia*"; "el sistema queda actualizado en cada nota o en algún grupo de notas, como un todo coherente". Y en tercer lugar, "este todo coherente tiene una especie de 'dureza' por la cual decimos que es *durable*. Durar es aquí 'estar siendo'. La sustantividad tiene esta triple dimensión de totalidad, coherencia, duratividad. Lo real es 'de suyo' total, coherente, durable" (IS I 206).

Nuestro autor advierte que "no se trata de construcciones conceptuales, sino de un mero análisis de cualquier aprehensión de lo real", y concluye: "Sustantividad dimensional: he aquí lo real desde una inteligencia sentiente" (206).

Zubiri sitúa su compresión de lo real en el contexto de unas breves indicaciones sobre momentos clave de la historia de la filosofía. Dice que "la filosofía clásica antigua y moderna afrontó el problema de lo real con una inteligencia concipiente", es decir, entendiendo que la actividad primaria de la inteligencia es la afirmación y la formación de conceptos. Según esta perspectiva, "Parménides pensó que lo inteligido está dado como un *jectum* (*keímenon*)… Aristóteles dio un paso más: lo inteligido no es *jectum*, sino *sub-jectum* (*hypo-keímenon*), sustancia. Sus notas son 'accidentes', algo que sobreviene al sujeto y que no se puede concebir sino como siendo inherente a él". La filosofía moderna dio un paso más siguiendo la misma línea; entendió, en efecto, que "lo inteligido es *jectum*, pero no es *sub-jectum*, sino que es *ob-jectum*. Sus notas serían predicados objetivos" (206s).

En cambio, según la inteligencia sentiente zubiriana, "la realidad no es *jectum* (ni *sub-jectum* ni *ob-jectum*), sino que lo real es lo que tiene la formalidad del *de suyo* sea una nota sea un sistema de notas", es decir, tiene un modo de presentarse a la inteligencia manteniendo la autonomía y la alteridad propias de la cosa real. "A diferencia de lo que se pensó en inteligencia concipiente, a saber, que lo real es sustancialidad y objetualidad, en inteligencia sentiente lo real es sustantividad". Por consiguiente, "las notas no son accidentes 'in-herentes' a un sujeto sustancial, ni son predicados de un objeto, sino que son momentos constitucionalmente 'co-herentes' en un sistema constructo sustantivo" (207).

*Esencia de la sustantividad.* En el sistema *constitucional* de la cosa real hay un subsistema que está formado por las notas *constitutivas* (las notas no fundadas en otras). Éstas reposan sobre sí mismas y son el fundamento de las otras notas, es decir, son el fundamento de las notas *constitucionales* (que son notas fundadas en otras). De esto serían un ejemplo las características de un ser vivo, que están fundadas en la propia estructura genética. En este caso las notas constitutivas serían los genes que fundan las notas constitucionales, a saber, fundan las características propias del ser vivo. Las notas constitutivas son las notas necesarias y suficientes para que una realidad sustantiva tenga notas constitucionales. Según Zubiri, el sistema formado por las notas constitutivas es la *esencia* de la cosa (la esencia no es el correlato de una definición ni la esencia de la sustancia): La *esencia* "es el principio estructural de la sustantividad" (SE 7, 521; HD 21s).

*Formas de realidad.* Cada elemento o nota del sistema tiene un contenido y posee una forma de realidad. También el sistema entero tiene su forma de realidad. Zubiri distingue la forma de realidad de un mineral, de un ser vivo, de la realidad personal. Son diversas formas de realidad, y a cada forma de realidad le corresponde un modo de inserción en la realidad. La piedra, el animal, la persona humana, son formas distintas de realidad a las cuales corresponden modos diversos de inserción en la realidad. La cosa real tiene un contenido y un momento de realidad; el contenido queda determinado por los elementos de la cosa real; el momento de realidad adquiere concreción en una forma determinada de realidad (HD 22s).

### 4. *La respectividad*

La estructura de cada una de las cosas reales, por el hecho de ser reales, está abierta a las otras cosas según lo que Zubiri llama la *respectividad*. Ésta consiste en una apertura constitutiva y anterior a todo tipo de relación. Es un momento físico de la cosa. El *mundo* es el conjunto completo de todas las cosas reales que constitutivamente están abiertas a las demás cosas, y, por tanto, están abiertas a la realidad en cuanto tal (23s).

La respectividad no es una mera relación ni una vinculación, sino una apertura real y constitutiva que en el hombre sucede primordialmente por la actividad de la inteligencia. Esta apertura constituye la única dimensión trascendental de la cosa real. En consecuencia, la única condición de posibilidad de la actividad de la inteligencia reside en la inserción radical en la realidad y en la apertura constitutiva hacia las cosas, hacia el mundo. Esto excluye el apriorismo, sea de tipo platónico o kantiano.

### 5. *El ser de la cosa real*

El *ser* es la actualidad de la realidad, su "presentarse" en el mundo. Según Zubiri, el ser es un verbo; no es el sustantivo que corresponda al término directo de la actividad de la inteligencia: el término formal de la inteligencia es la realidad. El ser es siempre el ser de la realidad y, por tanto, la presupone. Lo primordial es la realidad, que es el término formal de la inteligencia.

Ahora bien, la realidad siempre tiene *ser*, siempre es actual (siempre *es*). De ello se sigue que el ser sea *posterior* a la realidad. Ésta posee prioridad filosófica respecto a su actualidad, es decir, respecto a su ser. Por tanto, se puede hablar de la *ulterioridad* del ser respecto a la realidad; y esta ulterioridad es precisamente la actualidad: *El ser es la actualidad de la realidad en el mundo* (26). En efecto, el presentarse de la cosa real en el mundo es su ser, el cual es la actualidad más radical de todas las cosas. Además, ya que la realidad es el término de la intelección, la intelección *directa* de la cosa es la realidad; el ser es aprehendido en la intelección de modo *indirecto*, pues es el presentarse de la cosa real a la inteligencia.

En conclusión, el término de la inteligencia es la realidad. La realidad no es el *ser*, es decir, no es en primer lugar *ente*; pero la realidad siempre "es", siempre "se presenta" y "es actual". Y esta actualidad es el ser de la realidad. La cosa primaria y radical es la realidad: "Lo primero de las cosas no es ser entes, sino ser realidades" (HD 26; cfr IS I 217-228).

### 6. *El poder de la realidad*

Las cosas se presentan a la inteligencia humana como cosas reales, como "de suyo", es decir, se presentan con una autonomía propia que no pierden por el hecho de presentarse a la inteligencia. En efecto, ser real consiste en la posesión de los elementos constitutivos como propios, a saber, poseerlos "de suyo". Esto da consistencia y autonomía a la cosa y constituye la *nuda realidad* de la cosa. En la cosa real hay también un momento de *exigencia*; existe como una *exigencia* de que la cosa sea la realidad que es. La cosa real posee, además, un *poder* por el cual domina sobre su contenido y puede actuar sobre las otras cosas reales. Ahora bien, esta actuación no es necesariamente causalidad o "producción" de efectos. Las más de las veces la actuación de una cosa sobre otra tendrá el carácter de una "sucesión", en la cual puede suceder la dependencia funcional que algunas cosas tienen respecto de otras.

En conclusión, la nuda realidad de la cosa real implica la *exigencia* de que la cosa sea aquello que es y, además, implica un momento de *poder* de la realidad. La cosa real es aquello que es, adquiere consistencia por una *exigencia* que la hace ser lo que es, y posee el *poder* o capacidad de actuar sobre las otras cosas (HD 27-29).

### 7. *La verdad real*

El acto primordial de la inteligencia: la aprehensión de realidad, tiene su momento de verdad. Zubiri la denomina *verdad real*, y dice que consiste en un momento de *ratificación* de la actualidad de la cosa real cuando se hace actual en la inteligencia sentiente. El hombre percibe la *verdad real* de la cosa en el momento de la actualización de ella en la inteligencia. Y hemos de preguntarnos: ¿Qué añade el momento de actualidad a lo real? (IS I 229).

Nuestro autor nota que la realidad no se agota en la intelección, pero la intelección es verdadera por el hecho de inteligir lo que la cosa realmente es. Dice, en efecto: "Lo que la mera actualización de lo real añade a la realidad es, pues, su verdad", y señala que "verdad es pura y simplemente el momento de la real presencia intelectiva de la realidad". La mera actualización de lo real añade verdad a su realidad (230s).

Zubiri precisa esta concepción de la verdad y observa, ante todo, que se trata de la verdad en la forma primaria y radical de la intelección sentiente, en la cual lo que se aprehende se actualiza y "está directamente, inmediatamente y unitariamente aprehendido" como real, como "de suyo". Un punto fundamental de su pensamiento es que la realidad de lo real, el "de suyo", es *anterior* a la intelección, pero está presente en la intelección precisamente manteniendo su anterioridad. Pues bien, la realidad, el "de suyo", en cuanto *anterior* a la aprehensión es la realidad *de la cosa*; en cuanto *presente* en la aprehensión es propiamente la verdad como *cualidad de la intelección*. Pero es siempre lo real aprehendido lo que "da verdad" en la intelección (233).

Esta verdad primaria de la intelección no se identifica con la realidad, pero no añade nada a lo real que sea diverso de su realidad. Lo que sí añade es una especie de ratificación, según la cual lo aprehendido como real está presente en su misma aprehensión; esta verdad es ratificación de la realidad aprehendida. Zubiri dice: "*Ratificación* es la forma primaria y radical de la verdad de la intelección sentiente. Es lo que yo llamo *verdad real*" (233), y concluye afirmando: "He aquí la índole esencial de la *verdad real*: lo real está 'en' la intelección, y este 'en' es ratificación" (234).

La verdad real, como mera ratificación de lo real, es *anterior* a la verdad según la idea clásica, la cual está constituida por la referencia de la cosa real a lo que se afirma o concibe de ella. Zubiri llama *verdad dual* a la idea clásica de verdad porque implica dos elementos: la cosa real y la afirmación o el concepto; en cambio, la verdad real es una verdad *simple*, es la mera ratificación de lo real aprehendido. Él precisa la diferencia y observa que en la verdad real lo real está *ratificando*; en la verdad de la afirmación, verdad como *conformidad*, lo real está *veridictando* (dictando su verdad); en la verdad del concepto, verdad como *autenticidad*, lo real está *autenticando*; en la verdad de la razón, lo real está *verificando*. "Autenticar, veridictar, verificar, son tres formas de modalizar dualmente la verdad real, es decir, la ratificación. Por esto, esta verdad real es... el fundamento de la verdad dual" (235).

La verdad real tiene un carácter *simple* en cuanto es mera *ratificación*. En cambio, la verdad de la afirmación y del concepto tiene un carácter *dual* porque requiere un momento de conformidad entra la cosa y la afirmación o el concepto. Además, en la verdad real, es decir, en el momento de *verdad* en la aprehensión de realidad, *no habría posibilidad de error*, precisamente por su naturaleza de verdad *simple* (236).

La verdad real es la verdad en la impresión de realidad, y toda impresión, según hemos visto anteriormente, "tiene tres momentos: afección, alteridad (contenido y formalidad), fuerza de imposición". Pues bien, la verdad real es la ratificación de la realidad aprehendida, y "la ratificación es la fuerza de imposición de la impresión de realidad. La ratificación es la fuerza de la realidad en la intelección" (241). Zubiri concluye su exposición de la verdad real diciendo: "Y como esta intelección impresiva es mera actualización, resulta que no somos nosotros los que vamos a la verdad real, sino que la verdad real nos tiene por así decirlo en sus manos. No poseemos la verdad real sino que la verdad real nos tiene poseídos por la fuerza de la realidad" (242), es decir, por la *fuerza de imposición* de la realidad en la impresión.

## Apéndice 1
*La actividad afirmativa y la actividad racional*

De acuerdo con lo dicho hasta este momento, debemos afirmar que en la filosofía zubiriana la actividad de la inteligencia no tiene su inicio en la afirmación o el juicio. El acto primordial de la inteligencia acontece en la aprehensión de realidad. La afirmación y la actividad racional son *modos ulteriores* de la actividad de la inteligencia. En efecto, la actividad de la inteligencia tiene el punto de partida en la inserción en la realidad, tiene un carácter radicalmente a posteriori y se despliega según tres modos de actividad: aprehensión primordial de realidad, actividad afirmativa y actividad racional. Zubiri ha expuesto estos tres modos de actividad de la inteligencia en los tres volúmenes de *Inteligencia sentiente*, respectivamente. Lo dicho en este capítulo corresponde al primer volumen, que trata de la *Aprehensión primordial de realidad*. Hacemos ahora unas brevísimas indicaciones sobre los otros dos volúmenes para completar nuestra exposición (cfr RD 40-74).

La *actividad afirmativa* emerge como el "movimiento" de la inteligencia entre las cosas reales, inmediatamente sentidas y aprehendidas en la aprehensión de realidad; ellas constituyen el *campo de realidad*. La actividad afirmativa parte de la inserción inicial en la realidad y quiere constatar lo que es la realidad de las cosas aprehendidas en la aprehensión, quiere constatar lo que la cosa es *en realidad*. Se inicia un "movimiento" de la inteligencia *entre* las cosas del "campo de realidad", para reconocer las cosas y la relación que hay entre ellas, y lograr expresarla adecuadamente en la afirmación. De este modo se desarrolla el lenguaje, cuya estructura se establece en correspondencia con la estructura de la realidad.

Ahora bien, el conjunto de las cosas reales inmediatamente sentidas y en relación entre ellas, no agota la realidad que la inteligencia podría y querría conocer. Las cosas aprehendidas en la aprehensión tienen una apertura no sólo hacia las otras cosas del *campo de realidad sentida*, sino también hacia las cosas más allá del campo de realidad, a saber, hacia el *mundo*. Por ello la inteligencia está constitutivamente abierta y se siente *lanzada* por las cosas del *campo* hacia las cosas del *mundo*, hacia el conocimiento de la realidad "en profundidad". A partir de este momento tiene origen la actividad racional.

La *actividad racional* es un modo de la actividad de la inteligencia "sucesivo" a la actividad afirmativa; quiere conocer lo que sea la cosa *en la realidad*, es decir, quiere conocer la realidad *en profundidad*, a saber, la realidad del mundo. El hecho es que la realidad, sentida y aprehendida en el campo de realidad, "dice" a la inteligencia que hay realidad más allá del campo de realidad sentida, y orienta e impulsa a la inteligencia hacia el conocimiento de la realidad más allá del campo, es decir, hacia la *realidad en profundidad*. Entonces tiene inicio la *marcha* de la inteligencia hacia la realidad del mundo. La inserción inicial en la realidad es el *punto de partida* y de apoyo de la marcha racional, constituye el *sistema de referencia* de la actividad racional y contribuye a proyectar el *esbozo* de aquello que la cosa real podría ser en el mundo; la inserción en el *campo* de realidad proporciona, además, los criterios y las normas para una adecuada *verificación* del esbozo "creado" y de los resultados de la actividad racional. La verificación acontece en la experiencia, que Zubiri comprende como *probación física de realidad* (observa además que "verificación es un *verum facere*", y tiene el sentido de "hacer que algo sea verdadero", que "el esbozo sea verdadero"; IS III 264-266).

Los *resultados* de la actividad racional son esbozos de aquello que podría ser la realidad del mundo, esbozos que deben ser sometidos a verificación. La experiencia permite conocer parcialmente la estructura del mundo e impulsa hacia un conocimiento más amplio del mismo. Pero los resultados no serán datos finales plenamente cumplidos y cerrados a un posterior conocimiento; estarán necesariamente abiertos a correcciones y sucesivas profundizaciones, según criterios de valoración que derivan de la inserción inicial en la realidad. Las conclusiones de la razón permanecen abiertas a una ulterior actividad racional; están abiertas a un progreso en la determinación de la realidad del mundo.

En último término, los resultados de la actividad racional pretenden conocer el fundamento de la realidad. En este intento aparece inevitablemente la cuestión de Dios, último fundamento posible de todas las cosas. Ahora bien, por su misma naturaleza los resultados de la actividad racional no poseen una certeza absoluta. Sólo pueden tener una certeza moral, es decir, un grado mayor o menor de certeza, por el cual los resultados son razonables y pueden justificar las opciones humanas. Por tanto, las conclusiones de la actividad racional tienen sólo una certeza moral y, precisamente por ello, no eliminan la libertad de la razón ni la libertad de la opción. No se imponen necesariamente a la razón. No son *impositivas*. Queda siempre un suficiente grado de libertad. "La esencia de la razón es libertad" (IS III 107).

### Conclusión

Según la filosofía zubiriana, la realidad no está constituida por dos zonas, lo sensible y lo inteligible, una correspondiente a la actividad de los sentidos y la otra a la actividad de la inteligencia. En la actividad de los sentidos, cuando es verdaderamente humana, actúa también la inteligencia. La percepción humana es una percepción inteligente y el acto de la inteligencia es la intelección sentiente. Por ejemplo, la contemplación de un paisaje o de una obra de arte supone desde el mismo inicio tanto la actividad de los sentidos como de la inteligencia. Antes de cualquier tipo de afirmación o juicio, la inteligencia está ya activa con la actividad de los sentidos: es inteligencia sentiente. La consecuencia de esta concepción de la inteligencia es la superación del dualismo clásico, que consiste en la convicción de la separación entre el ámbito propio de la actividad de los sentidos (ámbito sensible o empírico) y el ámbito inteligible, propio de la actividad de la inteligencia. Se supera también la concepción del acto de la inteligencia como la abstracción de datos inteligibles a partir de los datos sensibles. Según Zubiri la realidad es unitaria. Los datos sensibles son datos de la realidad y la intelección humana es una intelección sentiente. El término formal de la inteligencia humana es la realidad. Ésta es unitaria y el acto de la inteligencia sentiente es también unitario en sus dos momentos: sentir e inteligir.

CAPÍTULO 2

# LA REALIDAD HUMANA

### A. La realidad sustantiva humana

1. *Tres grupos de elementos en la realidad humana*

La realidad del hombre, como toda realidad, consiste en un sistema de notas o elementos, que constituyen su sustantividad. En la sustantividad humana hay tres grupos de elementos: los que corresponden a la vida, a la sensibilidad o actividad de los sentidos, y a la inteligencia. Por tanto, la realidad humana es un sistema sustantivo que tiene *vida, sensibilidad* e *inteligencia* (cfr HD 30-39).

*La vida.* El hombre es un ser vivo. Como tal posee una cierta independencia del ambiente en el que vive y un suficiente control sobre él. La independencia y el control sobre el ambiente son dos características del ser vivo por las cuales el hombre puede ejecutar acciones ordenadas a su entero sistema sustantivo. Estas acciones son momentos de "autoposesión"; la autoposesión es un momento exclusivo del ser vivo. Evidentemente, no es igual en la célula que en el hombre; hay diversos grados de vida. Pero "el viviente es un 'sí mismo', un *autós*"; vivir es autoposeerse. "La vida no es decurso"; pero el decurso de la vida humana es el modo como se desarrolla en el hombre el proceso de su autoposesión (31).

*La actividad de los sentidos.* El hombre es un ser vivo animado, es decir, un ser vivo animal. La característica de la vida animal es la actividad de los sentidos, que consiste esencialmente en tener *impresiones*. Las cosas se presentan al ser vivo en la impresión de los sentidos. Ésta tiene dos momentos. En primer lugar, la impresión tiene un influjo sobre el animal y produce una *modificación* en la estructura del ser vivo que corresponde al contenido de la impresión (color, peso, sonido, etc.). En segundo lugar, en la impresión hay un momento de *alteridad*. La modificación sufrida por la actividad de los sentidos tiene una referencia constitutiva hacia otra cosa real; la impresión nos hace sentir la cosa como otra, como diferente de nosotros. Ahora bien, en la impresión el animal siente un estímulo, que es sólo estímulo y determina la respuesta. En cambio, el hombre, por el hecho de poseer inteligencia "siente realidad" en la impresión. En el hombre la impresión es impresión de realidad.

*La inteligencia*. La actividad de los sentidos, cuando es verdaderamente humana, no es sólo actividad de los sentidos, sino actividad de la inteligencia sentiente o del sentir inteligente. Lo propio del hombre es la aprehensión de realidad en la impresión de realidad; el hombre aprehende realidad en la impresión. En este caso, la aprehensión consiste en un único acto con dos momentos: el momento de los sentidos y el de la inteligencia. Son dos momentos radicalmente diversos pero inseparables en el acto unitario de la inteligencia sentiente. En el hombre la actividad de la impresión no hace referencia a un estímulo sino a una cosa real. En el animal la alteridad del estímulo en la impresión es sólo estimulante y determina una respuesta. En el hombre, en cambio, la alteridad en la impresión es la alteridad de la realidad, que hace referencia a una realidad estimulante pero que no determina plenamente la respuesta. La cosa real, en su presentarse en la impresión, mantiene una suficiente autonomía, es "de suyo" en su presentarse. Precisamente por esto, la aprehensión de realidad sitúa al hombre ante la necesidad de *hacerse cargo de la realidad* y discernir la respuesta adecuada a la aprehensión de realidad. En el hombre la impresión no determina plenamente la respuesta por el hecho de ser impresión de realidad, y por tanto, el hombre debe ejercitar su capacidad de valorar y decidir para dar la respuesta adecuada.

La actividad de los sentidos y de la inteligencia son ciertamente diversas, pero constituyen una unidad y se unen en un único acto: La aprehensión de realidad en la impresión. Esta unidad es estructural; la inteligencia humana "siente realidad". El hombre puede tener una actividad de la sensibilidad sin que haya actividad de la inteligencia, pero no puede tener actividad de la inteligencia sin actividad de la sensibilidad: "Sentir es la forma primaria y radical de inteligir" (HD 35).

La realidad humana

Zubiri nota que realidad no es independencia objetiva ni algo que esté más allá de lo sentido. La realidad es el "de suyo", es la autonomía de la cosa real que se presenta en la impresión de realidad. Dice también que el acto primordial de la inteligencia no es "representar", formar "representaciones", sino tener simplemente presente en la aprehensión de realidad la cosa real, que mantiene una suficiente autonomía, que es "de suyo". El acto primordial de la inteligencia es la mera actualidad de la cosa real en la impresión (39).

En conclusión, la realidad del hombre tiene tres tipos de elementos. El hombre vive, tiene la actividad de sus sentidos, tiene inteligencia. El conjunto de estos elementos constituye la sustantividad humana.

2. *La realidad humana, un sistema sustantivo con dos subsistemas: el cuerpo y la psiche* (39-46)

El sistema sustantivo humano contiene dos subsistemas o cuasi-sistemas: El cuerpo y la psiche. Son dos subsistemas de elementos que constituyen el único sistema con suficiencia constitucional: La sustantividad humana. Zubiri afirma que el cuerpo no es simplemente materia, porque es algo más concreto. En efecto, al hablar de los dos subsistemas no se trata de la dualidad materia y espíritu. El cuerpo es materia corporal y no materia opuesta a espíritu; el cuerpo es algo más concreto que la materia. Por tanto, la concepción zubiriana del cuerpo no se puede reducir al esquema de la oposición entre la materia y el espíritu. Nuestro autor justifica el uso del término psiche y dice que la psiche es un subsistema parcial de la sustantividad humana y no una entidad sustancial que resida en el cuerpo. Según el pensamiento clásico, se entiende el alma como una entidad sustancial o una sustancia espiritual. Zubiri quiere evitar este modo de entender el alma. Por ello usa el término psiche en este contexto.

*El cuerpo o soma.* El cuerpo está constituido como un subsistema de elementos que tiene tres momentos. El cuerpo es un *organismo*, es decir, un conjunto de órganos. Los órganos tienen una posición y una función propias en el organismo. Pero los órganos no están simplemente yuxtapuestos en el organismo. Entre ellos existe una *solidaridad*; lo que sucede en un órgano afecta a todo el organismo. Los diversos elementos del cuerpo son mutuamente dependientes, y por esta mutua dependencia el organismo adquiere el carácter de una unidad de conjunto, adquiere una *figura* concreta. El cuerpo, además, tiene un momento más radical. Con sus elementos organizados y solidarios, el cuerpo es la expresión de la actualidad del hombre en el mundo, es esa misma actualidad. La función radical del cuerpo consiste precisamente e ser *principio de actualidad*. El hombre se presenta en el mundo por su cuerpo; se hace presente en el mundo en la figura de su cuerpo. Por tanto, el cuerpo implica tres momentos: es un organismo, tiene una figura de conjunto, y, sobre todo, es principio de actualidad.

*La psiche*. La concepción zubiriana de la psiche difiere radicalmente de la concepción clásica del alma como una entidad sustancial. La psiche no es sustancial ni en sentido vulgar ni en sentido clásico. No es una sustancia espiritual. La psiche es un subsistema del sistema entero y completo de la sustantividad humana. La sustantividad del hombre es la única que posee suficiencia constitucional y está compuesta de dos subsistemas: el cuerpo y la psiche. Por esta razón es preciso afirmar que el hombre no tiene psiche y cuerpo, sino que es psicosomático, psico-orgánico, psico-corpóreo. La psiche no tiene substancialidad porque es siempre la psiche de un organismo, y el organismo es siempre el organismo de la psiche, es un organismo psíquico. Por consiguiente, el cuerpo y la psiche constituyen la sustantividad humana, la única que posee unidad estructural y suficiencia constitucional. El hombre es, por tanto, una sustantividad psico-orgánica. Los elementos y características del cuerpo u organismo, son características de la unidad sustantiva, constituida por el sistema psico-orgánico completo. A su vez, los elementos y características de la psiche son elementos de la unidad psico-orgánica entera: la sustantividad humana. "La psiche es por esto desde sí misma orgánica, y el organismo es desde sí mismo psíquico". El cuerpo y la psiche constituyen la única unidad estructural: La *sustantividad humana* (41).

El cuerpo y la psiche, en la unidad estructural de la sustantividad, se determinan mutuamente, pero no según el esquema hilemórfico. La mutua determinación entre el cuerpo y la psique se manifiesta en fenómenos tales como la "expresión" y la "fisonomía"; son fenómenos inseparablemente somáticos y psíquicos al mismo tiempo. Esa mutua

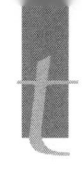

## La realidad humana

determinación se manifiesta sobre todo en la concepción zubiriana de la inteligencia sentiente. En efecto, ni la inteligencia ni la sensibilidad humana ejecutan actos independientes. El acto humano de aprehensión de realidad tiene dos momentos: sentir e inteligir. La sensibilidad y la inteligencia corresponden a los dos momentos del acto unitario de la inteligencia sentiente, o del "sentir inteligente". El momento de actividad de la sensibilidad humana y el momento de actividad de la inteligencia son inseparables, y constituyen el acto unitario de la inteligencia sentiente.

3. *La definición de la realidad humana*

¿Cómo se puede definir la sustantividad humana compuesta de cuerpo y psique?

En su respuesta Zubiri parte del hecho que el hombre es una realidad viviente, que vive y siente como los animales. Los animales aprehenden estímulos y viven en un ámbito constituido por los estímulos. Cada acto de aprehensión de un estímulo tiene tres momentos: recepción del estímulo, modificación del tono vital y respuesta. La modificación del tono vital desencadena en el animal una tendencia que da la respuesta al estímulo. Ahora bien, en el hombre la aprehensión no es sólo de un estímulo sino de realidad. Ésta se presenta en la aprehensión, pero, por el hecho de ser realidad, permanece con una autonomía suficiente: la realidad es "de suyo" y se presenta como tal a la inteligencia. La aprehensión de realidad acontece en el acto de la inteligencia sentiente, constituido por la unidad de la sensibilidad y la inteligencia. En la aprehensión, la realidad produce una modificación del tono vital que es psíquica y, al mismo tiempo, somática; no se trata sólo de una modificación tónica del organismo; en el hombre aparece el *sentimiento* de realidad. La modificación producida en la aprehensión de realidad suscita una respuesta, que en el hombre es ciertamente tendencia e impulso, pero es también un acto de la *voluntad*. No es sólo una tendencia; es también la voluntad de *querer* un modo de estar en la realidad.

Ahora bien, el nivel orgánico y el nivel psíquico no están yuxtapuestos ya que forman una unidad. En efecto, la inteligencia es constitutivamente sentiente, el sentimiento es *afectante*, implica constitutivamente una modificación del tono vital, la voluntad es constitutiva-

39

mente *tendente*. Por tanto, los elementos humanos (inteligencia, sentimiento, voluntad) son también, constitutivamente, elementos animales (inteligencia *sentiente*, sentimiento *afectante*, voluntad *tendente*). El hombre es un animal que no se mueve exclusivamente en un mundo de estímulos, sino que está en la realidad y debe afrontar la realidad. La esencia del sistema sustantivo del hombre es ser un *animal de realidades* (45ss).

4. *La forma propia de la realidad humana. La realidad personal*

Zubiri distingue entre la estructura y la forma de realidad de la cosa real. La estructura constituye una sustantividad más o menos compleja. En cambio, la forma de realidad se refiere al conjunto de la sustantividad.

El sistema que constituye la realidad puede tener formas diversas. En una primera aproximación, debemos distinguir tres formas diversas de realidad: la molécula y la estructura molecular (la realidad no orgánica), la célula y el organismo vivo, la sustantividad humana. Según nuestro autor, el conjunto de la realidad no orgánica, el cosmos, está constituido probablemente por una sola sustantividad. En cambio, la realidad viva tiene una sustantividad propia, posee sus elementos como propios y tiene una independencia y control suficiente sobre el ámbito en el que vive. La realidad viva se caracteriza por un primer nivel de autoposesión.

La cosa real se caracteriza porque los elementos que la constituyen le pertenecen, son suyos. Los elementos constituyen "de suyo" la cosa real. En el hombre sucede también que los elementos de su sustantividad le pertenecen "de suyo". Pero la realidad del hombre se caracteriza porque no sólo los elementos son "suyos", sino porque *la misma realidad humana pertenece al hombre*. El hombre no posee sólo elementos que son suyos; él mismo es "suyo", es decir, "su misma realidad" es "suya", le pertenece. El hombre se autoposee como realidad en una autoposesión abierta a la realización, que acontece en un proceso de apropiación orientado hacia las "otras cosas reales"; éstas aparecen como posibilidades de realización u ofrecen estas posibilidades.

La autoposesión que implica la apropiación de las notas, de la propia realidad, y de las posibilidades de realización, es la autoposesión correspondiente a la realidad humana. Precisamente por ello una realidad es realidad personal. El momento particular de autoposesión, ca-

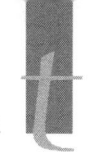

La realidad humana

racterístico de la realidad humana y por el cual el hombre posee su misma realidad, es el momento que constituye la forma de realidad propia del hombre: ser *persona*, ser *realidad personal*.

Zubiri llama *suidad* al momento humano de *autoposesión*. El insólito término significa que el hombre posee su realidad, que su realidad es *suya*. La autoposesión humana (la suidad) es la razón formal de la persona; el hombre es persona porque tiene el momento radical de *autoposesión* (de suidad), es decir, tiene el momento de posesión de su propia realidad.

Nuestro autor distingue dos aspectos en la realidad personal. Según él la *personeidad* es el carácter personal propio del hombre, el ser persona; este carácter permanece siempre el mismo durante el recorrido de la vida. La *personalidad*, en cambio, es la figura concreta que adquiere la persona en cada momento de la vida y que se va modelando en la ejecución de los actos. Por tanto, el carácter personal de la realidad humana tiene dos momentos. El primero, el *momento de autoposesión*, que es el más radical y constituye la persona, es la personeidad y permanece siempre idéntica a sí misma; el segundo, el *momento de concreta determinación de la figura* de la realidad personal en el mundo, que se va modelando, o configurando, durante el recorrido de la vida, en las acciones que el hombre ejecuta; éste segundo momento es la personalidad.

En la concepción zubiriana, ser persona no consiste últimamente en ser una realidad inteligente y libre, o en ser el sujeto de los actos, y tampoco en poseer una subsistencia. La cosa más radical de la realidad personal consiste en el hecho que esta realidad es "suya", se pertenece, porque la persona se autoposee. Por tanto, la realidad subsistente es persona en la medida que es *suya*, y será el sujeto de sus actos cuando su estructura será una estructura *subjetual*.

Por consiguiente, el momento de autoposesión, la *personeidad*, constituye formalmente la persona; la *personalidad* es la figura concreta que la persona adquiere en sus acciones. Zubiri advierte que no se trata de psicología sino de metafísica. Se es persona por el hecho de ser realidad humana. La persona se va modelando según la figura que adquiere en los momentos de su vida. La persona posee una identidad que es siempre la misma. La *personalidad*, en cambio, se va configurando en el proceso de realización de la realidad humana hasta su muerte. La persona es el momento de autoposesión, y tiene una identidad que es siempre la misma. La personalidad es el momento de concreta determinación de la persona durante la vida, y se va configurando en las acciones que el hombre hace. En resumen: "El hombre es siempre el mismo pero nunca es lo mismo" (HD 51).

El momento de concreta determinación es la *actualidad* de la realidad humana, que consiste en un constante proceso de configuración. El hombre es *animal de realidades* por la estructura de su sustantividad. Por su forma de realidad es *animal personal*.

### 5. *El modo de inserción del hombre en la realidad*

El viviente vive en un ámbito sobre el cual posee una independencia y un control suficientes. Esta independencia es el modo de inserción en la realidad. El modo de inserción sería el "como" o la "condición" de implantación en el mundo del viviente. El viviente forma parte de la realidad.

En el caso del hombre hay más que independencia. El hombre está implantado en la realidad de un modo propio. Por ser persona se autoposee de un modo particular; tiene una propia realidad que es "suya". Por ello el hombre está implantado en la realidad de tal modo que está "suelto" respecto de las otras cosas reales y queda situado frente a ellas, "frente a toda realidad real o posible, incluso si la admitimos, frente a la realidad divina". La realidad humana no es simplemente parte de la realidad. El hombre, en efecto, tiene un modo de realidad por el cual está "suelto" de las cosas reales: "es un modo de realidad *ab-soluto*". Pero se trata de un ser "absoluto" que es "relativo". Efectivamente, el modo de implantación del hombre en la realidad es absoluto porque la realidad humana es "suya"; pero es un *absoluto relativo* porque el carácter absoluto del hombre ha sido adquirido durante la vida. En cada una de sus acciones va definiendo de una manera precisa y concreta el modo *relativamente absoluto* de "su" realidad. Cada una de las acciones humanas tiene un profundo significado: en ellas está en juego la determinación concreta del carácter relativamente absoluto de la realidad humana, está en juego el modo como el hombre es concretamente un "absoluto relativo" (HD 51s).

## B. La actualidad de la realidad humana en el mundo

### 1. *El ser del hombre; su actualidad*

Según Zubiri la realidad no es el ser ni el ser es la realidad. Hay una *ulterioridad* del ser respecto de la realidad, ya que el ser es la *actualidad* de la realidad sustantiva, su "estar" en el mundo. En efecto, la realidad sustantiva, en su presentarse en el mundo, "produce" su actualidad, su ser. En el caso del hombre, la actualidad, o ser, constituye una *figura*. El hombre, realidad personal, adquiere efectivamente una figura en sus acciones, que deviene la figura de su realidad sustantiva.

Zubiri denomina *Yo* al ser de la realidad personal, a su actualidad en el mundo. El Yo, por tanto, es el ser de la realidad personal y adquiere una figura concreta en las acciones del hombre (HD 56). La *figura* es la actualidad humana, su "presentarse en el mundo", su "*estar* en el mundo" (IS I 215); la actualidad humana tiene, como hemos visto anteriormente, su *verdad real*.

### 2. *La realidad del hombre*

Partiendo de su realidad sustantiva, el hombre se hace actual en el mundo en su actualidad y configura su Yo en sus acciones. La actualidad, que "procede" de la realidad, revierte a su vez hacia la realidad sustantiva personal "por intimidad", es decir, acontece un "retorno" de la actualidad hacia la realidad en el ámbito de la intimidad y en la permanencia de la identidad. Hay como dos momentos en la realización de la realidad personal: el hacerse actual de la realidad en el Yo, y el "retorno" de la actualidad a la realidad sustantiva, que es el "punto de partida" radical. Existe una mutua referencia constitutiva entre realidad y actualidad, y, en el caso del hombre, entre la realidad personal, con su momento radical de *autoposesión*, y su actualidad, que se concreta en la figura del Yo.

En la filosofía zubiriana del hombre, la *intimidad* es la reactualización de la realidad personal como posesión y autoposesión (SH 134), y la *personalidad* es la figura de la intimidad, que se va constituyendo durante el recorrido temporal de la vida (136).

### 3. El Yo del hombre. Su constitución

El Yo de la realidad personal es el resultado de un proceso complejo. En él se estructura la forma personal de vivir los actos que el hombre ejecuta o padece. Zubiri distingue tres momentos en el proceso de constitución del Yo personal. El hombre puede ejecutar simplemente un acto de modo similar a un animal, por ejemplo: "Como una manzana". Por la aprehensión de realidad, el hombre aprehende las cosas como reales y él mismo se encuentra frente a la realidad. Emerge entonces el ser personal, en un primer momento de una forma simple, que se puede expresar así: "*Me* como una manzana". Aparece un primer indicio de apropiación de la acción y de la realidad. Zubiri dice que en este caso la forma reflexiva es, más bien, una forma "medial", que expresa como un momento intermedio en el que inicia la emergencia de la consistencia de la realidad personal; es un momento de actualización, todavía débil, de la realidad personal. Un momento más fuerte es aquel en el cual la realidad sustantiva opera de forma activa; es un momento de *apropiación* de una posibilidad ofrecida por la realidad, por ejemplo: "Como *mi* manzana". La realidad personal aparece con más fuerza; es más explícito el modo *relativamente absoluto* de implantación del hombre en el mundo. Pero la forma más explícita es aquella que se expresa del modo siguiente: "*Yo* como la manzana". Esta expresión indica que ha acontecido la constitución del Yo como ser, o actualidad, de la realidad personal: la *apropiación* plena de la cosa sucede a partir del momento de *autoposesión* personal, como punto de partida radical (que implicará también un momento de *autoafirmación*).

A partir del simple cumplimiento de los actos, surge una forma *medial* de vivirlos. El acto adquiere un carácter más explícito cuando consiste en una *apropiación*. En estos modos de vivir el acto, el Yo tiene su fundamento y surge la forma "más solemne y radical": el Yo personal. Mediante un proceso complejo hemos llegado a la constitución del Yo. El Yo es la determinación concreta de la actualidad de la realidad personal, y es la expresión más explícita del momento de autoposesión, que es el momento formalmente constitutivo de la persona.

Hemos llegado a un punto a partir del cual la vida personal consiste en un proceso de configuración y desarrollo del Yo personal, que se des-

pliega en el modo de vivir las acciones, desde las más simples hasta las más complejas, ejecutadas o padecidas por el Yo (HD 57s). La configuración del Yo acontece por medio de los actos que el hombre ejecuta. Algunos son libres, otros impuestos, y otros fuertemente determinados por el contexto en el que transcurre la vida. A través de estos actos se conforma y se configura el Yo del hombre. El Yo no es un sujeto de atribución ni de inherencia; es una configuración intrínseca, adquirida durante el curso de la vida en los momentos de apropiación y de autoposesión.

La actualidad de la realidad es el "estar" de la realidad en el mundo. Esta actualidad es, precisamente, la *verdad real* de la realidad, como hemos visto en el capítulo anterior. Dice Zubiri: "Lo que yo llamo Yo es la verdad real de lo que soy yo mismo como realidad sustantiva en el momento en el que voy ejecutando mi Yo", el Yo de mi realidad (C 269). El Yo es, pues, la actualidad de la realidad personal, y, por tanto, la verdad real de la realidad sustantiva a partir de la cual el hombre cumple su Yo durante el entero recorrido de su vida.

4. *El hombre, realidad específica*

El proceso de realización de la realidad personal sucede dentro de un carácter particular de la realidad humana. Ésta es *específica*, es decir, el hombre es el individuo de una especie. Este hecho tiene *tres dimensiones*.

Por el hecho de ser un individuo de una especie, el hombre es una realidad individual; es un individuo diverso de los otros, teniendo el término diverso un significado particular: el hombre es *diferente* del animal, pero es *diverso* de los demás hombres; es diferente de los demás, pero "dentro de la misma versión. Diversidad es diferencia dentro de la misma versión," dentro de la misma especie. El hombre, como realidad específica, es un individuo diverso de los otros miembros de la especie; tiene una identidad única; tiene una dimensión *individual*.

Desde su dimensión individual el hombre tiene una referencia constitutiva hacia los otros individuos de la especie; hay en él una orientación constitutiva hacia una vida junto con los otros de la especie, hacia la convivencia. La convivencia con los otros tendrá una forma concreta que se hallará entre dos extremos posibles: la convivencia en la sociedad y la comunión personal. El hombre posee una dimensión *social*.

La realidad humana se realiza en el tiempo y en un período de la historia. El hombre se realiza históricamente. Según Zubiri la *dimensión histórica* del hombre consiste en el hecho que su realización acontece mediante la transmisión de *formas de estar en la realidad*. Esas formas son transmitidas por los padres, los educadores, por el entero contexto social en el cual se inicia y desarrolla la vida humana. El hombre puede apropiarse las formas de estar en la realidad que recibe, o puede rechazarlas; podrá también transformarlas, pero se realiza necesariamente a partir de las formas de estar en la realidad que le son transmitidas, que recibe del contexto social y que están también determinadas por el período de la historia en el que vive. En este punto es decisiva la concepción zubiriana de la historia del hombre como transmisión, o tradición, de formas de estar en la realidad para realizarse en ella.

Por tanto, como realidad específica el hombre tiene tres dimensiones: es realidad individual, social e histórica (cfr HD 62-74).

## C. La realización de la realidad humana

*1. La realización del hombre*

La realidad humana se realiza en los actos que el hombre ejecuta durante su *vida*. La realidad sustantiva del hombre se actualiza en su ser, en su Yo, en cuanto constituye su actualidad y su "personalidad". Partiendo de la realidad sustantiva, el hombre, en su actualidad, está en el mundo mediante los actos que efectúa. Precisamente en estas acciones, llevadas a cabo durante la vida, el hombre *se hace a sí mismo*, es decir, toma posesión de su realidad como tal. La vida del hombre consiste en la edificación de su Yo, a saber, en ir realizando la *configuración* de su Yo. En ello el punto de partida es siempre el momento de autoposesión personal, el momento radical y constitutivo de la persona. Dice Zubiri: "El hombre es una realidad personal cuya vida consiste en autoposeerse en la realización de su propia personalidad, en la configuración de su Yo como actualidad mundanal de su realidad relativamente absoluta" (HD 115), y concluye: "La vida entera no es sino la configuración progresiva de mi Yo" (136).

La realidad humana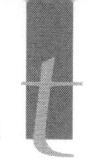

El hombre "se hace a sí mismo" en las acciones que ejecuta. En ellas es agente, actor y autor; es agente en cuanto tiene la capacidad de ejecutar las acciones; es actor en cuanto interpreta un personaje; es autor en cuanto debe optar entre las diversas posibilidades ofrecidas por la realidad en la que está implantado.

La realización del hombre acontece durante el recorrido de su vida como configuración del Yo personal. La configuración sucede en las acciones que el hombre ejecuta o padece. A esta realización por configuración Zubiri la llama *realización biográfica*.

### 2. La biografía del hombre

¿Cómo realiza el hombre su biografía?

El hombre realiza su biografía en sus actos. Pero en ellos no actúa, en primer lugar, como el sujeto que ejecuta los actos de su vida, porque en los actos que lleva a cabo va construyendo su "personalidad" y, de este modo, realiza su biografía. En las acciones el hombre va configurando su Yo, a saber, la figura de su actualidad en el mundo. Cuando el hombre lee un texto, no es un sujeto que lee, es decir, un sujeto que ejecuta la acción de leer; cuando lee un texto el hombre se constituye en lector; en la acción de leer adquiere la *figura de lector* como momento de la configuración de su Yo. Así sucede un momento del desarrollo de su biografía (C 303). En la vida del hombre se constituye el Yo personal, y una vez constituido, la vida consiste en el proceso de configuración del Yo. En cada acción y en cada momento de la vida el Yo tiene una figura que inevitablemente deja su huella en la realidad personal. La vida humana consiste en un proceso biográfico en el cual se va configurando el Yo personal hasta el momento de la muerte. Según Zubiri, la muerte no es el momento de la separación del cuerpo y del alma y el inicio de la descomposición del organismo. La muerte es el momento en el cual la configuración del Yo alcanza la figura definitiva y definitoria (SH 668-671). En la concepción zubiriana el alma no es una substancia separable del cuerpo.

Ahora bien, la vida del hombre como configuración del Yo personal tiene un fundamento.

47

## 3. La realidad, fundamento de la realización humana

En sus acciones, el hombre adquiere el carácter relativamente absoluto propio de la persona humana. Ese carácter absoluto tiene su concreta expresión en el hecho que el hombre, precisamente porque es persona, esta situado "frente" a todas las cosas reales y al mismo tiempo está "suelto" de ellas (HD 79-81).

En sus acciones, el hombre está situado con las cosas y entre ellas. Ahora bien, por el hecho de estar situado entre las cosas, está situado *en la realidad* y frente a ella. Zubiri denomina *religación* a la condición constitutiva de la realidad personal, por la cual el hombre está situado en la realidad y frente a ella. Por tanto, en cada acción, ejecutada entre las cosas y en la realidad, el hombre adquiere una determinada figura del Yo y una posición en la realidad. La realidad es el fundamento de este proceso. El hombre está fundado en la realidad, a la cual está constitutivamente *religado*. La realidad es el *fundamento* de la realidad personal y de su realización. En cualquiera de sus actos, el hombre está situado entre las cosas, con las cuales lleva a cabo su vida. Pero estando situado con las cosas y en las cosas, el hombre se encuentra necesariamente situado en la realidad (HD 92).

La realidad, en la cual el hombre está forzosamente situado y de la cual no puede salir o evadirse, tiene un carácter último. Las cosas pueden cambiar, pero en todo caso la última cosa que se puede decir es que son reales; estando entre las cosas el hombre está en la realidad, independientemente de lo que sean las cosas. Esto es la *ultimidad* de la realidad como fundamento. La realidad es, también, la raíz y el ámbito donde se originan las posibilidades que se ofrecen al hombre para vivir. La realidad es, por tanto, *posibilitante*. Es, además, *impelente* e incita necesariamente al hombre a hacer su vida, a apropiarse de las posibilidades que se le presentan para su realización, es decir, para la construcción de su figura en el mundo y para la configuración de su Yo. "Última y posibilitante, la realidad tiene a su vez todavía un carácter ulterior: es un apoyo *impelente*. Porque al accionar, el hombre no solamente puede ejecutar una acción, sino que no tiene más remedio que hacerlo. Es inexorable que lo haga. Tiene que realizarse, y realizarse por una imposición de la realidad misma" (HD 83).

En todo ello se manifiesta la *fundamentalidad* de la realidad. Ésta, por ser *última, posibilitante* e *impelente,* se manifiesta como fundamento de la realidad personal del hombre.

### 4. *La estructura de la fundamentalidad*

La fundamentalidad de la realidad no actúa como una causa, ni como una funcionalidad, es decir, como una sucesión de eventos rigurosamente determinada. La fundamentalidad de la realidad se manifiesta en el hecho que determina la realidad personal y la sitúa inevitablemente "frente" a la realidad en cuanto tal. Esta determinación opera como un *poder*, a saber, como algo que tiene un dominio sobre el hombre. Según Zubiri, en este hecho se manifiesta el *poder de la realidad*. Dice, en efecto, que la realidad tiene un poder sobre el hombre por cuanto el hombre debe estar "frente a" las cosas reales en la realidad. Por esta razón la realidad es fundamento para el hombre porque actúa sobre él como un poder.

### 5. *El acontecimiento de la fundamentalidad*

La realidad es el fundamento de la realidad personal del hombre y constituye la profundidad más radical en la cual el hombre está implantado. Como fundamento, la realidad se manifiesta como un poder que domina sobre el hombre y le fuerza a realizarse. Pero no impone el modo como debe hacerlo. Las posibilidades brotan de la realidad. Ésta fuerza a tomar una decisión, pero no impone cual se debe tomar. El dominio de la realidad sobre el hombre no cancela su libertad.

El hombre está forzosamente ligado a la realidad y a su poder. Nuestro autor denomina *religación* a este particular estar ligado a la realidad, y nota que el poder de la realidad y la religación son dos cosas que se corresponden. En efecto, en la religación el hombre está constitutivamente religado a la realidad y a su poder. A su vez, la realidad con su poder fuerza al hombre a realizarse mediante la opción concreta por una posibilidad. No impone la opción, pero mueve a hacerla. El hombre está movido a tomar una decisión porque está religado a la realidad. No tomarla es ya una decisión.

La religación no es una obligación porque es "anterior" a toda obligación, y no es un sentimiento de dependencia incondicionada porque constituye un presupuesto de ese sentimiento (HD 93).

Según Zubiri, la religación al poder de la realidad es un hecho constatable, total y radical, que da un apoyo al hombre en la tarea de su realización. La religación "es la misma raíz de mi realidad personal". El poder de la realidad y la religación forman una unidad, y en cuanto tal constituyen un hecho radical en el proceso de la realización del hombre; es un hecho que es vivido, en efecto, como el acontecimiento radical que apoya y fundamenta la realización personal. Ahora bien, el acontecimiento de la religación a la realidad y a su poder tiene tres caracteres: *experiencia, manifestación y enigma* (HD 93).

En la religación el hombre hace la *experiencia* de la realidad y de su poder. No se trata de experiencia en el sentido de una percepción empírica. La experiencia de la realidad significa que el hombre va haciendo una prueba y una verificación de la realidad y de su poder a lo largo de su vida y en la realización personal; efectúa así una experiencia de la realidad, de su poder y de las posibilidades que ofrece, según las tres dimensiones: individual, social e histórica (HD 95).

La religación es, también, *manifestación*. La realidad se manifiesta al hombre en la religación; manifiesta, en efecto, su poder y la riqueza de su contenido. La manifestación acontece, precisamente, en la actualización de la realidad en la inteligencia sentiente del hombre.

La manifestación de la realidad y de su poder sucede en el proceso de la realización del hombre como persona. Ser persona implica el momento radical de *autoposesión* y la implantación del hombre en la realidad como realidad humana *relativamente absoluta*, como hemos visto anteriormente. Hay, por tanto, una paradoja en la religación a la realidad como la cosa última. Por una parte, el hombre está constitutivamente "ligado" a la realidad por la religación. Por otra, está "suelto" de ella por el modo relativamente absoluto de inserción en la realidad. La realidad ofrece formas de realidad y exige la apropiación de una de ellas, pero no obliga a adoptar una forma concreta, no suprime la libertad. La realidad, por tanto, en su dimensión de manifestación orienta y dirige al hombre hacia su realización, es decir, la realización de su modo de ser relativamente absoluto. "Pero el que sea manifesta-

La realidad humana

ción en esta línea muestra que lo manifestado, a saber, el poder de lo real, tiene manifiestamente un carácter *enigmático*... Todo lo real impone que adoptemos una forma determinada de realidad. Y aquí está el enigma... El enigma está constituido por una cierta ambivalencia de caracteres no fácilmente compatibles"; el poder de la realidad "es un poder enigmático" (HD 96s).

Por tanto, el acontecimiento de la religación es experiencia, manifestación y enigma. El hombre hace la experiencia del poder de la realidad, y ésta se manifiesta como un poder enigmático.

6. *La cuestión del fundamento*

El hombre tiene su fundamento en el poder de la realidad, y este poder es enigmático. Precisamente por ello, el hombre lleva consigo una *inquietud*, que es la huella que deja el enigma de la realidad en la realidad humana. No se trata de la inquietud de quien busca la satisfacción o la felicidad, ni de la angustia, ni de una preocupación. La inquietud que resulta del enigma de la realidad, es vivida como la *ocupación* correspondiente a la tarea de realizarse como persona. Cada acción humana lleva consigo una cuestión y una respuesta que se refieren a la realización de la persona. Cada acción humana, incluso la más simple, proporciona una forma de estar en la realidad como momento de la configuración del Yo personal. En todas las acciones está en juego la realización del hombre. De este hecho surge la inquietud que el hombre lleva consigo. La realidad es el fundamento del hombre y se manifiesta como enigmática. Por esta razón, hay en el hombre, religado a la realidad, una inquietud en la ejecución de las acciones durante el recorrido de su vida. No se trata de preocupación sino de *ocupación*. "El hombre está ocupado en hacerse persona" (HD 99s).

La inquietud que acompaña al hombre, tiene en cierto modo una contrapartida; en cada instante de su vida el hombre tiene, en principio, "eso que se llama *voz de la conciencia*". La voz de la conciencia dice lo que se debe hacer, pero no habla únicamente cuando se trata de deberes. En cada acción hace sentir su voz, y emerge de la profundidad de la realidad humana, que Zubiri identifica con el carácter relativamente absoluto del hombre. De lo más profundo del hombre se hace sentir la voz de la conciencia. Ésta puede ser más o menos clara, más o menos intensa, y su contenido puede variar según las diversas culturas. Pero en todo caso, la voz de la conciencia propone una forma de estar en la realidad, y el hombre debería apropiársela. No es una voz siempre unívoca y no siempre tiene la misma intensidad. Pero se hace sentir como cierta e inapelable (HD 101s).

Zubiri dice que la voz de la conciencia es, ante todo, *voz*, y no un "imperativo categórico" kantiano. Como *voz* corresponde al modo de aprehensión de realidad propio del oído, que siente el "sonido"; se trata, por tanto, de un sentir inteligente. En el caso del sonido o de la voz, no hay una presencia de la cosa como en el caso de la aprehensión propia de la vista. "En el sonido, la cosa sonora no está incluida en la audición, sino que el sonido nos remite a ella"; nuestro autor llama "noticia" a esta "remisión" (IS I 101). Por tanto, lo real del sonido es *noticia* que hace referencia a la cosa que produce el sonido. De acuerdo con ello, la voz de la conciencia es *noticia* de una forma de realidad que el hombre debe escoger y hacer propia; es una voz que proviene de la realidad y, al mismo tiempo, da un impulso hacia ella e incita hacia la apropiación de una forma de realidad. La voz de la conciencia es la noticia de la realidad en el hombre; es el clamor de la realidad que llama la atención y apremia hacia su pleno cumplimiento. La inquietud y la voz de la conciencia son cosas complementarias, y orientan e impulsan hacia una forma de estar en la realidad; no dirigen, ante todo, hacia una cosa que se deba hacer. El acto de la voluntad, o volición, corresponde a esta incitación y orientación (HD 104s).

Según Zubiri el término radical de la voluntad no es la realidad como "objeto" sino la realidad como fundamento. El acto radical de la voluntad está dirigido hacia el fundamento, que implica también la cosa real como término de una acción; está dirigido, por tanto, hacia el fundamento y se realiza en la apropiación de una forma de realidad. Con ella se decide por una forma de "estar en el mundo", y el Yo personal adquiere una determinada figura en el mundo.

El acto de la voluntad está radicalmente dirigido hacia la realidad, y quiere la realización de la realidad personal: la voluntad es *voluntad de realidad*. La realidad se presenta al hombre y se hace actual en su actualidad en la inteligencia. Por tanto, el término de la voluntad es la realidad actualizada; dicho de otra manera, el término de la voluntad es

La realidad humana

la actualidad de la realidad. Hemos visto anteriormente que el presentarse de la realidad en el mundo, su actualidad, tiene su momento de verdad. Zubiri llama "verdad real" de la realidad a la actualidad de la realidad en el mundo. Por consiguiente, la voluntad de realidad es *voluntad de verdad*, es decir, es voluntad de verdad real, voluntad de realidad actualizada.

7. *La voluntad de verdad*

La voluntad de verdad es más radical que la voluntad de vivir y que la voluntad de autenticidad. En efecto, la voluntad de verdad es voluntad de realidad actual, es voluntad de verdad real. La *verdad real* es el término de la *voluntad de verdad*.

Existen tres momentos en la verdad real. Según Zubiri, el primero es aquel que prevale en la cultura occidental y entiende la verdad primordialmente como *ostensión*, como manifestación de la realidad. Un segundo momento, propio de la cultura semita, consiste en la comprensión de la verdad como *fidelidad*, como garantía y seguridad (la expresión adecuada es: amén, así sea, así será). Hay también un tercer momento. La verdad real, término de la voluntad de verdad, no sólo manifiesta la realidad y da seguridad; tiene también un momento de *efectividad*, es decir, es la verdad real de una realidad que *ya es* real y permanece efectivamente real. Es el momento de *efectividad* de la verdad.

La verdad real manifiesta la realidad, da seguridad y es efectiva. La realidad es el fundamento, y en su actualidad, es verdad real en los tres momentos: manifestación, ser digna de confianza y ser efectiva. La voluntad de verdad va a la búsqueda de la verdad real en la actualidad de la realidad; quiere, por tanto, encontrar la realidad, fundamento de la vida del hombre y de la realización de su realidad personal. La voluntad de verdad quiere cada vez descubrir más manifestación de realidad, más seguridad y firmeza, más efectividad. La búsqueda de la realidad como fundamento requiere la opción por una forma de realidad, y la voluntad de verdad quiere hacer la opción justa y adecuada. Aparece la tensión entre la opción que se debe hacer y la búsqueda radical de la realidad como fundamento; aparece, por tanto, la tensión entre la forma concreta de realidad que el hombre adquiere y el *enigma* de la realidad y su poder (HD 107s).

## D. La muerte del hombre

La vida es una realidad que consiste en un recorrido desde el nacimiento hasta la muerte. La "muerte pertenece intrínsecamente a la vida". La vida como recorrido tiene una duración, una apertura al futuro y la orientación hacia un término; está situada entre términos concretos. La vida no es sólo una sucesión de momentos porque su unidad proviene de su misma estructura como realidad con una plena unidad. En los momentos del recorrido de la vida es posible una confirmación o un cambio de ruta; la vida es una "intercurrencia" y como tal "lleva consigo una ratificación, una rectificación, una integración, una ampliación, o un abandono de lo que se quiere ser... seguir viviendo tiene un carácter positivo expresado en la intercurrencia: el hombre va pasando de una situación a otra" (SH 661). Por tanto, "la vida es autodefinición de la figura que se quiere ser. Esta autodefinición no es meramente intencional... se trata de poner en marcha la idea de lo que he querido ser. La autodefinición es autorrealización, es autoposesión"; la *figura* del hombre se va *modulando* constantemente (661).

El recorrido de la vida tiene la unidad de un "camino" que conduce de un punto de partida a un final de trayecto. "La vida es constitutivamente camino, y por ello vivir en secuencia es ser constitutivamente *viador*. *Summus in via*, estamos constitutivamente en carácter de viador o de camino". ¿A dónde va la vida como "camino"? El "hacia" de la vida "es siempre y sólo el yo mismo como figura de realidad en realización física". Vivir es más que ir adelante en la vida; lo que el hombre hace en la vida es alcanzarse a sí mismo, va hacia la figura de realidad que se realiza *físicamente* (SH 662); (recordemos que para Zubiri "físico y real, *en sentido estricto*, son sinónimos"; habla a veces de "realidades físicas" o cosas "físicamente reales"; "es un puro pleonasmo pero muy útil"; SE 16s).

El hombre no es un sujeto sobre el cual van pasando las vicisitudes de la vida. "Aquí aparece claramente que el hombre, como sujeto de su vida, no es tan sólo lo que Aristóteles piensa, un *hypokeimenon*, sobre el cual van pasando las vicisitudes de la vida, sino que el hombre, por ser una realidad intelectiva, en el más minúsculo acto vital en que pone en juego su inteligencia, está constitutivamente *sobre sí*", es decir, "se

La realidad humana

hace cargo de la realidad". Como realidad con inteligencia sentiente, el hombre se autodefine en la "realización de un proyecto de determinada figura de realidad" (SH 662s).

La autodefinición alcanzada en un momento de la vida es *provisional* porque está abierta a ulteriores realizaciones y autodefiniciones, mientras la vida sigue adelante. El hombre puede cambiar la propia autodefinición a lo largo de su vida. El carácter del hombre no es "de existencia sin esencia, como quieren los existencialistas, sino de esencia abierta, que es cosa completamente distinta" (664s).

La vida tiene unidad porque quien la vive es un individuo que tiene la propia unidad. La misma estructura de la vida tiene unidad en cuanto es un recorrido entre términos determinados. La vida tiene un término. Es limitada y la limitación significa que habrá un momento último del recorrido y, por tanto, la figura adquirida y la definición alcanzada en aquel momento serán *definitivas*. Éste es el momento de la muerte (666).

Como hecho natural la muerte es la conclusión del recorrido, su cumplimiento y consumación. Pertenece, además, "a la estructura formal del viviente humano". Es el acto que proyecta positivamente al hombre de la provisionalidad a la condición definitiva, es un desenlace. La estructura concreta de la vida como realidad tiene un término; éste pertenece a la vida no sólo de modo negativo, sino como el momento en el cual el hombre adquiere la definición definitiva de sí mismo. Las cosas que el hombre hace constituyen el *argumento* de su vida. Pero "lo que este argumento tiene de vida es la definición del viviente"; en él se realiza y define el hombre. Pero llegados al término, a lo definitivo, se concluye el argumento de la vida y queda sólo la realización adquirida durante la ejecución del argumento, queda "lo que arguye" (666).

Desde el inicio de la vida el hombre es persona como *personeidad* porque tiene inteligencia y la inteligencia "es la última y radial posibilidad entitativa y operativa para que pueda ser lo que es" (666). Por la inteligencia el hombre se autoposee, se pertenece, y, en cuanto persona, no puede pertenecer a un "todo". La inteligencia humana es sentiente y por ello el hombre se realiza concretamente en figuras que lo definen, y que constituyen su *personalidad*; esta realización es *biográfica*, como hemos visto anteriormente. El hecho que en la muerte se adquiera la figura definitiva implica una soledad radical, en la cual se muere. No se trata de aislamiento, sino de una concentración radical de quien muere sobre sí mismo. Permanece siempre la respectividad hacia los demás, pero la orientación constitutiva de la realidad de quien muere se hace una orientación hacia sí mismo de modo exclusivo: esto constituye la soledad de la muerte (668).

*La muerta física y real*. El hombre es un viviente animado, constituido de cuerpo y psique; son los dos subsistemas de su sistema substantivo. El cuerpo se estructura como un organismo; lo que llamamos cuerpo está "constituido por una serie de sustancias estructuradas en cierta forma que llamamos configuración", que confiere al hombre el carácter de organismo, y que "constituye definitivamente la animación en acto de una psique que es corpórea desde sí misma". Cuerpo y psique constituyen una sola sustantividad. El hombre es psique corpórea o cuerpo psíquico (670).

¿Qué es la muerte? La muerte es la destrucción de la configuración física y esencial del organismo; no se trata sólo de una destrucción funcional. Al morir, aquello que se va es el cuerpo, la vida orgánica. Al morir, no es la psique que se despide del cuerpo sino el cuerpo que se despide de la psique, del psiquismo, y el hombre se queda sin vida, "sin la vida que se le va". "Cuando esto sucede, la sustantividad humana deja de existir" (671).

Concluye Zubiri: "Pienso por esto que no se puede hablar de una psique sin organismo. Digamos, de paso, que cuando el cristianismo habla de supervivencia e inmortalidad, quien sobrevive y es inmortal no es el alma, sino el hombre, esto es, la sustantividad humana entera. Lo demás no es de fe". Él pensaba que esto tendría que ser por una acción re-creadora, resurrecional (671 n.1).

CAPÍTULO 3

# EL ENIGMA DE LA REALIDAD. DOS RESPUESTAS POSIBLES

Introducción

La realidad es enigmática para el hombre, y por ello aparece la cuestión de su fundamento último. El carácter enigmático de la realidad sitúa al hombre ante el problema de Dios.

Como hemos indicado en la *Introducción*, al afrontar la cuestión de Dios emerge de modo convincente la justificación de su existencia y de la fe cristiana, hecha por Javier Monserrat (EMC).

Monserrat está de acuerdo con Zubiri en la comprensión de la realidad y del mundo. Pero tiene un modo propio de tratar la cuestión de Dios. En su convincente argumentación encontramos una notable particularidad. Tiene en cuenta de modo decidido la *posibilidad racional* de comprender la realidad como un "mundo sin Dios", con todas las consecuencias.

La razón pretende conocer la coherencia de la realidad y el origen y constitución del universo. En este intento aparece el problema del fundamento último del mundo. La cuestión surge inevitablemente por el carácter enigmático de la realidad. Éste se manifiesta en la tensión entre la estabilidad de las estructuras del universo y la energía en cuanto fuerza transformativa, que suscita procesos de cambio y mutación en los conjuntos estables de elementos en el mundo. El universo es enigmático y, según Zubiri, la solución del enigma es la afirmación de la realidad de Dios: la "realidad absolutamente absoluta" (HD 148). La afirmación de Dios lleva consigo la razonable adhesión existencial correspondiente.

De hecho, el hombre tiene una espontánea orientación hacia Dios como fundamento de la realidad. Es naturalmente religioso y en todas las culturas aparecen formas de religiosidad como elementos centrales y de fuerte significado para el hombre. Como problema racional, la cuestión de Dios surge cuando la razón humana pretende conocer la coherencia última de la realidad. El mundo debe poseer una coherencia racional suficiente, y Monserrat afirma que la ciencia actual hace posible una explicación del mundo sin recurrir necesariamente a la existencia de una realidad superior y trascendente, que sostiene y rige todas las cosas. La razón no puede desentenderse de la posibilidad de comprender la realidad como un mundo sin Dios; no puede considerarla una cosa absurda. Por tanto, inicialmente son posibles dos explicaciones del enigma de la realidad: la comprensión de la realidad como un *mundo sin Dios* y la justificación de la *realidad de Dios*.

Monserrat observa que en la explicación *mundo sin Dios*, la idea de lo absoluto queda exclusivamente referida al mundo, que tendría en él mismo el propio fundamento. Sería una explicación con coherencia suficiente y tendría sentido la correspondiente opción por una existencia puramente mundana, en la que seguirían vigentes valores como la amistad, la familia, la atención a los débiles y marginados, el bienestar social.

Ahora bien, el hombre debe analizar y evaluar las dos posibles explicaciones para poder determinar cual sea la más razonable. Ninguna de las dos posee una certeza racional absoluta. Pero la razón debe intentar descubrir cual sea la explicación más coherente: la afirmación racional de Dios o el agnosticismo, el cual no niega la existencia de Dios pero la considera una hipótesis sin una realidad correspondiente que sea verificable, dice T. Galván (*¿Qué es ser agnóstico?*, Madrid 1985). La importancia de un análisis y una valoración adecuados es decisiva para poder hacer una opción razonable y vivir con autenticidad. No sería racional decidir al azar. El hombre quiere tener una justificación suficiente en sus decisiones. Sin embargo, cuando se trata del fundamento último, la opción se puede "apoyar" únicamente sobre argumentos racionales que sólo pueden dar una *certeza moral*. La certeza moral no es una certeza absoluta o metafísica, pero hace razonable la opción, aunque no excluya absolutamente otras posibilidades; los argumentos racionales a favor de una opción no pueden excluir de forma definitiva la posible coherencia de una opción alternativa.

La comprensión de la realidad como un mundo sin Dios es, en un primer momento, una hipótesis; se trata, por tanto, de un "proyecto" racio-

El enigma de la realidad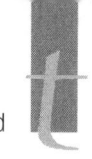

nal que surge de la experiencia como "sistema de referencia". No se impone como si contara con una certeza absoluta, aunque en un determinado momento se pueda presentar como la explicación más razonable. Sin embargo, en ningún caso puede excluir absolutamente la existencia de Dios como la posible solución racional al enigma de la realidad.

### A. El hombre y las dos respuestas posibles

El enigma de la realidad tiene, por tanto, dos respuestas posibles. La cuestión decisiva es establecer cual sea la respuesta más convincente para poder hacer la opción más razonable. Al inicio, Monserrat presenta brevemente las dos respuestas y el sentido existencial correspondiente. Expone de modo sucinto la concepción clásica de la existencia de Dios y de la actitud religiosa, y la concepción agnóstica y la actitud existencial que le corresponde.

*1. La respuesta "existencia de Dios"*

La concepción clásica de la existencia de Dios es el tema de la teología natural, y surge al afrontar el enigma de la realidad, en la que el hombre está implantado. Dios, si existe, es el origen del universo, trascendente a él y fuente inagotable de realidad. Dice Zubiri que, para el hombre, el problema de Dios es "ver si además del hombre y de las cosas hay la realidad de Dios; se trata de un problema que el hombre tiene que plantearse, mejor dicho, que nos está ya planteado por el mero hecho de ser hombres" (HD 12); y añade: "lo que todos entendemos por Dios, cuando lo buscamos, no es una esencia metafísica, sino algo más sencillo: es una realidad última, fuente de todas las posibilidades que el hombre tiene, y de quien recibe, suplicándole, ayuda y fuerza para ser" (HD 123). Una concepción de la divinidad con significado para el hombre, supone una comprensión de Dios como realidad personal, misteriosa pero abierta a la relación con el hombre. El hombre experimenta sus límites y su indigencia, la imperfección de los resultados de su actividad y la fragilidad de la condición humana, que lo hace vulnerable al sufrimiento y le orienta hacia la muerte. Un Dios significativo para el hombre debe ser omnipotente y justo, el fundamento digno de confianza del hombre y de la esperanza de una plena realización y de la salvación definitiva. La afirmación de la existencia de Dios sitúa al hombre en un horizonte de verdad, y la actitud religiosa sería la única actitud humana auténtica y razonable.

El pensamiento cristiano tradicional ha tenido la convicción de poder afirmar racionalmente la existencia de Dios con una certeza absoluta, es decir, metafísica. Esto implica la exclusión de cualquier otra respuesta al enigma de la realidad como respuesta con verdad, y tiene la consecuencia de situar al hombre en un *teocentrismo impositivo*. Pensar que se está situado en un horizonte de *teocentrismo impositivo* suscita la convicción de que la verdad de Dios se impone necesariamente a la adecuada actividad de la razón: la *realidad contingente* del mundo tendría una referencia constitutiva al *Ser necesario*. Por tanto, la afirmación de la existencia de Dios sería la única respuesta racional posible al enigma de la realidad. De acuerdo con ello, la existencia humana debería tener el sentido de una actitud religiosa que espera la salvación que Dios debe operar en el futuro (EMC 446).

Ahora bien, la concepción de un teocentrismo impositivo es hoy problemática; difícilmente se puede admitir la pretensión de establecer racionalmente, con una certeza absoluta, la verdad de la existencia de Dios.

2. *El hombre y la respuesta "mundo sin Dios"*

El hombre está racionalmente abierto a un *mundo sin Dios* como posibilidad de coherencia última de la realidad; se encuentra ante la posibilidad de la *pura mundanidad* del mundo como sistema cerrado, sin una referencia externa al mundo, es decir, sin referencia a Dios. La posibilidad de un mundo sin Dios significa que la realidad adquiere una coherencia suficiente en su constitución estructural y dinámica; su carácter absoluto no implica la existencia de una realidad divina como origen y fundamento necesario. El mundo, en su conjunto, estaría constituido por una realidad consistente, no personal. La persona humana quedaría situada en el horizonte de la *pura mundanidad*.

Monserrat recuerda que se trata de una de las dos posibilidades racionales de coherencia última del mundo. Ciertamente, la otra posibilidad, o hipótesis, de la existencia de Dios no queda excluida. Pero en este momento interesa subrayar "la naturaleza impersonal del Absoluto" en la comprensión de la realidad como *pura mundanidad* y ver el sentido que en ella puede tener la existencia del hombre (EMC 448).

El enigma de la realidad

3. *El sentido de la existencia en la pura mundanidad*

Si el hombre está convencido de que es verdad un "mundo sin Dios", entonces queda situado "en una posición absoluta en el Cosmos, en una experiencia radical de autonomía". En este caso, el sentido existencial del hombre consiste en una orientación hacia el mundo en una actividad que pretende la realización personal, intentando alcanzar el máximo dominio y control de la energía del universo. "En el horizonte de la pura mundanidad" y en la experiencia de la autonomía intramundana, mantienen un pleno sentido valores como "la persona, el amor, la fraternidad, la comunidad". Se trata de "todos aquellos elementos que cobran ya su sentido desde la perspectiva de una ética natural autónoma" (447).

Si el mundo en su conjunto fuera lo absoluto, cerrado en sí mismo, la realidad del hombre se debería comprender como proveniente de la misma constitución de la realidad. Según esta hipótesis "en la conciencia humana llega el Absoluto a la conciencia de sí mismo". ¿Qué sentido tendría, entonces, la existencia del hombre? (448).

En la hipótesis de un mundo sin Dios, los rasgos esenciales del sentido de la existencia humana serían los siguientes:

*La autonomía*. Dado el carácter impersonal de la realidad en su conjunto, "el hombre, en su pura mundanidad, tiene una experiencia de autonomía y absolutez en cuanto conciencia personal en el mundo". La conciencia humana no está sometida al condicionamiento de ninguna otra conciencia. La existencia del hombre es libre de toda referencia exterior a él.

*La verdad del hombre*. En la hipótesis de un mundo sin Dios, la verdad y la autenticidad del individuo particular están radicalmente vinculadas a la verdad y la autenticidad de la sociedad humana; en ella reside la verdad del individuo particular; cuando éste orienta su realización personal intentando una adecuada identificación con la verdad de la sociedad, entonces realiza su verdad con autenticidad.

*Persona y comunidad*. El hombre debe realizarse como persona mediante sus decisiones personales. Esto no debe significar encerrarse en el individualismo; al contrario, la verdadera realización de la comunidad humana es constitutiva de la verdad de la persona que en ella está integrada.

*El hombre y el mundo: el trabajo*. La inteligencia humana está abierta a un ámbito mundano. Aparece entonces la exigencia de llevar a una máxima plenitud la realidad en la que el hombre está integrado. Esta exigencia se realiza a través del trabajo, es decir, a través el conocimiento del mundo y del dominio de la energía, "en la ciencia y en la técnica que realizan el dominio útil de las cosas" (448s).

### B. La respuesta racional "mundo sin dios"

El hombre se encuentra ante dos posibilidades de comprensión última de la realidad: existencia de Dios y mundo sin Dios. Cada una de las dos determina un significado diverso de la vida humana: la actitud religiosa o la plena autonomía del hombre en el mundo. La correspondiente realización auténtica será evidentemente diversa. En todo caso, tanto el sentido de la vida humana como su adecuada realización dependen, para ser coherentes, de la comprensión última de la realidad. La inteligencia humana se siente irremediablemente abierta a dos posibilidades de comprensión de la realidad, y el hombre debe tomar una decisión para llegar a un conocimiento suficiente de la realidad en su conjunto y comprender de un modo adecuado su verdad. La opción es decisiva. Está en juego el sentido de la vida humana. Por tanto, el hombre debe intentar establecer con la mayor certeza posible la comprensión auténtica de la realidad (450s).

El hecho es que ninguna de las dos posibilidades se impone racionalmente a la inteligencia. Cada una de las dos tiene fuertes argumentos a su favor, pero en ningún caso la otra posibilidad queda totalmente excluida. El mero análisis a posteriori de la realidad no ofrece una comprensión última de la realidad que dé al hombre una certeza absoluta. La inteligencia humana queda abierta a las dos posibilidades (451).

Por esta razón, el hombre quiere encontrar la justificación más convincente para su opción; pretende alcanzar la máxima seguridad posible. En la apertura a las dos posibilidades surge una dialéctica racional que intenta determinar cual sea la opción más coherente (452).

La experiencia humana muestra con evidencia que Dios, si existe, no se ha comunicado al hombre, no se ha manifestado de tal manera que

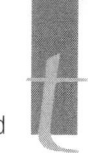

El enigma de la realidad

permita reconocerlo como Dios con una seguridad natural absoluta. Podemos incluso decir que el mismo hecho de la apertura a las dos posibilidades indica que "Dios no se ha comunicado, no ha manifestado realmente una presencia efectiva". El hombre "comprende que Dios, si existe, no se ha manifestado con seguridad" y, por consiguiente, no puede afirmar con certeza racional que exista efectivamente. "En la constitución efectiva del mundo, Dios, si existe, está en silencio, no manifiesta su presencia" (452s).

Aparece, por tanto, la cuestión del *silencio de Dios* en el mundo, y adquiere consistencia la posibilidad de que la verdad definitiva sea la *pura mundanidad*. Además, el hombre percibe indicios de contradicción en el concepto de Dios. La dialéctica racional, que procura alcanzar la máxima seguridad posible, debe afrontar esta cuestión antes de decidirse por una opción determinada.

1. *La contradicción interna en el concepto de Dios*

La admisión de la existencia de Dios resulta seriamente comprometida por la contradicción interna en el concepto natural de Dios. Ésta se pone de manifiesto, en primer lugar, por su *silencio* en el mundo. Si Dios debe comunicarse al hombre y mostrar su justicia y su bondad, ¿ha obrado justamente al dejarlo abandonado en la experiencia de su silencio? ¿Ha obrado justamente manteniéndose en silencio, dejando al hombre en el mundo fuera del alcance de su verdad auténtica que, en definitiva, sería Dios? Quizá el hombre se ha dirigido a Él pidiendo ayuda, ha esperado durante largo tiempo una respuesta, y al final parece que deba concluir que no habrá tal respuesta. ¿Tiene entonces sentido creer que Dios sea de veras real? O bien, aunque fuera real, ¿tiene sentido prestar atención a un Dios que no manifiesta su presencia, permanece escondido y no muestra la voluntad de establecer una relación salvadora para el hombre, ni siquiera en el caso de la *indigencia* humana más extrema? (453).

La experiencia del hombre pone en evidencia su condición *indigente*. La realización de las posibilidades humanas está sometida a límites y muestra siempre una condición vulnerable y frágil. Con frecuencia, la experiencia del hombre es de frustración de las posibilidades, de opresión y de violencia. En la historia de la humanidad hay momentos en los que la experiencia del silencio de Dios ha llegado a tales extremos que ha suscitado la dramática conclusión: "Existe Auschwitz, luego Dios no puede existir".

Parece que la experiencia efectiva oriente al hombre hacia la opción por un mundo sin Dios. En efecto, la condición indigente del hombre, inmersa en el silencio de Dios, está en una fuerte tensión con la idea natural de Dios y de cómo debería ser si fuera real: omnipotente, justo, misericordioso. También la experiencia del silencio de Dios es algo extremadamente paradójico para la *voluntad de realidad efectiva* del hombre, a saber, la voluntad de una realidad que tenga sentido para el hombre, y sea consistente y accesible.

La misma apertura a la posibilidad de un mundo donde Dios parece estar de hecho ausente, es otro indicio del carácter contradictorio del concepto de Dios. En efecto, parece difícil aceptar su existencia si se debe también aceptar que ha dejado al hombre ante la posibilidad de un *mundo sin Dios*, posibilidad que aparece aceptable para tener una adecuada comprensión racional de la realidad (454).

El hombre se encuentra en un mundo que lo mueve e impulsa a la realización personal, sin una referencia a Dios. Tal cosa confirma el carácter contradictorio del concepto de Dios. Es difícil admitir que sea verdaderamente real; lo contradicen la experiencia del silencio de Dios y la indigencia del hombre, la experiencia del límite y de la frustración en las posibilidades de realización. De ello surge una orientación espontánea del hombre hacia la *pura mundanidad* (456).

2. *La coherencia y el sentido de un mundo sin Dios*

En la voluntad de hacer la opción más adecuada, adquiere una relevancia decisiva la experiencia del silencio de Dios. La negación de su existencia, o el desinterés por ella, parece que sea la decisión válida y el hombre juzga razonable situarse en el horizonte de su absoluta autonomía en el mundo.

Ahora bien, la posibilidad de la existencia de Dios no queda racionalmente excluida de modo definitivo; no se puede afirmar su exclusión con certeza absoluta. Sin embargo, en la situación de indigencia y de experiencia del silencio de Dios, el hombre puede estar convencido

El enigma de la realidad

de que "obra con coherencia y autenticidad situándose en la dimensión existencial de su pura mundanidad", es decir, situándose en el mundo como si Dios no existiera. Por consiguiente, el hombre puede encontrar la certeza suficiente para vivir su vida con sentido en un *mundo sin Dios*.

La opción se presenta con una coherencia racional suficiente, pero, además, posee una poderosa fuerza de atracción; aparece una tendencia interna en el hombre, como una llamada hacia la posibilidad de hacer la experiencia de plena autonomía en su autorrealización en el mundo.

Al llegar a tales conclusiones se puede pensar que en el caso que Dios exista y quiera establecer una relación con el hombre, le corresponda a Él la iniciativa de manifestar su presencia. El hombre, por su parte, obra con una coherencia suficiente situándose en la dimensión de la pura mundanidad. "El hombre no puede afirmar con seguridad que Dios no exista; pero tampoco cuenta con elementos suficientes" para afirmar que exista realmente, y se siente orientado y dirigido hacia un mundo sin Dios (455).

3. *La opción por la "pura mundanidad"*

El hombre tiene razones suficientes para hacer la opción por un *mundo sin Dios*, situarse en ese mundo y emprender su realización personal. Se trata de la opción por el agnosticismo, o el ateísmo. Como hemos visto no carece de coherencia, e indudablemente, ofrece al hombre posibilidades de realización. Su certeza es sólo una certeza moral que no excluye como absurda la existencia de Dios. Sin embargo, se presenta al hombre como la opción más coherente y razonable.

Ahora bien, se debe notar que esta opción "tiene también un evidente sentido positivista". En efecto, su justificación no es una afirmación teórica con la certeza suficiente para poder negar la existencia de Dios. El fundamento de la opción por un "mundo sin Dios" es el hecho que el hombre puede situarse en una dimensión existencial coherente prescindiendo de Dios, y "no encuentra una justificación suficiente para una afirmación de la existencia de Dios que sea significativa para el hombre". En consecuencia, se siente llevado hacia la opción que lo sitúa en la autonomía de sentido de la pura mundanidad (456s).

El sentido naturalista y positivista, presente y operante en la sociedad actual, tiene una correspondencia evidente con la opción de la que hablamos. El hombre "vive inmerso en un mundo de significados y sentidos, absolutamente desprendido de referencia religiosa". No se niega absolutamente a Dios, pero de hecho se prescinde de Él. El hombre se siente implantado coherentemente en una estructura relacional, con carácter absoluto, constituida por un conjunto de contenidos puramente mundanos que le afectan, le interesan y lo incitan a dar una respuesta, sin sentir de modo manifiesto la necesidad de una referencia a Dios (457).

## C. Nueva referencia a Dios en la "pura mundanidad"

El hombre, implantado en una realidad que comprende como puramente mundana, debe vivir su vida de acuerdo con la opción que ha hecho. En esta situación aparece una problemática que suscita el interés por la cuestión de Dios y el deseo de que sea verdadera su existencia.

### 1. *La realización del hombre en un "mundo sin Dios"*

La realidad entendida como un "mundo sin Dios" ofrece ciertamente posibilidades de realización personal y comunitaria. Se presentan al hombre objetivos alcanzables y con un pleno sentido, como por ejemplo, afrontar los desafíos del hambre y de la pobreza en el mundo, los problemas que atañen a la sanidad, la posibilidad de mejorar las condiciones de vida en los países en vías de desarrollo, mejorar las relaciones de convivencia entre los pueblos según criterios de solidaridad, justicia y libertad. Es fundamental comprometerse con las posibilidades de la actividad humana hacia un mayor conocimiento del universo y un progresivo control y uso pacífico de la energía. La razón puede tener el proyecto de un ideal de realización humana que supere pacíficamente los problemas y avance hacia un entendimiento entre los pueblos, con un respeto atento y efectivo de la *naturaleza*, la *casa* común en la que todos deben poder habitar dignamente (459s).

### 2. *Las experiencias de la limitación*

El hecho es que la experiencia del hombre pone de manifiesto una desproporción entre el ideal de realización proyectado y los resulta-

# El enigma de la realidad

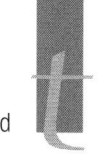

dos efectivamente conseguidos. Aparece la idea de que existen límites insuperables en el empeño humano de realización. Ésta acontece siempre entre la frustración por el fracaso y la satisfacción por el éxito. Los resultados positivos del esfuerzo humano son frágiles y vulnerables, y con frecuencia no corresponden de modo suficiente a los objetivos proyectados. Los límites de la actividad del hombre están también determinados por el hecho inevitable de que la vida humana es un recorrido que conduce inexorablemente hacia una conclusión: la muerte.

Ahora bien, la experiencia de límites que se manifiestan como insuperables y el carácter radical de la indigencia humana, no contradicen la coherencia del sentido de la pura mudanidad, no contradicen el sentido de una vida natural y positivista, sin referencia a Dios. El hombre puede aceptar la experiencia de la indigencia y de los límites en su realización, y mantenerse en su actitud positivista, propia de su opción inicial por un mundo sin Dios. La misma muerte será aceptada como un acontecimiento inevitable que la realidad impone. "El hombre acepta la muerte, pero su felicidad estriba en realizar con autenticidad y plenitud la parte de vida que le toca en el curso de la Historia" (463).

Ciertamente, el agnóstico puede aceptar serenamente la experiencia de los límites en su realización, incluido el límite radical de la muerte, como un hecho universal e inevitable. Pero deberá reconocer que esta actitud ignora o descuida cuestiones cuya respuesta puede tener un profundo significado para el hombre (461s).

### 3. *Un nuevo interés por la cuestión de Dios*

El hombre verifica que su ideal de realización no se cumple plenamente. Con frecuencia su experiencia es de frustración y fracaso, sea a nivel individual que colectivo. Quienes tengan la sensibilidad adecuada conservarán la memoria de las víctimas de las desgracias naturales y de las que han sido causadas por el hombre. Es inmensa la multitud de los caídos bajo la violencia y la injusticia humanas. El sufrimiento de las víctimas inocentes parece destinado a perderse en vacío y el olvido. Una cierta actitud de insatisfacción ante los límites insuperables y ante las vicisitudes trágicas, acaecidas a la humanidad, estará presente en el hombre, si los problemas y dificultades de la vida no han ahogado en él los sentimientos humanos.

La idea de un Dios que permanece impasible ante el sufrimiento del hombre ha conducido a la opción por un mundo sin Dios. Pero en este momento aparece la idea de que la existencia de Dios podría significar la posibilidad de que el dolor humano de todos los tiempos fuera un día acogido por la misericordia divina para ser superado y transformado por su acción trascendente, otorgando felicidad y plenitud de vida "en la nueva tierra y en los nuevos cielos".

Ahora bien, el peso del escándalo por las contradicciones del concepto de Dios, que ha llevado a negar su existencia y a optar por un mundo sin Dios, no resulta cancelado. Continúa siendo inaceptable el silencio divino ante la indigencia y el sufrimiento humanos. ¿Qué se puede hacer? La paradoja parece insuperable. La experiencia del silencio de Dios y de la indigencia del hombre lleva a la negación de la existencia de Dios o a la convicción de que se trata de una cuestión sin una respuesta real. Sin embargo, llega un momento en que su existencia puede ser deseada porque habría en ella una posibilidad de salvación universal y definitiva. Parece que el problema no tiene solución.

El punto fundamental del discurso de Monserrat reside precisamente en la convicción de que esa paradójica cuestión es superable de un modo positivo y razonable. Dice, en efecto, que el hombre puede y debe reconocer el profundo sentido que el silencio de Dios tiene para él, no obstante las situaciones dramáticas que aquel silencio puede suscitar. Ese sentido es el siguiente: *El silencio de Dios* es la condición que hace posible la constitución del hombre como realidad *personal y libre*, en el ámbito generado por el Creador. Éste permanece en silencio y escondido en la creación para que el hombre pueda crecer y desarrollarse en *libertad*, y ser capaz de *reconocer libremente* a Dios. Una reflexión atenta debe reconocer que si Dios estuviera *formalmente presente* en el mundo como Dios, no sería posible rechazarlo o negarlo, y tampoco podría ser libremente afirmado: la única posibilidad sería la total sumisión.

Pero Dios no está presente en el mundo como Dios y el hombre hace la paradójica experiencia de su silencio. No está presente como realidad efectiva y accesible. Si fuera así, resultaría disponible para el hombre. Pero un Dios disponible, ¿sería realmente Dios?

El reconocimiento del sentido del silencio de Dios para el hombre, abre a la posibilidad de afirmar su existencia de un modo plenamente *racional*, a pesar del escándalo de su silencio. El hombre puede afirmar la existencia de Dios manteniendo un respeto total por las *exigencias de racionalidad* de la inteligencia. Queda abierta, por tanto, la posibilidad de la *afirmación racional de Dios*.

### 4. *Dios. Indigencia. Alienación*

La experiencia de la indigencia del hombre y de sus límites, juega un papel decisivo en el discurso que estamos siguiendo. En efecto, es un elemento clave en el desarrollo de la cuestión de Dios. Ahora bien, la teoría de la alienación religiosa y las teorías psicoanalíticas afirman que el hombre, sumergido en una experiencia desfavorable y negativa de la vida, busca una evasión en las actitudes religiosas. Si éste fuera, efectivamente, el origen de la religión, la afirmación de Dios sería una acción humana sin un verdadero fundamento.

Sin embargo, el proceso que conduce hasta la afirmación de Dios tiene en cuenta, ciertamente, la experiencia de la indigencia como un dato relevante; pero en el análisis que hemos hecho, esa experiencia se basa en un sentido racional "que recoge la experiencia integral de la realidad y se presenta con profunda coherencia interior". La afirmación de Dios no es una huída imaginativa y afectiva de la indigencia humana hacia una realidad trascendente, que sostenga la propia debilidad. Al contrario, la afirmación de Dios expresa la compresión y la aceptación libre de la certeza moral de que Él es real y da una coherencia racional última a la realidad del mundo (467).

### D. La afirmación racional de Dios

La opción racional por un "mundo sin Dios" no cancela la cuestión de la existencia de Dios. El deseo de que exista y sea real surge precisamente del interior mismo de la vida del hombre que ha hecho la opción por un mundo sin Dios. Este deseo se convierte en una verdadera posibilidad cuando se reconoce la experiencia del silencio de Dios como la condición que hace posible el libre desarrollo personal del hombre. La experiencia del silencio de Dios puede ser el argumento determinante que conduzca a la negación de su existencia; pero esta experiencia puede ser, también, el signo decisivo de la verdad de la afirmación racional de Dios.

**1. El sentido del silencio de Dios en el mundo**

La experiencia del silencio de Dios tiene un sentido para el hombre. En efecto, puede ser entendida como el signo elocuente de que Dios no muestra con evidencia su presencia en la creación, y ha constituido un ámbito con las condiciones adecuadas para el pleno desarrollo humano y la realización personal en libertad.

El silencio de Dios es un indicio de su renuncia a manifestar de modo evidente su presencia en el mundo; ha evitado una manifestación divina que sería inevitablemente una *imposición* para el hombre; ha excluido en la creación una manifestación de su presencia de carácter impositivo, que de hecho impondría una sumisión y haría imposible la libertad. Pero precisamente por ello ha hecho posible la opción por la pura mundanidad, concediendo al hombre unas condiciones que le permiten sentirse como si fuera un dios. Según el Libro del Génesis, Yahveh Dios dijo: "He aquí que el hombre ha venido a ser como uno de nosotros" (*Gn* 3,22).

Dios ha creado al hombre libre. No impone su presencia; "se esconde" ("tú eres un dios oculto, el Dios de Israel, salvador"; *Is* 45,15) y permite la experiencia de su silencio, condición de posibilidad de la libertad humana. Dios respeta esta libertad y corre el riesgo de que su creatura niegue su existencia y haga la opción por un mundo sin Dios.

El silencio de Dios tiene sentido para el hombre porque es la condición de posibilidad de su libertad. De esta experiencia, una vez se ha reconocido su sentido para el hombre, surge un *concepto clave* para la comprensión de la realidad. El silencio de Dios no sólo hace posible la realización humana en libertad, sino que manifiesta el *sacrificio total* de Dios, es decir, proclama que Él ha renunciado a su presencia en el mundo para dejar espacio a la libre constitución del hombre. Por su *sacrificio total*, Dios está *ausente* del mundo para que el hombre pueda estar *presente* en su plena autonomía como si fuera divino. El *sacrificio* de Dios en la creación constituye un concepto clave para comprender la realidad. Monserrat lo denomina el *Logos del sacrificio absoluto de la Divinidad* (EMC 469ss), y observa que en el actual diálogo entre teología y ciencia se habla de "la kénosis de Dios en la creación" (HNC 33).

En consecuencia, la autonomía del hombre, la experiencia del *silencio de Dios* y la *indigencia*, individual y colectiva, adquieren una dimensión teológica. Son las condiciones que permiten una libre referencia a Dios, el reconocimiento del sentido de su silencio, y la libre afirmación racional de su existencia.

La experiencia de la indigencia humana tiene un papel determinante en el descubrimiento del sentido del silencio de Dios. Se manifiesta, en efecto, en la fragilidad de los éxitos del hombre, en las frustraciones, en el sufrimiento, en el hecho de la muerte como conclusión del recorrido de la vida. La experiencia de la indigencia mantiene viva en el hombre la conciencia de los propios límites.

Es verdad que la limitación puede ser aceptada serenamente. Pero también es verdad que en la experiencia de la indigencia aparece la idea de que el hombre está hecho para una vida mejor y feliz, y surge el *deseo* de que sea verdadera y real la existencia de Dios; en ella reside la posibilidad de una salvación definitiva y de una regeneración de la historia humana.

Una actitud crítica puede considerar que el deseo de la existencia de Dios está probablemente dirigido hacia el vacío. Pero el hecho es que adquiere consistencia y coherencia cuando el hombre reconoce en ese "vacío" el sentido de su silencio en el mundo. El deseo de que Dios sea real se transforma en la afirmación racional de su existencia. Esa afirmación no posee una certeza absoluta, pero tiene un fundamento y una coherencia que pueden resistir con éxito la crítica de la razón.

La comprensión de la realidad como un *mundo sin Dios* adquiere un sentido. No significa prescindir totalmente de Dios o juzgar como imposible su relación con el hombre. En verdad, la comprensión agnóstica, o atea, del mundo resulta ser un punto de partida para la libre orientación humana hacia Dios y la afirmación racional de su existencia, sin cancelar la coherencia de la *pura mundanidad* (469).

Sin embargo, no se debe olvidar que la afirmación de la existencia de Dios, aunque sea racional, sólo posee una certeza moral, es decir, una certeza suficiente para hacer razonable la opción; pero no tiene una certeza absoluta, o metafísica, que tendría un carácter *impositivo* para la razón. Por consiguiente, la afirmación racional de la existencia de Dios no puede excluir definitivamente la posibilidad de una apropiación personal de la opción por un mundo sin Dios.

## 2. La afirmación racional de Dios

La afirmación de la existencia de Dios es racional. Tiene una certeza moral libre y una coherencia fundada sobre argumentos consistentes. Una breve indicación de estos argumentos muestra su fuerza de convicción.

*Los argumentos cosmológicos.* Aunque no sean decisivos, los argumentos cosmológicos son insustituibles; en ellos se halla el inicio de la teología natural y del concepto de Dios. La existencia de Dios ofrece una explicación al problema del origen de la energía y del proceso de transformación del universo; ofrece, por tanto, una explicación del conflicto entre el movimiento y la transformación que sucede en las cosas reales y en las estructuras estables de la realidad.

La existencia de Dios da también una razón adecuada de la percepción de racionalidad y finalidad que se aprecian en el conocimiento del mundo. La racionalidad de la estructura del universo parece exigir la existencia de Dios como razón suprema que da coherencia y sentido a la realidad (476).

Pero conviene no olvidar que la racionalidad y la finalidad en el universo también se explican con una coherencia suficiente desde la opción por la pura mundanidad.

*El sentido del silencio de Dios.* El descubrimiento del sentido que tiene para el hombre el silencio de Dios y su ocultamiento en el mundo, es el argumento decisivo a favor de su existencia. Adquieren sentido, en efecto, cuando son reconocidos como la consecuencia de la renuncia de Dios a manifestar su presencia en el mundo para ofrecer al hombre un ámbito donde sea posible su desarrollo personal en libertad. Su presencia sería algo inevitablemente *impositivo*. El sentido del silencio de Dios significa, por tanto, la superación de las contradicciones en el concepto de Dios y del escándalo de su ocultamiento y su "pasividad" en el mundo.

*La experiencia religiosa.* La experiencia religiosa es un poderoso argumento a favor de la existencia de Dios. Implica un elemento objetivo y un elemento subjetivo. El elemento objetivo es la experiencia religiosa en cuanto dato positivo, objeto de estudio para la historia de las religiones. El elemento subjetivo está constituido por la experiencia religiosa personal, cuando percibe una "presencia misteriosa de Dios en la interioridad más profunda del hombre". La experiencia de esta proximidad misteriosa abre a la relación con Dios y se puede concretar en un diálogo interno y personal. La historia positiva de las religiones encuentra testimonios de la experiencia religiosa humana. Ahora bien, el testimonio de una experiencia religiosa personal puede ser convincente, pero no puede constituir una prueba de la verdad de la experiencia. La experiencia religiosa no es "tematizable", es decir, no puede convertirse en cuanto tal en tema del discurso racional, ni puede ser críticamente constatable como experiencia intramundana concreta; de ella sólo se puede dar un testimonio personal. Pero esta experiencia tiene una importancia decisiva para el individuo religioso que acepta a Dios (476).

Los argumentos cosmológicos, el sentido del silencio de Dios y la experiencia religiosa, justifican la afirmación de la realidad de Dios. Poseen una consistente coherencia sin carácter *impositivo*, que conduce a la certeza moral libre de la existencia de Dios y del sentido religioso de la vida del hombre. Sin embargo, se debe recordar que su fuerza de convicción no excluye la posibilidad de la comprensión del mundo como *pura mundanidad* (477).

### 3. El sentido de la vida humana correspondiente a la afirmación de Dios

El argumento decisivo a favor de la existencia de Dios es el descubrimiento del sentido de su silencio en el mundo. Dios ha renunciado a una manifestación en la creación con "carácter impositivo" y su "silencio", misterioso y paradójico, tiene el sentido de ser un *don* para el hombre. La inteligencia humana reconoce en la realidad, creación de Dios, la constitución de un ámbito en el cual es posible la realización personal en libertad.

La libre opción que afirma la realidad de Dios, mueve al hombre a reconocer el sentido religioso de su vida; es razonable vivir de acuerdo con una actitud religiosa. Si la experiencia del silencio de Dios llega a tener el sentido de ser un don de Dios para el hombre, la respuesta del hombre deberá ser la adhesión a Dios, una donación vital a Él. Ésta es la actitud fundamental de una vida sinceramente religiosa, correspondiente a la afirmación racional de Dios. Esto incluye necesariamente la espera de una intervención escatológica de Dios para poner remedio a la indigencia del hombre y regenerar la historia humana con sus luces y sombras (475-477).

### 4. *Permanencia de la coherencia de un mundo sin Dios*

Los argumentos a favor de la existencia de Dios no tienen el carácter impositivo de la certeza absoluta. Si la certeza fuera absoluta, su negación sería necesariamente un error. Pero hemos visto que los argumentos tienen una certeza moral, y la coherencia y posibilidad de un mundo sin Dios permanece abierta.

En consecuencia, la libertad personal desempeña un papel decisivo en el proceso de apropiación personal de la opción religiosa cuando los argumentos a favor de la existencia de Dios pueden superar la fuerza de convicción de la pura mundanidad. La opción racional por una de las dos respuestas: existencia de Dios o mundo sin Dios, posee sólo una certeza moral, y, por consiguiente, la libertad humana asume una responsabilidad, sea en la afirmación racional de Dios sea en la negación de su existencia (478).

### 5. *La apertura a la pura mundanidad como presupuesto de la afirmación de Dios*

La respuesta al enigma de la realidad tiene el punto de partida en la implantación a posteriori del hombre en ella. Son posibles dos respuestas. La afirmación racional de Dios ha resultado la más convincente. Pero su fundamento no es el juicio que declara absurda la "pura mundanidad"; al contrario, admite que tiene su coherencia y es razonable. Es más; en un primer momento la "pura mundanidad" aparece como la respuesta más convincente al enigma de la realidad. La razón humana llega a afirmar racionalmente la existencia de Dios cuando reconoce el sentido para el hombre de su silencio en el mundo; éste es el dato decisivo que "conduce a la certeza moral libre de la existencia de Dios" (482).

La conclusión es paradójica pero evidente. El reconocimiento y la aceptación de la coherencia de la "pura mundanidad" constituyen el presupuesto real de la afirmación racional de la existencia de Dios y del sentido religioso de la vida del hombre.

El enigma de la realidad

### E. Observaciones complementarias

En esta sección exponemos observaciones que completan las conclusiones a las que hemos llegado y añaden elementos de interés desde una perspectiva teológica.

#### 1. *La referencia a la acción escatológica de Dios*

En la dialéctica suscitada por las dos posibilidades de comprensión de la realidad: existencia de Dios y "mundo sin Dios", el hombre alcanza racionalmente una certeza moral libre de la existencia de Dios. Sin embargo, no deja de experimentar la condición de indigencia en su realidad humana. El hombre espera, con razón, la superación de la indigencia y la satisfacción del deseo de salvación y felicidad, en una futura acción de Dios. Se trata de una "esperanza escatológica natural", dirigida hacia una futura intervención de Dios que debe obrar la plena realización del hombre.

#### 2. *La manifestación de Dios como gracia*

Cuando el hombre piensa que está colocado con *seguridad* en el horizonte de un *teocentrismo* de carácter impositivo, está convencido de poder afirmar la existencia de Dios con una certeza absoluta, metafísica; además, por la experiencia de la indigencia y de los límites, puede concluir que tiene "el derecho" de esperar la salvación definitiva. Si Dios es justo y omnipotente, y es el *centro* del horizonte en el cual está colocado el hombre (*teocentrismo*), su acción definitivamente liberadora se debe poder esperar como una cosa debida al hombre, a la cual tendría como un derecho; sería difícil comprenderla como *gracia*.

Sin embargo, el pensamiento de Monserrat muestra que "el hombre no se mueve en un horizonte de teocentrismo impositivo, sino en la conciencia del riesgo de su certeza moral libre de Dios y de lo religioso", que no excluye la posibilidad de un *mundo sin Dios*. En esta situación, concluye nuestro autor, la acción liberadora de Dios tiene siempre el carácter de *gracia* (483).

En este momento debemos llamar la atención sobre un elemento central de la tradición cristiana. Según el cristianismo la comunicación de Dios al hombre es siempre gracia; nunca es una cosa debida al hombre;

siempre es concedida como don. La comunicación de Dios es gracia a todos los niveles, "a nivel de la gracia de la creación, a nivel de la gracia del sacrificio de Cristo y a nivel de la comunicación al hombre real inserto en la historia, bien sea en la donación del Espíritu, bien sea en la donación escatológica" (483).

El pensamiento cristiano siempre ha mantenido el sentido personal y libre de la aceptación de Dios. Sin embargo, dice Monserrat, en la historia de la teología cristiana hay sistemas de pensamiento que se pueden considerar *insuficientes* porque se presentan racionalmente según la perspectiva de un teocentrismo impositivo, como sucede en el pensamiento medieval y escolástico; y concluye afirmando que la apertura a la pura mundanidad y la consiguiente certeza moral libre de la afirmación natural de Dios, "constituyen la única solución para mantenerse en la ortodoxia teológica cristiana". Añade además: "toda forma, explícita o solapada, de teocentrismo impositivo sería insuficiente para mantener la ortodoxia cristiana, especialmente de la teología de la Gracia y del acto de fe" (483).

La teología cristiana, fundada en el mensaje bíblico, no tiene carácter teocéntrico ni impositivo. Trata de la fe en Dios, revelado en Cristo, y de la esperanza en la salvación definitiva por la intervención divina escatológica. La fe cristiana se constituye en el ámbito de la experiencia del silencio de Dios, y ante la posibilidad de la opción por la pura mundanidad (483). El análisis positivo de puntos fundamentales del pensamiento bíblico mostrará que efectivamente es así.

*3. La presencia del Espíritu*

La experiencia religiosa tiene un importante papel en la afirmación de Dios. El hecho de la donación sobrenatural del Espíritu más allá del ámbito del cristianismo explícito, es algo que, desde una perspectiva cristiana, se debe aceptar y afirmar con decisión. El hombre religioso, aunque no conozca positivamente el cristianismo o sea sólo implícitamente religioso, puede recibir efectivamente el don sobrenatural del Espíritu. Ahora bien, esto será siempre algo que no se podrá convertir en tema del discurso racional, pues la donación sobrenatural del Espíritu no es un hecho "tematizable"; pertenece a la experiencia religiosa

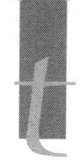

El enigma de la realidad

del hombre y la razón humana no puede percibir su contenido concreto; éste sólo puede ser el tema de un testimonio personal. En la cuestión de Dios el hombre debe estar abierto tanto a los argumentos de la razón natural como al testimonio de la experiencia religiosa y de la acción sobrenatural del Espíritu (484).

4. *Pura mundanidad, dimensión sobrenatural, pecado*

Los argumentos a favor de la existencia de Dios tienen una fuerza racional, pero no poseen la fuerza *impositiva* para cancelar la posible opción por un mundo sin Dios. Tal opción mantiene una certeza racional suficiente. Ahora bien, desde una perspectiva cristiana la opción por la "pura mundanidad" se debe considerar pecaminosa, es pecado (cfr 484).

El hecho es que tanto la afirmación de la existencia de Dios como su negación, se fundan en el misterio de la libertad y de las decisiones personales. Por tanto, el hombre es responsable cuando no reconoce el valor de los argumentos a favor de la existencia de Dios ni el posible sentido de su silencio, y hace la opción por un mundo sin Dios.

En la visión cristiana, el discurso sobre el pecado está relacionado con el tema de la razón humana y de la libertad. Sin embargo, sólo es posible desarrollarlo adecuadamente si se tiene en cuenta otro elemento esencial: La gracia sobrenatural del Espíritu. Según la fe cristiana "el Espíritu de Dios está dando testimonio en el interior del hombre de que Él verdaderamente existe y es verdadero el sacrificio de Cristo", aunque tal testimonio no sea una experiencia totalmente consciente o no se llegue a una expresión plenamente explícita del acontecimiento. "La presencia sobrenatural del Espíritu no pertenece a la naturaleza humana en cuanto tal"; sucede como una experiencia interna y misteriosa en el hombre y "no es tematizable racionalmente como un elemento inserto estructuralmente en el orden natural"; pero su influjo en el hombre es real. La acción del Espíritu da un testimonio interno a *favor de la verdad* (480).

Según Monserrat, la acción sobrenatural del Espíritu en el hombre sólo puede hacerse de alguna manera tematizable en relación al sentido del silencio de Dios en el mundo. La acción del Espíritu "sólo puede ser tematizada en su carácter sobrenatural a través del *logos del sacrificio absoluto* de la Divinidad, es decir, sólo puede ser tematizada en alguna manera cuando se la comprende precisamente en su desbordamiento de lo natural, en su sobrenaturalidad"; por tanto, la acción sobrenatural del Espíritu sólo se puede comprender desde el reconocimiento del significado para el hombre de la renuncia de Dios a manifestar su presencia para permitir la libre realización humana (480).

Desde la perspectiva cristiana, la opción por la pura mundanidad es pecado cuando significa la negación del testimonio a favor de la verdad, comunicado por el Espíritu en el corazón del hombre. Entonces la opción "es incoherente" porque no acepta la fuerza de convicción del argumento cosmológico y del sacrificio de Cristo, y no reconoce el testimonio real y efectivo del Espíritu; "no es auténtica" porque no opera en conformidad con la verdad real del hombre; y es "pecaminosa" porque el hombre es responsable de la negación de Dios (480).

Ahora bien, probablemente el hombre natural no es consciente del carácter pecaminoso de la opción por un mundo sin Dios, porque "se cree inserto objetivamente en un ámbito existencial de coherencia clausurada sin referencia a Dios". Según la perspectiva teológica cristiana, la conciencia del carácter pecaminoso de la opción por un mundo sin Dios se adquiere sólo desde la fe. El hombre, "al mismo tiempo que alcanza la fe, tiene conciencia de su pecado" (480).

5. *Formas de pseudo ateísmo en la opción por un "mundo sin Dios"*

El desarrollo de la cuestión del enigma de la realidad conduce a la justificación racional de la afirmación de la existencia de Dios. Los argumentos a favor de su coherencia son convincentes. Pero hay motivaciones, que no son estrictamente racionales, las cuales pueden dificultar el recorrido intelectual que lleva a la afirmación de Dios. "Barreras" existenciales pueden bloquear una conclusión positiva de los razonamientos que justifican la afirmación de la existencia de Dios y la vida religiosa del hombre. La *inercia existencial* de una vida no religiosa, por ejemplo, puede reprimir la aceptación de la existencia de Dios, a pesar de que los argumentos a su favor tengan la fuerza suficiente. Además, la comprensión de la realidad como "puramente mundana" hace posible una *fascinante experiencia de autonomía*, con una gran fuerza de atracción; ella puede ser un impedimento en el despliegue racional que conduzca a la superación de la comprensión del mundo como "puramente mundano". Una profunda experiencia negativa de indigencia puede, también, suscitar sentimientos profundamente hostiles ante la experiencia del silencio de Dios y convertirse en un serio obstáculo en el proceso personal hacia su aceptación. Serían formas de *pseudo ateísmo*, motivadas no por motivos estrictamente racionales sino por el sentimiento de atracción ante la fascinante autonomía del hombre o por el rechazo debido a la experiencia fuertemente negativa de la indigencia (484s).

6. *Los límites y el significado de las afirmaciones humanas sobre Dios*

El lenguaje sobre Dios mediante conceptos suscita una objeción. La teología negativa tiene razón cuando advierte que tal lenguaje nunca será suficientemente adecuado. Sin embargo, el hombre puede hacer afirmaciones sobre Dios y "crear" el concepto de Dios y de sus atributos: trascendencia, carácter absoluto, personalidad, justicia, omnipotencia... El concepto de Dios no aparece a priori. Al contrario. Emerge en "el proceso de inserción a posteriori de la inteligencia en la realidad"; no es, por tanto, un concepto que se imponga a la razón; es un resultado del análisis crítico de la realidad. En ese análisis surge un concepto de Dios que la razón debe examinar para establecer si tiene una correspondencia con la realidad.

Afirmando que Dios es trascendente, la inteligencia reconoce que el concepto de Dios y las afirmaciones sobre Él son inevitablemente inadecuados. La realidad de Dios, por su carácter trascendente, debe superar necesariamente el contenido del concepto que la razón proyecta sobre Él. Pero si Dios debe tener algún significado para el hombre, debe poseer los atributos contenidos en su concepto, que emerge del análisis a posteriori de la realidad; ha de estar dispuesto a remediar la indigencia humana y transformar la historia. "No sería crítico para el hombre –después de justificar racionalmente la existencia de Dios- el afirmar la existencia de un ser que no tuviera nada que ver con su propio concepto humano de Dios" (485s).

El argumento racional decisivo para afirmar la realidad de Dios es aceptar el sentido para el hombre de la experiencia de su silencio. El hombre comprende el significado del silencio de Dios como la renuncia a imponer su presencia, como el sacrificio de toda manifestación impositiva, como el don para el hombre de un ámbito de existencia en el cual pueda realizarse con autonomía y libertad. La libre afirmación de Dios está fundada en el sentido de su silencio e implica la posibilidad de la opción por un mundo sin Dios. Monserrat interpreta el silencio de Dios como la renuncia a imponer su presencia y, por tanto, como un sacrificio de Dios; es consciente de la relación entre esta idea y el contenido cristiano de la kénosis de Cristo, y ello le permite afirmar: "la referencia natural a Dios es ya siempre cristológica implícitamente". El significado de esta afirmación aparecerá con claridad en el capítulo siguiente (486).

### Apéndice 2
*Confirmación de lo afirmado en el capítulo a partir de datos de la historia*

El hombre ha buscado y querido la relación con Dios en todos los tiempos. Unas breves indicaciones sobre el hecho y un intento de interpretarlo, ofrecen una confirmación de lo que hemos dicho acerca del enigma de la realidad y las dos respuestas posibles. Ciertamente, desde el inicio de la historia humana aparece la afirmación de la existencia de Dios y el deseo del hombre de ofrecerle sus dones más excelentes. Monserrat constata también, en los datos de la historia, la aparición de la comprensión del cosmos como "puramente mundano".

Se deben distinguir las representaciones subconscientes de las representaciones conscientes. Ambas quieren expresar una comprensión de la existencia humana y de la realidad, pero únicamente la representación consciente es constatable históricamente. En esta breve exposición nos referiremos solamente a tres momentos de la historia de la actitud religiosa del hombre, expresada por medio de representaciones conscientes, que conducen "al descubrimiento progresivo de una coherencia última de la realidad y del sentido de la existencia humana que es precisamente aquella que aparece ya en el contenido de las experiencias más inmediatas de la realidad" (496).

El enigma de la realidad

1. *Los sistemas míticos y simbólicos primitivos*

Los pueblos primitivos que se pueden considerar teístas, tienen símbolos y mitos que hacen referencia a una divinidad trascendente con poder sobre las fuerzas naturales y con la capacidad de ayudar al hombre en su indigencia. El hombre primitivo busca la relación con Dios mediante ritos y sacrificios que expresan su dependencia y la voluntad de ofrecer sus mejores dones a la Divinidad, como por ejemplo, las primicias de las cosechas. Un caso extremo de esa actitud habrían sido los sacrificios humanos.

La religiosidad primitiva degenera cuando adquiere formas de politeísmo. La multiplicidad de dioses puede expresar la diversidad de ámbitos en los cuales se manifiesta la potencia de la divinidad. Pero el politeísmo puede ser también la expresión mitológica y simbólica de la convicción de que "el cosmos es el factor absoluto y determinante de la realidad"; esto significaría una negación de la trascendencia y la permanencia en la inmanencia (497). Este sería el caso en el politeísmo greco-romano, según Monserrat; se habría perdido progresivamente el sentido de la trascendencia, y en la mitología se presentaría más bien la idealización de las posibilidades humanas en el mundo. Esto pone de manifiesto un tránsito a la comprensión de la realidad como pura mundanidad (498).

En cambio, otros sistemas míticos y simbólicos, por ejemplo las diferentes formas del mito del Eterno Retorno, expresan desde el inicio la convicción de que "el Absoluto no es entonces la Divinidad, sino el sistema integral de la realidad" (497). "El hecho de que en los pueblos primitivos no sólo aparezcan los sistemas teístas sino también los de la cosmobiología significa que ya el hombre primitivo se ve abierto a esas dos posibilidades de coherencia existencial…: la Divinidad y la pura mundanidad" (498).

Por tanto, la apertura del hombre a las dos posibilidades de comprensión de la realidad aparece ya en las representaciones primitivas. Esto pone de manifiesto que para el hombre primitivo la concepción de Dios no tenía un carácter *impositivo* y podía representarse la realidad según una interpretación "puramente mundana". Por consiguiente, estaban ya de alguna manera presentes las dos posibles respuestas al enigma de la realidad.

La diversidad de las representaciones primitivas de la realidad "difícilmente se podría explicar a partir de un teocentrismo racionalmente impositivo". En cambio, esa diversidad es un indicio de que el hombre está constitutivamente abierto a dos posibilidades de comprensión de la realidad: existencia de Dios y mundo sin Dios (498).

## 2. El cristianismo medieval

El pensamiento cristiano medieval ha empleado elementos de la filosofía aristotélica y platónica para expresarse de un modo coherente y sistemático. El hecho es positivo; significa la voluntad de elaborar una síntesis de los contenidos de la fe con los sistemas de pensamiento científico de la cultura de la época. Ahora bien, los presupuestos antropológicos aristotélicos y platónicos han llevado al pensamiento cristiano medieval a interpretaciones deficientes. Dice Monserrat: "con el pensamiento a priori y dualista de Platón, mundanizado en parte por Aristóteles, una serie importante de interpretaciones antropológicas erróneas y muy deficientes va a influir decididamente en los sistemas de representación consciente de la cultura cristiana durante varios siglos, prácticamente hasta nuestros días" (498). Sobre la base de los sistemas de pensamiento aristotélico platónicos, en la Edad Media tomó forma culturalmente "el teocentrismo racionalmente impositivo". Dicho de otra manera, se efectuó una síntesis entre elementos de la filosofía griega y contenidos fundamentales del pensamiento bíblico, que ha ofrecido claridad intelectual y seguridad al cristianismo medieval; pero esa síntesis incluía, al mismo tiempo, una interpretación teocéntrica e impositiva de la situación del hombre en el mundo y de su relación con Dios. Esto significa que, según aquella síntesis, se tenía una visión del hombre situado originariamente ante Dios, sin reconocer la coherencia racional de la comprensión de la "pura mundanidad" y de la opción por un mundo sin Dios. Según Monserrat, sin embargo, el contenido de la Escritura no es ni teocéntrico ni "impositivo" porque en ella hay una comprensión del hombre situado ante el enigma de la realidad, que tiene dos respuestas posibles: la existencia de Dios y un mundo sin Dios. Según la Escritura el hombre tiene la experiencia del silencio de Dios y de su "ocultamiento". La apertura a la posibilidad de la "pura mundanidad" es el presupuesto de la *libre* afirmación de Dios (499).

En consecuencia, es inevitable la tensión entre el pensamiento teológico, desarrollado con la ayuda de elementos de la filosofía griega, y la experiencia cristiana, motivada por los contenidos de la Escritura. El pueblo cristiano ha vivido la relación con Dios inspirándose en *temas bíblicos*: la creación, la encarnación, el pecado, la gracia, la Cruz del Hijo de Dios; quizá estos temas han influido en los fieles cristianos a un nivel subconsciente, pero, en todo caso, su influencia ha hecho posible que la religiosidad cristiana en el Medioevo, y después del Medioevo, se haya mantenido fiel al mensaje cristiano. A pesar de la deficiencia de los sistemas de pensamiento de la época, "en la Edad Media y en la vida cristiana posterior siguen vivos los símbolos esenciales de la teología bíblica" que son los que determinan "las experiencias esenciales de la vida cristiana". El centro del pensamiento cristiano es la figura de Cristo, que no tiene un carácter "impositivo" (499).

La figura de Cristo presenta su verdad e invita a la fe, pero no es "impositiva", no pretende imponerse a la razón humana. La propuesta de Monserrat está precisamente dirigida a la superación de la tensión entre la teología y la experiencia cristiana, que tiene el origen en los intentos de síntesis entre teología y cultura de la época, efectuados en el Medioevo. La propuesta de nuestro autor ofrece, efectivamente, elementos fundamentales para desarrollar un pensamiento cristiano que no sólo sea una exposición adecuada de los contenidos de la fe, sino que, además, tenga en cuenta seriamente la comprensión del mundo y del hombre de la cultura actual, fuertemente determinada por la ciencia. De la propuesta de Monserrat puede surgir de modo renovado y convincente la fuerza de verdad del mensaje cristiano.

### 3. *El período postrenacentista*

A partir de Renacimiento surge un modo de comprender el mundo y el hombre que significa una novedad radical. Aparecen sistemas de pensamiento "que tienden, sobre todo por la influencia de la descripción científica de la realidad, a ofrecer una descripción completamente autónoma y clausurada del mundo y de la existencia humana con relación a lo religioso" (499). El modo nuevo de describir científicamente la realidad ha tenido una influencia determinante. "Una vez fijada la metodología científica por Galileo y más tarde por Newton, se sientan los cimientos para edificar el resultado filosóficamente más importante de la nueva cosmología científica: el conjunto de los fenómenos intramundanos va apareciendo, cada vez con mayor claridad, como un sistema de referencias relacionales, con carácter cerrado y suficiente" (EMC 34). Se acepta y desarrolla también "la experiencia existencial puramente naturalista, completamente desprendida de referencias religiosas" (499).

*La ciencia y la explicación del mundo.* El desarrollo progresivo de la ciencia, fundado sobre una sistematización crítica de la experiencia, se ha ido imponiendo gradualmente en la cultura de la sociedad. Se ha consolidado la posibilidad de "dar una explicación coherente de los fenómenos intramundanos sin necesidad de establecer una hipótesis exterior al mismo Cosmos, es decir, sin necesidad de la hipótesis trascendente de la Divinidad" (499). Esto queda confirmado por el desarrollo científico que progresa "en la sistematización estructural de los diferentes ámbitos de la realidad: el análisis microfísico de la materia en la físico química molecular y atómica, el desarrollo de la astrofísica y las teorías cosmogénicas", el progreso científico de la psicología, la biología, la medicina, etc. (500).

*Dos momentos en el progreso de la ciencia.* Es preciso notar dos momentos de particular interés en el proceso histórico del desarrollo científico. El *primero* corresponde a la ciencia a finales del siglo XVIII y durante el siglo XIX. En este período se desarrollaron sistemas científicos "de corte enteramente materialista mecanicista, que excluyen completamente la hipótesis de la Divinidad dando lugar a un completo ateísmo". Esa exclusión de la hipótesis de Dios se puede comprender como un *ateísmo impositivo* (500).

El *segundo momento* del progreso científico que nos interesa notar, corresponde a los sistemas que en el siglo XX siguen el positivismo científico. "La ciencia toma conciencia de las limitaciones cognoscitivas del conocimiento humano y del alcance limitado de sus afirmaciones". No

El enigma de la realidad

se excluye la hipótesis de Dios y se reconoce racionalmente la posibilidad de su existencia. Sin embargo, esto no significa que no pueda darse "una explicación coherente y autónoma de la realidad y del hombre sin recurrir a referencias religiosas". La posibilidad de la hipótesis de un mundo sin Dios sigue vigente (500).

*La experiencia natural no religiosa.* La experiencia puramente natural y no religiosa se está desarrollando de un modo creciente en el mundo moderno. Seguramente siempre ha estado de alguna manera presente en la vida de los pueblos. Probablemente ha permanecido "sofocada culturalmente por los sistemas ideológicos teocéntricos sociológicamente impuestos en la representación consciente" de la sociedad, durante largos períodos de la historia. Sin embargo, la experiencia humana no religiosa aparece con fuerza en el Renacimiento y se desarrolla de un modo creciente hasta convertirse en un "naturalismo absoluto, dogmático y excluyente", en los siglos XVIII y XIX.

En los siglos XX y XXI, la experiencia humana no religiosa "se basa en la conciencia de moverse en un ámbito existencial de coherencia autónoma objetiva natural", que está fundada en los resultados de la ciencia. Pero esa experiencia no religiosa del hombre ha perdido el carácter excluyente y no considera absurda la actitud existencial religiosa. Es un modo de pensar frecuente en nuestros días; es una característica de los tiempos actuales, de la época de la ciencia. La motivación de tal actitud de tolerancia reside en el hecho que la ciencia puede dar una explicación coherente de la realidad sin hacer referencia a Dios; pero, al mismo tiempo, no puede negar científicamente su existencia. Se trata evidentemente de las dos posibilidades de comprensión de la realidad que aparecían cuando hemos expuesto precedentemente la cuestión del enigma de la realidad y las dos respuestas posibles que se presentan al hombre (500).

Este esbozo de interpretación de los datos históricos confirma lo que hemos dicho en el capítulo. El hombre es naturalmente religioso. Pero en determinados momentos de la historia hace la opción por la "pura mundanidad", que coexiste con la opción por la existencia de Dios. Una forma histórica de esta opción es el Cristianismo, fundado en el mensaje de la Biblia. Según Monserrat, el pensamiento bíblico no ha sido interpretado adecuadamente cuando se han adoptado concepciones *teocéntricas*, que inevitablemente han adquirido un carácter racionalmente *impositivo*. El mensaje bíblico no tiene un carácter "teocéntrico" ni "impositivo" porque su origen y fundamento es la fe en Dios, manifestado en Cristo, que se constituye en el ámbito de la experiencia del silencio de Dios y de la posible opción por la *pura mundanidad*. El análisis de los puntos fundamentales del pensamiento bíblico muestra que efectivamente es así.

CAPÍTULO 4

# LA CREDIBILIDAD DE LA FIGURA DE CRISTO

La perspectiva de los capítulos anteriores ha sido filosófica y nos ha conducido hasta la afirmación racional de Dios a partir de la filosofía zubiriana de la realidad. La afirmación de Dios y la actitud religiosa correspondiente, quedan abiertas a la posible intervención de Dios en la historia humana. El hombre religioso espera con razón que Dios se revelará al final de la historia, manifestará su justo poder y ofrecerá una salvación definitiva. Pero se puede plantear, también, la posibilidad de una revelación divina en el seno de la misma historia humana. Para comprobar si ha sucedido así se deben estudiar las tradiciones religiosas y verificar si contienen signos creíbles de una verdadera intervención de Dios en el mundo. En esta tarea se encontrará el cristianismo como fenómeno religioso positivo y habrá que valorar su pretensión de tener el origen en la revelación de Dios en Jesucristo.

## A. Valoración de la credibilidad del cristianismo

El cristianismo cree tener su origen en la intervención histórica de Dios, que se reveló en Jesús de Nazaret, cumpliendo con ello las promesas hechas al pueblo de Israel y dando inicio a la Iglesia cristiana. Para valorar de modo crítico esta creencia, la razón debe dar tres pasos. En primer lugar, ha de establecer los criterios para una adecuada valoración. Luego, debe estudiar los contenidos de la fe cristiana y señalar cuales son los fundamentales. Finalmente, ha de aplicar los criterios a los contenidos y sacar las debidas conclusiones.

### 1. *Los criterios de valoración*

En primer lugar hemos de tener en cuenta una cosa evidente. Si el cristianismo tiene su origen en una verdadera intervención divina en la historia, no debe estar en contradicción con el concepto de Dios correspondiente a la afirmación racional de Dios, que hemos visto en el capítulo precedente. Puede y debe superarlo, pero en ningún caso estará en contradicción con él. En efecto, la concepción cristiana de Dios ha de tener una coherencia suficiente con la firme convicción del hombre de estar constitutivamente insertado en la realidad; precisamente, en esta inserción constitutiva, el hombre siente su indigencia, experimenta el silencio de Dios, reconoce ese silencio como la condición indispensable de su realización en libertad y espera la salvación plena de una definitiva acción divina. Una verdadera revelación de Dios en la historia ha de tener necesariamente una *correspondencia* adecuada con la afirmación racional de Dios y ha de ofrecer respuestas satisfactorias a las expectativas religiosas del hombre. La razón es evidente. El Dios que se revela es el mismo que ha dado origen a la realidad, a partir de la cual la razón humana diseña la idea de Dios y la concepción de la salvación del hombre (primer criterio).

Sin embargo, la mera correspondencia entre los datos de la revelación divina en la historia y la afirmación racional de Dios, no es suficiente. Si la revelación de Dios es verdadera ha de superar lo que el hombre pueda pensar justamente de Él; no puede consistir en una simple repetición de la afirmación racional de Dios; ha de decir cosas nuevas. No basta, por tanto, que exista la necesaria correspondencia. Debe haber una *diferencia* clara y constatable entre los contenidos de la afirmación humana de Dios y los datos propios de su revelación en la historia (segundo criterio).

Si Dios se revela en la historia, ha de actuar de tal manera que se ponga de manifiesto el carácter divino de su intervención. Por consiguiente, el acontecimiento de la revelación debe incluir acciones *extraordinarias*, que superen las capacidades naturales del hombre y sean inexplicables como meras acciones humanas. Estas acciones podrán ser interpretadas como señales o *signos sobrenaturales* (tercer criterio).

Ahora bien, las acciones sobrenaturales, que señalen el carácter divino de la intervención de Dios, tendrán una inevitable dimensión paradójica. Podrán ser reconocidas como acciones extraordinarias o sobrenaturales, pero no deberán tener carácter *impositivo*; no pueden tener la pretensión de poseer una fuerza de convicción tan potente que se *imponga* al hombre y éste deba someterse a ella inevitablemente. Si fuera así, los signos de la intervención divina tendrían un carácter impositivo y la revelación de Dios estaría en contradicción con el hecho real del silencio de Dios y de su renuncia a imponer su presencia; si la manifestación de Dios tuviera carácter impositivo, la situación del hombre en la realidad cambiaría radicalmente y sería eliminada su apertura a una realización en libertad. Las acciones sobrenaturales que puedan indicar el carácter divino de la revelación de Dios, no deben suprimir la libertad del hombre; no pueden ser *signos impositivos* (cuarto criterio).

Por tanto, los criterios de credibilidad de la fe cristiana son cuatro. Ha de haber una *correspondencia* suficiente entre el contenido de la afirmación racional de Dios y su revelación en el mundo (1). Pero ha de haber también una *diferencia*; la intervención divina ha de significar una *novedad* respecto a la concepción humana de Dios (2). La revelación de Dios ha de contener señales adecuadas o *signos sobrenaturales* (3). Estos signos no pueden poseer en ningún caso carácter *impositivo*, pues deben respetar la condición libre del hombre (4).

Para aplicar los cuatro criterios a la fe cristiana es preciso determinar previamente sus contenidos fundamentales.

## 2. *Contenidos fundamentales de la fe cristiana*

Los contenidos de la fe cristiana se encuentran en la Escritura, transmitida por la Tradición de la Iglesia. Está compuesta por el Antiguo Testamento y el Nuevo Testamento, en el que sobresalen los cuatro Evangelios, "la buena noticia de Jesucristo, Hijo de Dios" (*Mc* 1,1). La constatación de los elementos fundamentales de este texto constituye el acceso al contenido de la fe cristiana.

La Escritura contiene abundantes referencias a acontecimientos históricos, lo cual presenta difíciles problemas de crítica e interpretación. Pero el texto bíblico, tal como ha llegado hasta nuestros días, es la única vía posible de acceso a los contenidos de la creencia cristiana; sólo a través de este texto podemos llegar a determinar los elementos fundamentales del Cristianismo de un modo suficientemente crítico. Un análisis positivo permite establecer una serie de puntos esenciales del mensaje que se quiere transmitir.

En la Biblia el hombre aparece desde su origen integrado en la realidad y en relación con Dios. Dios no impone su presencia de modo manifiesto y el hombre puede actuar y realizarse con libertad. La expresión simbólica de este hecho la encontramos en la narración bíblica de la creación. Según los relatos del Génesis, Dios ha creado el mundo y ha situado al hombre en un Paraíso, para que pueda ser plena y libremente feliz; puede disponer de todas las cosas que hay en el Jardín paradisíaco, pero no debe comer de los frutos del "árbol de la ciencia del bien y del mal". El Creador ha prohibido comer de los frutos de ese árbol, pero, paradójicamente, lo deja en el Jardín, accesible al hombre, que no debe comer sus frutos, pero los tiene al alcance de la mano. La posibilidad de desobedecer a Dios ha quedado misteriosamente abierta, y el hombre original opta por ella y come del "fruto prohibido", que aparentemente ofrece la posibilidad de ser como Dios.

Las consecuencias de la *desobediencia* son la expulsión del Paraíso y el descubrimiento de la indigencia humana, simbolizada por la *desnudez*. La relación en la pareja original se deteriora y la vida del hombre deja de ser paradisíaca; será acompañada de dificultades y de sufrimiento. Sin embargo, Dios no abandona al hombre. Lo castiga con la expulsión del Paraíso, pero tiene con él un significativo gesto de misericordia: "Yahvé Dios hizo para el hombre y su mujer túnicas de piel y los vistió" (*Gn* 1-3). Se diseña el siguiente esquema: situación del hombre, pecado, castigo y misericordia, que se repetirá en los once primeros capítulos del Génesis, de sentido prevalentemente simbólico, pero con un profundo contenido teológico. El esquema indicado se cumple, en efecto, en los siguientes episodios: Caín mata a su hermano y es castigado a vagar errante, pero Dios le impone un signo que lo protegerá cuando encontrará a los demás habitantes de la tierra; la humanidad se pervierte y Dios la castiga con el Diluvio, pero Noé y su familia se salvan en el Arca; el siguiente episodio es la Torre de Babel; la humanidad unida quiere mostrar su poder construyendo una Torre que llegue hasta el cielo; Dios castiga la pretensión confundiendo las lenguas y la humanidad se dispersa en diversos grupos con lenguas diferentes. Parece que en este último episodio falte el momento de misericordia divina. Pero no es así. La misericordia de Dios se manifiesta, a partir del capítulo doce del Génesis, en la vocación de Abraham, cuando el texto

La credibilidad de la figura de Cristo

bíblico deja de tener un sentido prevalente simbólico y adquiere el carácter de narración que, en su conjunto, posee una suficiente referencia a hechos históricos.

Abraham *obedece* a la vocación divina, deja su país e inicia una marcha hacia una tierra extranjera. Dios establece con él una *alianza* y le *promete* una gran descendencia, lo *bendice* y lo convierte en signo de bendición para los demás, y le promete una salvación, que se concretará en la posesión de la tierra a la que ha llegado: el país de Canaán (*Gn* 12ss). Los tres Patriarcas: Abraham, Isaac y Jacob, hacen una vida de nómadas, hasta que Jacob tiene que bajar a Egipto impulsado por el hambre que impera en el país de Canaán.

Las *promesas* de Dios tendrán cumplimientos diversos, que se manifestarán provisionales, y se convertirán en anticipaciones y señales de un futuro cumplimiento definitivo. Así sucede en los relatos que narran la vocación de Moisés y el Éxodo de Egipto, la celebración de la Alianza con Dios, la proclamación de su Ley en el Sinaí, y la constitución del Pueblo de Israel. Éste emprende la marcha hacia la Tierra Prometida, que será conquistada bajo la dirección de Josué; en ella vivirán las doce tribus de Israel, regidas por los Jueces, hasta la constitución del Reino con Saúl y David. Después del esplendor del tiempo de Salomón, el reino se dividirá en dos: Judá e Israel, e iniciará una lenta decadencia que se concluirá con la destrucción del reino de Israel por los asirios, el año 721. El reino de Judá fue conquistado por Nabucodonosor, el año 587, quien impuso a los hebreos el Exilio en Babilonia. La tolerancia de Ciro, el persa, permitió el retorno de los exilados, el año 538. Inició entonces una difícil restauración de la vida del pueblo hebreo, que debió soportar el dominio de los griegos después de las conquistas de Alejandro Magno, y el dominio de Roma, después de la conquista de Pompeyo. La modesta restauración postexílica se prolongará hasta los tiempos de Jesús.

En estas etapas de la historia de Israel, tienen un significado decisivo la figura y el mensaje de los *profetas*. Ellos interpretan las vicisitudes de la vida de Israel como signos del amor de Dios a su pueblo y como castigos por la infidelidad a los compromisos contraídos en la Alianza establecida con Dios. Los profetas proclaman las cualidades de Dios, evitando confusiones y desviaciones. Dios es poderoso y justo. Es también misericordioso y fiel, y cumplirá sus promesas. El mensaje profético concreta y precisa progresivamente la naturaleza del cumplimiento de las promesas hechas por Dios a su Pueblo: las promesas de Dios se cumplirán con el establecimiento del Reino de Dios.

Durante los períodos mencionados se perfilan los rasgos de *figuras salvadoras*, por medio de las cuales Dios actuará y hará efectivo su plan de salvación. Cabe destacar las siguientes *figuras* con sentido salvador que sobresalen en el Antiguo Testamento: Dios enviará un *profeta* semejante a Moisés (*Dt* 18,18); un descendiente de David será el *Mesías*, ungido por Dios, cuyo reino será eterno (2 *S* 7), y poseerá un carácter *sacerdotal* nuevo (*Sal* 109); después del exilio, en la segunda parte de Isaías, aparece la figura del *Siervo de Yahvé*, servidor fiel y justo, cuyo sufrimiento será causa de redención y salvación (*Is* 52; 53); más tarde, la figura salvadora se representa como un simple hombre, un *Hijo de hombre*, que recibe en el cielo el poder de Dios para instaurar un Reino universal y eterno (*Dn* 7).

Las diferencias entre esas *figuras* son notables y difícilmente conciliables. Contrastan, en efecto, los atributos gloriosos del *Mesías*, descendiente de David, con la humillación del *Siervo*, cuyo sufrimiento tiene un poder salvador, y también con la figura del *hijo del hombre*, en sí misma una figura simplemente humana e indigente, pero que recibe de Dios el poder para instaurar su Reino. Estas diferencias alcanzarán una conciliación en la convicción creyente de que las *figuras salvadoras* se cumplen plenamente en Jesús de Nazaret.

Según la Biblia la manifestación definitiva del plan salvador de Dios sucede en Jesucristo, en quien acontece de modo definitivo el fiel cumplimiento de las promesas hechas por Dios a Israel y la revelación plena de su justicia y su misericordia (cfr *Rm* 3,21ss). Cristo constituye el centro del mensaje de la Escritura y la esencia del Cristianismo.

3. *Los contenidos de la fe y la realidad histórica.*

Los contenidos esenciales de la fe cristiana se hallan en la Biblia, en el Antiguo Testamento y en el Nuevo Testamento. El texto es, ante todo, la expresión de una fe religiosa concreta. El texto bíblico es muy

La credibilidad de la figura de Cristo

extenso y contiene secciones de carácter muy diverso. Las hay que conservan claramente un vigoroso carácter simbólico, como, por ejemplo, los once primeros capítulos del *Génesis*. Algunas secciones tienen una clara intención didáctica o de exhortación, como los *Libros Sapienciales*. Otras, en cambio, manifiestan la convicción de decir cosas que corresponden a hechos históricos sucedidos realmente, o, por lo menos, tienen la intención de fundarse en ellos de un modo suficiente; este es el caso en el *Éxodo*, en los *Libros de Samuel* y en los *Libros de los Reyes*, y, sobre todo, en los *Evangelios*. En todo caso, el Cristianismo conserva y transmite el texto bíblico con la convicción de mantener con fidelidad el testimonio verdadero de la revelación de Dios en la historia.

En muchos casos es problemática la correspondencia de la Escritura con hechos históricos reales. En otros, es posible reconocer una congruencia suficiente entre los datos del texto y la realidad histórica. En todo caso, no sería razonable poner en duda las vicisitudes fundamentales de la historia de Israel, narradas en el Antiguo Testamento, y la realidad efectiva de la vida de Jesús, atestiguada en los Evangelios. Su realidad histórica es evidente. Una crítica razonable no puede poner esto en cuestión.

Otra cosa es creer que Dios ha elegido a Israel como su Pueblo y se ha revelado en Jesucristo de manera plena y definitiva. Para poder valorar la credibilidad de esta fe se deben aplicar los criterios vistos anteriormente. Ahora bien, la aplicación adecuada de los criterios requiere tener en cuenta los siguientes *presupuestos*:

1. La única perspectiva posible para valorar la credibilidad de la fe cristiana es el momento histórico en el cual está situado quien quiere emprender tal valoración. Nuestra actual inserción en la realidad constituye la única perspectiva posible; sólo desde ella se puede efectuar el análisis crítico del contenido de la Escritura, transmitida en el Cristianismo hasta nuestros días.

2. La Escritura contiene abundantes referencias a acontecimientos históricos cuando narra cosas que atañen a la historia del pueblo de Israel (Abraham, Moisés, el Éxodo, David, el reino, el exilio, el post-exilio) y a la vida y muerte de Jesús de Nazaret. No sería razonable poner

en duda los momentos clave de la historia de Israel o los rasgos fundamentales del perfil biográfico de Jesús. Ciertamente, puede haber cosas que provengan de una "creación teológica" efectuada por los autores del texto. Pero de ello no se sigue que lo hicieran sin un fundamento en la historia efectiva de Israel y en la realidad histórica de Jesús.

3. Una valoración adecuada de la verdad del cristianismo debe partir del presupuesto de que el acceso al *Jesús de la historia* sólo es posible mediante el estudio del *Cristo de la fe*, tal como lo encontramos en el Nuevo Testamento. Existen datos sobre Jesús integrados en la historia como hechos indudables. Vivió en tiempos de Augusto y Tiberio y fue condenado a morir en cruz por Poncio Pilato, procurador de Judea. Ahora bien, los elementos particulares de la figura de Jesús sólo son accesibles a través de los Evangelios: el *Jesús histórico* y el *Cristo de la fe* están unidos de forma inseparable en el Cristianismo como fenómeno religioso positivo. El acceso a la realidad histórica de Cristo sólo es posible mediante la constatación de su figura tal como la presenta la Escritura; en esta figura deben encontrarse las señales de la credibilidad de la revelación de Dios.

En efecto, si Dios ha intervenido de veras en la realidad histórica de Cristo, la figura de Cristo, propuesta por la Escritura, ha de mantener con fidelidad el contenido y el sentido de la revelación de Dios. Dios debe haber actuado de alguna manera para que el testimonio de su intervención en la historia haya mantenido fielmente, hasta nuestros días, el contenido y el sentido de su revelación en la persona de Cristo. Sería impensable que no fuera así. Los signos de la verdad del cristianismo han de encontrarse en la Escritura, tal como ha llegado hasta hoy gracias a la transmisión de la iglesia.

En consecuencia, la valoración de la credibilidad del cristianismo no debe empezar por buscar datos en las fuentes históricas para constatar lo que se puede saber de modo crítico sobre la realidad efectiva de Jesús. En esta cuestión, para actuar con rigor, se debe partir del presupuesto de la semejanza fundamental entre el Jesús real de la historia y la figura de Cristo, contenida en la fe cristiana y transmitida por la Iglesia. Los signos de la credibilidad del cristianismo se deben encontrar en la figura de Cristo, objeto de la fe, cuyo contenido y verdad deben corresponder con fidelidad a la realidad histórica de Jesús, pues brotan de ella y en ella tienen su fundamento. Sólo a partir de este presupuesto se puede justificar de forma adecuada la credibilidad de la fe cristiana (EMC 598-601; RD 323-326).

4. *Aplicación de los criterios de valoración*
*Primer criterio: la correspondencia*
En los datos de la Biblia encontramos una fuerte correspondencia con los momentos del proceso que han conducido a la afirmación racional de Dios.

Al inicio del texto bíblico aparece el "árbol de la ciencia del bien y del mal", un símbolo que posee una profunda significación: el Creador ha puesto la creación a disposición del hombre, pero le ha prohibido comer del fruto del árbol; sin embargo, *lo ha dejado a su alcance*. Tal hecho expresa con fuerza y profundidad la situación del hombre ante dos opciones posibles, que implican dos comprensiones diversas de la realidad: la existencia de Dios y un mundo sin Dios. El hombre debía acatar la voluntad de Dios y no comer del fruto del "árbol". Pero ese fruto es atrayente y ofrece la posibilidad de llegar a ser como un dios, y el hombre, desobedeciendo al Creador, come de él. Esto es posible porque, según el relato, Dios no está en la realidad creada manifestando su presencia e imponiendo su absoluta superioridad. Al contrario. El Creador ha constituido un ámbito en el que el hombre pueda realizarse en *libertad*, y la realización en libertad implica la apertura a la posible opción por un "mundo sin Dios". Por consiguiente, según la fe cristiana el hombre está insertado en la realidad y abierto a dos posibilidades fundamentales de comprensión global del mundo: existencia de Dios y mundo sin Dios. Esto tiene una evidente correspondencia con la situación del hombre ante el enigma de la realidad, que hemos visto anteriormente.

Ciertamente, según el relato bíblico la opción por un mundo sin Dios es pecado. Ahora bien, hemos de tener en cuenta que esa opción será verdadero pecado personal sólo cuando implique el rechazo de la gracia de Dios. Además, el hombre sólo podrá adquirir una clara conciencia de su pecado después del acceso a la fe y a partir de la perspectiva creyente, en la que la fe le sitúa.

La comprensión bíblica de Dios se relaciona también con el concepto racional de Dios. En efecto, ha creado el mundo y su poder no tiene límites, pero no está *dentro* del mundo de modo manifiesto; se relaciona con el hombre y le promete una salvación definitiva, pues es justo y misericordioso; pero es también paradójico y enigmático. El Dios de Israel es "un dios oculto" (*Is* 45,15) y el creyente hace la dramática experiencia de su silencio.

La definitiva intervención divina en la historia acontece en la persona de Jesucristo. Cristo, siendo la Palabra de Dios, se ha hecho *carne*, es decir, ha aparecido en el mundo como verdadero hombre (*Jn* 1,14). Poseía la condición divina, pero vivió humanamente despojado de gloria divina hasta el extremo de ser rechazado y condenado a morir en cruz. La *kénosis*, o vaciamiento de gloria divina, es la condición en la que se realiza la vida de Cristo en el mundo hasta la conclusión definitiva en la figura del crucificado (*Flp* 2,6-11).

Se constata, en efecto, una correspondencia entre el concepto de Dios y su *silencio* en el mundo, aceptado con sentido por la afirmación racional de Dios, y el concepto bíblico de Dios y su revelación en la *kénosis* de Cristo.

Existe también una correspondencia en la cuestión de las *contradicciones* que aparecen en el concepto racional de Dios. En efecto, el hombre no comprende el silencio de Dios ante la indigencia y el sufrimiento humanos, y concluye que el concepto de un Dios justo y omnipotente es contradictorio e inaceptable. También Cristo ha sido un signo de contradicción. Apenas nació, se predijo que lo sería (*Lc* 2,34s). Su misión debía aportar bendición y justicia, pero acabó adquiriendo la figura de la maldición y del pecado (cfr *Ga* 3, 13; 2 *Co* 5, 21), convirtiéndose en signo de contradicción y escándalo. Pero precisamente la superación de este escándalo abre el acceso a la fe en Dios, revelado en Cristo. Pablo afirma que "los judíos piden signos y los griegos buscan sabiduría", pero él predica a Cristo crucificado, escándalo para unos y locura para los otros (1 *Co* 1, 22-23); para los creyentes, en cambio, Cristo es fuerza y sabiduría de Dios (1,24). La fe cristiana es posible si se superan la contradicción y el escándalo implicados en la figura del crucificado, y se reconoce la verdad que brota de ella. De modo similar, la afirmación natural de Dios sólo es racionalmente posible cuando se descubre de modo explícito o implícito, el profundo sentido para el hombre de su silencio en el mundo.

La credibilidad de la figura de Cristo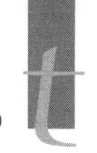

Existe, por tanto, una *correspondencia* entre el contenido de la fe cristiana y los elementos que conducen a la afirmación racional de Dios. Pero se constata también una notable diferencia.

*Segundo criterio: la diferencia*
La *diferencia* entra la fe cristiana y la afirmación racional de Dios se pone de manifiesto en la radical *novedad* del acontecimiento de Cristo. El entero evento incluye la preexistencia del Verbo, su encarnación y su realización en el mundo viviendo una verdadera vida humana, su muerte y su resurrección, y su *permanencia* en la comunidad de sus discípulos. La fe cristiana afirma que Cristo es Hijo de Dios y al mismo tiempo verdadero hombre, que murió crucificado y superó la muerte, y que ha sido constituido por Dios como Señor de todas las cosas. En estos elementos la fe cristiana *desborda* el contenido de la afirmación racional de Dios y de la religiosidad natural, poniendo de manifiesto una notable diferencia.

*Tercer criterio: los signos extraordinarios*
Los Evangelios atribuyen a Cristo abundantes acciones extraordinarias, que se pueden comprender como *signos de sobrenaturalidad*. El texto debe ser considerado el testimonio válido de los milagros de Jesús y de la convicción de los discípulos de ser los testigos de la resurrección del Maestro. Según el relato, Jesús ha curado enfermos y liberado endemoniados, ha resucitado muertos y dominado las fuerzas de la naturaleza, y sobre todo, los discípulos dan testimonio de que lo han visto vivo después de su muerte. Estas acciones extraordinarias se pueden considerar *sobrenaturales* porque no tienen una explicación natural razonable. Pero no son acciones que posean una condición sobrenatural tal que por sí mismas se *impongan* a los presentes; en el relato evangélico la reacción fue con frecuencia el escepticismo y el rechazo. Las acciones extraordinarias de Jesús no fueron signos *impositivos*.

*Cuarto criterio: los signos extraordinarios no son impositivos*
Según los Evangelios, Cristo ha dado señales elocuentes de la presencia del poder de Dios en sus acciones, pero no ha pretendido presentarlas como manifestaciones divinas evidentes. Su predicación y

sus acciones extraordinarias nunca han tratado de obtener el asentimiento de los presentes exhibiendo una irresistible superioridad. Al contrario. Cristo, en sus acciones y palabras, ha mostrado siempre un sincero respeto hacia la libertad de sus interlocutores. Precisamente por ello, los milagros de Jesús han podido ser mal interpretados y han sido también negados como signos de la manifestación de Dios; pero no se han puesto en duda como efectivos hechos extraordinarios. Algunos asistentes al drama del Gólgota decían: "A otros salvó y a sí mismo no puede salvarse... que baje ahora de la cruz, y creeremos en él" (*Mt* 27, 42). Se reconoce que han sucedido acciones extraordinarias a favor de "otros" y se exige un nuevo hecho maravilloso, extraordinario y definitivo, que, sin embargo, no sucede. Las acciones extraordinarias de Jesús no pretendieron imponerse a la libre voluntad del hombre, nunca tuvieron un carácter *impositivo*.

El hecho es que la figura de Cristo crucificado posee una profunda correspondencia con el hecho natural del silencio de Dios en el mundo, si bien lo desborda de modo insospechado. En efecto, podemos afirmar que la *kénosis* de la Palabra encarnada corresponde al *silencio* de Dios de la religiosidad natural. Ahora bien, la revelación de Dios en Cristo no sólo no ha suprimido la experiencia de su silencio, sino que le ha dado una nueva y desconcertante profundidad. En efecto, Dios se revela en Cristo y, al mismo tiempo, pone de manifiesto su renuncia a imponer su presencia, respetando el ámbito de libertad del hombre. Pero, además, se hace patente la radical novedad de que, en Cristo, Dios ha compartido plenamente la indigencia del hombre hasta el extremo de aceptar una sentencia injusta que lo ha condenado a morir en cruz.

En conclusión, los contenidos de la fe cristiana muestran una notable correspondencia con los elementos que han conducido a la afirmación racional de Dios. Pero presentan también una relevante diferencia, que se manifiesta, sobre todo, en el testimonio evangélico de las acciones extraordinarias obradas por Jesús. Estas acciones se proponen como signos de la credibilidad de la revelación de Dios en Cristo. Sin embargo, nunca tienen un carácter *impositivo*, no pretendían conseguir el asenso humano invocando la actuación de un poder sobrenatural. Las acciones extraordinarias de Jesús tienen una efectiva

La credibilidad de la figura de Cristo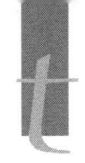

fuerza de convicción, pero son signos que respetan decididamente la libertad del hombre.

La aplicación de los cuatro criterios de valoración al contenido de la fe cristiana desde la perspectiva de la religiosidad natural, conduce a una conclusión positiva: El Cristianismo tiene un contenido racionalmente sostenible, la fe cristiana es razonable.

## 5. *El argumento decisivo de la credibilidad*

Hemos visto anteriormente que la afirmación racional de Dios ha tenido que superar un fuerte obstáculo para poder ser enunciada razonablemente. En efecto, se ha debido reconocer que la experiencia del silencio de Dios constituye la condición de posibilidad de la realización humana en libertad. Esa experiencia, que inicialmente parecía un obstáculo insalvable, adquiere luego un profundo sentido y se convierte en el argumento decisivo para poder afirmar razonablemente a Dios como respuesta al enigma de la realidad, y como posibilidad real de la salvación definitiva del hombre.

La fe cristiana encuentra una dificultad en cierto modo similar, para afirmar de modo razonable la revelación de Dios en Cristo: debe superar el obstáculo de su *kénosis*, es decir, de su vida verdaderamente humana, despojada de gloria divina. Es cierto que Jesús expresó con claridad la convicción de poseer una *condición divina*. Así lo entendieron sus interlocutores, acusándolo de blasfemo y amenazándolo con la lapidación; a la pregunta: "¿Por cual de esas obras (buenas) queréis apedrearme?", le respondieron: "No queremos apedrearte por ninguna obra buena, sino por una blasfemia y porque tú, siendo hombre, te haces a ti mismo Dios" (*Jn* 10,31-33). Se ha comprendido el convencimiento de Jesús de poseer una condición divina, pero al mismo tiempo se constata que vive como un verdadero hombre, desprovisto de gloria divina y compartiendo efectivamente la indigencia humana. En Él aparecen unidas la convicción de poseer una condición divina y la real condición humana, frágil y vulnerable. Y ello constituye evidentemente una dificultad para la fe cristiana.

Se puede pensar que el problema queda resuelto con los relatos bíblicos de las acciones extraordinarias de Jesús y, sobre todo, con el testimonio de su resurrección; ello ofrecería como una prueba de la verdad de la revelación de Dios en Cristo. Pero esta solución no es convincente. Las acciones extraordinarias de Jesús no fueron signos con carácter *impositivo*, y el testimonio de la resurrección: tumba vacía y apariciones a los discípulos, es frágil y poco creíble, considerado *aisladamente*. El hecho es que para fundamentar la credibilidad de la fe cristiana se ha de renunciar a poner en primer término los sucesos extraordinarios y se debe reconocer decididamente la fuerza propia de la kénosis de Cristo, concentrada y resumida en la figura del crucificado. "La persona misma de Cristo y su sacrificio, situados históricamente en la realidad, son la verdadera fuerza que mueve a la existencia humana al reconocimiento de la verdad" (EMC 620).

Ciertamente, lo decisivo es el *entero* acontecimiento de Cristo, que incluye: preexistencia, encarnación, pasión, muerte y resurrección, glorificación, *permanencia* en la vida de la Iglesia. Ahora bien, la fe cristiana afirma que Dios se ha revelado en el mundo en la *kénosis* y realización humana del Verbo divino, que se concluyó en la cruz, en la que, según la concepción zubiriana de la muerte, adquirió su figura *definitiva* y *definitoria*. Hay que insistir, sin duda, en que lo decisivo es el entero acontecimiento de Cristo, cuyo núcleo central es la revelación de Dios en la encarnación del Verbo. Pero, al mismo tiempo, se debe reconocer que en este acontecimiento el momento más potente de credibilidad es la figura del crucificado.

Esa figura proclama que el Dios Creador ha querido compartir, en Cristo, la condición de su creatura, respetando plenamente el máximo don de la creación: la *libertad*. Ahora bien, compartir la condición humana respetando la libertad del hombre, ha tenido como consecuencia la muerte de Cristo en la Cruz; paradójicamente, la Cruz de Cristo se ha convertido en el signo decisivo de la credibilidad de todo el acontecimiento de la Revelación. En efecto, la figura del crucificado proclama que la definitiva y plena revelación de Dios al hombre acontece en el respeto incondicional de su libertad, aceptando y asumiendo el riesgo del rechazo y el sufrimiento. Esta figura ha quedado en el mundo como el signo imborrable y paradójico, pero firme y pleno, del amor de Dios al hombre, y de su promesa efectiva de salvación definitiva.

Lo que acabamos de decir tiene una confirmación en el mismo texto de los Evangelios. Ciertamente la muerte de Cristo es inseparable de su

## La credibilidad de la figura de Cristo

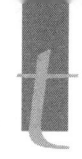

resurrección; pero el mismo Cristo anunció que su crucifixión sería el momento de su ministerio dotado con más fuerza de verdad. En el Evangelio de Juan, Jesús ha dicho: "Nadie me la quita (la vida). Tengo poder para darla y poder para recobrarla de nuevo" (10,18), ha indicado el significado particular de su muerte: "Cuando hayáis levantado al Hijo del hombre, entonces sabréis que Yo Soy" (8,28), y ha añadido: "Cuando sea levantado de la tierra, atraeré a todos hacia mí" (12,32). La expresión es una alusión a su muerte en cruz (ser levantado) como el momento más fuerte de revelación (atraer a todos) (cfr 12,33). Precisamente cuando Jesús muere y se muestra como débil e impotente, manifiesta una fuerza de verdad que hace creíble su figura; algunos que asistían a su muerte confesaban el inicio de una fe diciendo: "Ciertamente este hombre era justo" (*Lc* 23,47), "verdaderamente este hombre era Hijo de Dios" (*Mc* 15,39; *Mt* 27,54), "acuérdate de mí cuando vengas con tu Reino" (*Lc* 23,42).

Todo ello nos lleva a la siguiente consideración. Durante un tiempo ya pasado, la forma tradicional de fundar la credibilidad de la fe cristiana consistía en poner en primer plano las acciones extraordinarias de Jesús y su resurrección; se creía poder afirmar el indudable valor histórico de las mismas, y se llegaba a la conclusión de poseer una *prueba* de la verdad de la fe cristiana; se tenía la convicción de poder contar con signos de carácter *impositivo*. En la actualidad se juzga justamente insostenible tal forma de fundamentar la verdad del cristianismo, y se sigue una orientación diversa. Se reconoce la coherencia y el sentido que pueden tener una opción atea o agnóstica, pero se afirma que el cristianismo ofrece *más sentido* por el hecho de tener la esperanza de una realización plena después de la muerte. Hay que notar, no obstante, que una pretensión cristiana de ofrecer *más sentido* será difícilmente aceptable por un agnóstico convencido. Otro modo de argumentar consiste en invocar una *convergencia de sentido* que provenga del conjunto de los elementos a favor de la credibilidad del Cristianismo; y se hace referencia a la vida de Jesús, a su resurrección, a la vida de la Iglesia. A mi modo de ver, es una argumentación válida pero insuficiente. En todo caso, una insistencia en el valor prevalente de las acciones extraordinarias de Jesús puede conducir a actitudes triunfalistas, incluso autoritarias, que hoy no son aceptables; significaría, además, la falta de verdadera fidelidad en la transmisión del Evangelio. Se debe abandonar decididamente la insistencia en las acciones extraordinarias de Jesús como los "signos en los que, durante muchos años, se ha estado buscando erróneamente manifestaciones impositivas de la presencia sobrenatural de Dios" (EMC 619).

A mi juicio, Javier Monserrat tiene el gran mérito de haber mostrado que el modo adecuado y razonable de fundamentar la credibilidad de la fe cristiana no consiste en invocar, de alguna manera, la fuerza convincente de las acciones extraordinarias de Jesús, sino en reconocer la *emergencia* del argumento decisivo: la kénosis de Cristo y la figura del crucificado. En un primer momento esa figura podrá parecer desprovista de fuerza de convicción. Sin embargo, como acabamos de exponer, la figura del Cristo crucificado emerge como el *argumento decisivo* de la credibilidad del cristianismo: en Cristo crucificado se unen inseparablemente la plenitud de la revelación divina y el incondicional respeto de Dios hacia la libertad humana.

Tiene interés insistir una vez más en la correspondencia entre la experiencia del silencio de Dios y la kénosis de Cristo. La religiosidad natural ha podido afirmar razonablemente a Dios como respuesta al enigma de la realidad al reconocer en la experiencia del silencio de Dios la posibilidad de una realización humana en libertad. De un modo similar la fe cristiana puede afirmar a Dios, Creador y Salvador, cuando reconoce en la kénosis de Cristo, en su debilidad y vaciamiento de gloria divina, el signo de la verdadera revelación de Dios. En la verdadera condición humana de Cristo se pone de manifiesto que Dios se ha revelado sin imponer su Verdad, no ha querido exhibir su superioridad, ha compartido plenamente la fragilidad y la indigencia del hombre, y le promete una salvación definitiva. En Cristo Dios revela su Palabra definitiva, respetando la libertad del hombre e introduciendo en la historia el signo imborrable de su Verdad: la figura del crucificado.

La kénosis de Cristo, que desborda y profundiza de modo insospechado la experiencia humana del silencio de Dios, es inseparable de su resurrección. En Cristo, muerte y resurrección son dos momentos de un único acontecimiento. La muerte en cruz es la conclusión de su re-

alización humana y sucede en la historia del mundo; la resurrección acontece, en cambio, en el ámbito de vida de Dios. La resurrección anuncia ciertamente que Jesús sigue vivo y ha vencido a la muerte; pero el mensaje de la resurrección de Cristo no es que *el crucificado ha sido salvado*, sino que *el Salvador ha sido crucificado*, es decir, que el Verbo encarnado ha sido fiel a la voluntad de Dios de vivir una verdadera aventura humana hasta el fin. En todo caso, muerte y resurrección de Cristo son inseparables y constituyen un único acontecimiento. Monserrat dice que en ese acontecimiento se pone de manifiesto una "fuerza desbordante y atractiva de la verdad... El misterio de Cristo es una profundización desbordante del único posible sentido teológico de la realidad... (en él) el amor de Dios llega a la kénosis para la plenitud del hombre. Ante el misterio de Cristo, el hombre... siente desbordada en profundidad... la posible y única coherencia teológica de la realidad" (EMC 621).

En conclusión, el verdadero fundamento de la credibilidad de la fe cristiana no reside en los signos extraordinarios y sobrenaturales, como la resurrección. El fundamento decisivo se encuentra en "la fuerza abismal de la misma debilidad de Cristo crucificado... en la misma Cruz de Cristo radicará la verdadera fuerza de la coherencia cristiana". La kénosis de Cristo emerge como el signo decisivo de la verdad del cristianismo.

Por ello, el hombre puede considerar creíble la fe cristiana al reconocer la correspondencia existente entre la estructura de la afirmación racional de Dios (inserción en la realidad y explicación de su enigma, sentido del silencio de Dios, experiencia religiosa) y el contenido esencial del cristianismo (inserción del hombre en la realidad creada, kénosis de Cristo, testimonio interior del Espíritu). La razón puede constatar, también, que el contenido de la fe cristiana no es la mera expresión de aquella estructura, pues incluye signos propios de sobrenaturalidad. Pero no son impositivos. En consecuencia, la valoración del cristianismo debe ser positiva.

Ahora bien, la conclusión a favor del cristianismo, basada en argumentos racionales, sólo puede poseer una certeza moral. La afirmación cristiana de Dios no suprime la posibilidad de una opción racional por un mundo sin Dios. No obstante, el reconocimiento y la afirmación de la verdad del cristianismo aparecen ahora como la opción más coherente. Es razonable aceptar que el origen del cristianismo reside en una verdadera intervención de Dios en la historia.

### B. La fe cristiana

Hemos descrito el proceso racional que conduce al encuentro del hombre con la figura de Cristo. Hemos hecho, también, una valoración de su credibilidad como revelación de Dios en la historia con un resultado positivo, y hemos constatado que el argumento decisivo es la kénosis de Cristo, por su correspondencia con el hecho del silencio de Dios en el mundo y la abismal superación del mismo. La kénosis es un elemento particular del entero acontecimiento de Cristo, pero tiene una significación especial: se concreta en la figura del crucificado, y, precisamente, reconocer la verdad de la figura de Cristo crucificado y apropiársela como posibilidad de realización, constituye el núcleo esencial de la fe cristiana.

*1. El inicio de la fe*

Recordemos que, según la filosofía zubiriana, la aprehensión de realidad es el primer modo de actividad de la inteligencia, anterior a la actividad afirmativa; en la aprehensión la cosa real se hace actual, y la actualidad de la realidad tiene su propia verdad real. Además, la realidad humana se realiza en un proceso de configuración que tiene en cada momento una concreta actualidad, que es la figura o Yo de la realidad humana; la configuración de la realidad humana se concluye en el momento de la muerte, en el que adquiere la figura definitiva y definitoria.

Pues bien, la *aprehensión* de la realidad de Cristo, accesible por los Evangelios, constituye el *inicio* de la fe cristiana. La aprehensión creyente es *anterior* a la afirmación de fe, y significa la acogida de la figura de Cristo y de su verdad real tal como la presentan los Evangelios. Zubiri dice que el tema de los Evangelios es el Yo de Cristo (C 271), y esto significa que en el texto evangélico encontramos momentos de la realización humana de Cristo, que aconteció en un proceso de configuración, cuya conclusión fue la muerte en cruz. El proceso de configuración se concretaba en cada momento en una figura del Yo, que adquirió en la muerte la figura definitiva y definitoria.

La credibilidad de la figura de Cristo

La aprehensión o acogida de la figura de Jesús nos sitúa ante un dilema. La figura es verdaderamente humana, pero lleva con ella el decidido testimonio de poseer una condición divina (cfr *Jn* 5,18; 10,33; 14,9s). El inicio de la fe cristiana es, precisamente, el reconocimiento de la verdad de este testimonio y la confesión de la condición divina de Jesús: en su realización humana aconteció la Revelación de Dios en el mundo. Los momentos del inicio de la fe son tres: aprehensión de la realidad, reconocimiento de su verdad, afirmación de fe.

Podemos contemplar un ejemplo significativo del inicio de la fe en la confesión del centurión ante la muerte de Jesús. Dice el texto que el centurión, "al ver lo sucedido", glorificaba a Dios diciendo: "Ciertamente este hombre era justo" (*Lc* 23,47). Podemos distinguir el momento de *aprehensión* de la realidad de la muerte de Cristo ("al ver lo sucedido"), que implica el reconocimiento de su *verdad*, y la *confesión de fe* que brota de tal reconocimiento: "Este hombre era justo". Si se afirma que aquel hombre era justo, se acepta como verdadero su testimonio de poseer una condición divina.

Antes de cualquier tipo de afirmación o confesión creyente, la fe tiene su inicio en la aprehensión de la realidad de la figura de Cristo y en el reconocimiento de su verdad. En esta aprehensión primordial, la inteligencia se convierte en inteligencia creyente y acontece el principio de la fe, origen y fundamento de cualquiera otra actividad cristiana. La fe inicia en el acto de reconocer la plena intervención de Dios en la realidad histórica de Cristo, y en particular, en el sacrificio de su vida en la muerte en cruz.

El reconocimiento de la verdad de la figura de Cristo da acceso a la verdad de su entero acontecimiento: la filiación divina, la encarnación, la resurrección, la glorificación. El misterio de Cristo se abre en toda su profundidad a la inteligencia creyente. Pero lo decisivo es reconocer la verdad de la figura del crucificado y el poder salvador de su muerte, que da acceso al misterio salvador de Dios. El Nuevo Testamento lo afirma con decisión. En las Cartas paulinas leemos que Dios nos ha justificado y reconciliado "por la muerte de su Hijo", "por su sangre" (*Rm* 5,9s), "por medio de la cruz" (*Ef* 2,16), "mediante la sangre de su cruz" (*Col* 1,20). El fundamento esencial del cristianismo "es el contenido mismo del misterio desbordante y atrayente del sacrificio de Cristo" (EMC 620; cfr RD 352).

La fe en el poder salvador de la muerte de Cristo significa, además, la comprensión de la respuesta al enigma de la realidad y la orientación de la existencia humana hacia una salvación y realización definitivas.

2. *Coherencia racional de la fe cristiana.*

La fe cristiana tiene una coherencia racional. Para mostrarlo hemos de recordar lo dicho anteriormente sobre la afirmación de Dios desde la religiosidad natural. En efecto, el hombre puede afirmar con coherencia suficiente que Dios es la respuesta al enigma de la realidad, si reconoce el sentido de su silencio en el mundo como la condición necesaria para la realización humana en libertad. La experiencia del silencio de Dios y el descubrimiento de su sentido, son fundamentales como criterio de interpretación para reconocer la coherencia racional del Cristianismo.

El contenido de la afirmación cristiana de fe incluye el entero acontecimiento de Cristo, desde la preexistencia hasta la glorificación. Pero hemos visto anteriormente que el momento decisivo, cuya fuerza de verdad se extiende al entero acontecimiento, es la kénosis de Cristo, concentrada en la figura del crucificado. Esta figura proclama que la revelación de Dios en Cristo respeta sin condiciones la libertad humana. Cuando la fe cristiana afirma a Dios como Creador y Salvador, lo hace con *coherencia racional* si fundamenta su credibilidad en la figura de Cristo crucificado, en la que Dios se revela sin exhibir una abrumadora superioridad y sin imponer su Verdad. En la realización humana de Cristo, concentrada en su conclusión en la cruz, Dios se revela con fuerza suficiente para ser reconocido por la fe, pero se manifiesta sin una intensidad impositiva, que sería destructiva para la libertad del hombre. La decidida afirmación de que la Revelación divina en Cristo respeta plenamente la libertad humana, es el argumento decisivo a favor de la coherencia racional del Cristianismo.

Por tanto, la kénosis de Cristo corresponde a la experiencia del silencio de Dios en la religiosidad natural, y constituye precisamente el criterio adecuado para reconocer la credibilidad de la fe cristiana. Ahora bien, esa experiencia natural es desbordada de un modo abismal e impensable por la figura del crucificado, ante la cual el hombre puede comprender que se halla ante "una expresión desbordante del sentido teológico de la realidad" (EMC 621).

Las acciones extraordinarias de Jesús, y el testimonio de su resurrección, contribuyen también a la coherencia racional de la afirmación cristiana de fe. Según los evangelios, Cristo ha dado señales de tener dominio sobre las fuerzas de la naturaleza, de poder remediar la indigencia humana y de tener un dominio sobre la muerte; estas señales pueden ser consideradas signos de sobrenaturalidad, por no tener una adecuada explicación natural. Sin embargo, la señal sobrenatural decisiva reside en el misterio insondable de Cristo crucificado, que "coloca al hombre ante la experiencia del signo sobrenatural del acontecimiento cristiano" (621). El verdadero *signo sobrenatural* del Cristianismo es la figura del Verbo encarnado muriendo en la cruz.

3. *La fe, acto libre*

La coherencia racional de la fe cristiana no aporta al creyente una certeza absoluta de la verdad de su fe, pues carece de argumentos *impositivos*. Hemos insistido en el hecho que el argumento decisivo de la credibilidad de la fe cristiana: la figura de Cristo crucificado, tiene fuerza de verdad y es convincente, pero al mismo tiempo respeta plenamente la libertad del hombre. El conjunto de los argumentos a favor de la opción creyente proporciona sólo una certeza que no se impone y no suprime la libertad de la opción, como sería el caso si se tratara de una certeza racional absoluta, que sería inevitablemente impositiva. La coherencia que hemos constatado proporciona sólo una *certeza moral*, suficiente para que la opción creyente sea razonable, pero no excluyente de otras opciones que consideraría erróneas, como la opción agnóstica o atea; éstas siguen siendo posibles como opciones racionales pues mantienen una coherencia suficiente. Por consiguiente, la opción cristiana de fe es *libre*, porque los argumentos a su favor no se basan en signos que pretendan imponerse; son argumentos que suscitan la opción y la justifican, pero no la imponen; la figura del crucificado es un signo revelador, pero no es *impositivo*. La fe cristiana es una *opción racional libre*.

## 4. La fe, gracia de Dios

La credibilidad del Cristianismo tiene argumentos racionales a favor: la correspondencia de la kénosis de Cristo con la experiencia del silencio de Dios, la respuesta al enigma de la realidad, la esperanza de la salvación definitiva del hombre. Junto a estos argumentos, en la opción de fe interviene también la acción del Espíritu, que da un testimonio interior a favor de la verdad de los argumentos racionales, y en particular, a favor de la verdad de la figura de Cristo. La acción del Espíritu puede ser acogida o rechazada, pero si es aceptada aporta al creyente un momento de *certeza absoluta* de la verdad de su fe. Esta certeza sólo es posible por el testimonio interior del Espíritu de la Verdad (cfr *Jn* 16,13), que es una experiencia interior y estrictamente personal. Ahora bien, sea la acción del Espíritu, sea la certeza que aporta, en cuanto tales son interiores e incomunicables; no pueden convertirse en tema del discurso racional; de ellas se podrá dar sólo un testimonio que será más o menos convincente, y podrá ser acogido o rechazado.

La acción interior del Espíritu es un don de Dios y su acogida es un momento decisivo en la opción de fe y en la vida cristiana. Por esta razón la fe no es sólo racional y libre: la fe es también *gracia*, don de Dios.

En conclusión, la fe cristiana es racional porque tiene un fundamento *racional* suficiente, que puede proporcionar una certeza moral, pero que no es impositivo, pues respeta la libertad del hombre y no se impone a la razón. Por ello la fe es racional y *libre*. En la opción creyente interviene, además, la acción interior del Espíritu, que no es racionalmente tematizable, pero permite alcanzar una certeza absoluta de la fe. Por ello la fe es racional y libre, y al mismo tiempo es *gracia*, don de Dios.

La fe cristiana es *racional* por su fundamento; es *libre* porque el fundamento sólo aporta una certeza moral; y es también *gracia* porque en ella interviene la acción interior del Espíritu, que da un testimonio interior de la Verdad y hace posible un momento personal de certeza absoluta de la verdad de la propia fe.

## 5. *Fe y actitud teológica*

El inicio de la fe cristiana no consiste en un acto de afirmación o confesión de fe. Ese inicio consiste en un acto de aprehensión de la reali-

La credibilidad de la figura de Cristo

dad de Cristo y de reconocimiento de su verdad real, como hemos visto anteriormente. La verdad de la realización humana del Verbo encarnado, que concluye en la Cruz, abre el acceso al contenido del entero acontecimiento de Cristo, desde la filiación divina antes del origen del mundo, pasando por la encarnación y la vida terrena, hasta la glorificación como Señor de todas las cosas.

La confesión de fe es un momento *ulterior* al momento inicial y es inseparable de él. La confesión creyente expresa la dimensión *teologal* de la fe, y da origen a la *actitud teológica*, que pretende constatar y exponer el contenido de la fe. La fe es racional porque tiene un fundamento basado en argumentos racionales; pero es teológica por su contenido, que corresponde al entero acontecimiento de Cristo. El inicio de la expresión teológica cristiana será, precisamente, afirmar la verdad de la condición divina de la figura humana de Jesús, y en concreto, confesar que en la actualidad de la vida de Jesús en el mundo se hace actual no sólo su realidad humana, sino también la realidad divina del Verbo encarnado.

Por tanto, la fe es *racional* por su fundamento y es *teológica* por su contenido, y da origen a la actitud teológica cristiana. La teología *fundamental* debe confirmar la fe personal y mostrar que ha sido posible gracias a la fe de la Iglesia. La teología *dogmática* debe exponer el contenido de la fe con la actitud crítica y la precisión posibles.

### 6. Fe personal y fe de la Iglesia

Hasta este momento hemos considerado la fe cristiana exclusivamente en cuanto proceso personal individual. Ahora bien, la fe personal está referida necesariamente a la fe de la Iglesia. En efecto, la actividad teológica cristiana, que tiene su origen en la opción creyente, debe empezar reconociendo que la fe personal ha sido posible gracias a unas determinadas condiciones que brotan de la vida de fe de la Iglesia. El tema de la teología fundamental es estudiar las condiciones que hacen posible la fe personal.

La primera de las condiciones a considerar es el argumento decisivo que hace razonable la opción creyente: la figura de Cristo, cuyo único acceso posible es la *Escritura*, inspirada por Dios (*Inspiración*) y conservada y transmitida por la Iglesia (*Tradición*). El hombre sólo puede acceder al contenido esencial del cristianismo a través de la Escritura, tal como ha sido transmitida hasta nuestros días.

La fe en la verdad de la figura de Cristo significa reconocer en su realidad histórica la revelación de Dios (*Revelación*). Ahora bien, si Dios ha intervenido verdaderamente en la realidad histórica de Jesús, habrá intervenido también en la transmisión fiel del contenido del acontecimiento de Cristo mediante una asistencia especial a la Iglesia; ello implica la aceptación de la correspondencia fundamental entre la figura de Cristo en la Escritura y la realidad histórica. La transmisión oral y escrita debe haberse desarrollado con la fidelidad suficiente al acontecimiento histórico inicial, y Dios habrá intervenido para que haya sido así. Resulta impensable imaginar que haya sucedido diversamente. Reconocer la verdad de la figura de Cristo implica el reconocimiento de la *inspiración* de la Escritura y de la *asistencia del Espíritu* en su transmisión a lo largo de los siglos.

La fe personal ha de reconocer que la Iglesia, a pesar de sus errores y pecados, ha transmitido con fidelidad el contenido esencial del cristianismo: la figura de Cristo y su entero acontecimiento. Con ello se mantiene viva la posibilidad de la fe cristiana a través de los tiempos.

### Conclusión

El hombre encuentra el Cristianismo como hecho positivo y constata que la figura de Cristo crucificado es la clave de su credibilidad. La figura del crucificado es inseparable de las acciones extraordinarios de Jesús y de su resurrección, pero constituye el argumento decisivo de la credibilidad de la fe cristiana. Muerte y resurrección de Cristo son dos momentos de un único acontecimiento, son inseparables. Precisamente, el mensaje de la resurrección no dice que el crucificado ha sido salvado, sino que el Salvador es el crucificado, que el Verbo encarnado salva al hombre porque ha vivido de veras una vida humana hasta el fin. La fuerza de Verdad de la figura de Cristo en cruz se extiende a su entero acontecimiento y al misterio de Dios, como respuesta al enigma de la realidad y fuente de esperanza en la realización plena y definitiva del hombre. La fe cristiana tiene un fundamento racional, que no proporciona seguridades absolutas, pero que la justifica como opción coherente y razonable. El creyente alcanza la certeza *absoluta* de la verdad de la fe cuando al fundamento racional se une la experiencia interior del Espíritu, que como Espíritu de la Verdad da un testimonio interior a favor de la verdad del acontecimiento de Cristo.

La exposición efectuada hasta este momento, siguiendo el pensamiento de X. Zubiri y J. Monserrat, presenta cosas que tienen una particular novedad, como la filosofía de la realidad (Zubiri) y la fundamentación de la credibilidad de la fe cristiana (Monserrat). Estas cosas indican la necesidad y la posibilidad de un *nuevo paradigma* del pensamiento cristiano, que corresponda a la comprensión actual del mundo y del hombre. Está por ver si la propuesta que surge del pensamiento de Zubiri y de Monserrat, posee una fuerza de convicción suficiente. En todo caso, puede ayudar al cristiano a vivir su fe con convicción en el mundo de hoy.

### Apéndice 3
*Límites en la comprensión de la kénosis.*

Hemos visto que la kénosis de Cristo es un elemento decisivo en la fundamentación racional de la fe cristiana. Pero la comprensión de la kénosis tiene sus límites.

En primer lugar, no es aceptable entender la cruz de Cristo como un modo de humillar la pretensión de la razón humana. Así puede ser entendida la acción de Dios que constituye como Mesías a un crucificado. Sería algo incomprensible, a lo cual la razón se debería someter.[1] En nuestra exposición la cruz de Cristo aparece como el signo racional decisivo de la credibilidad de la fe cristiana. Pero el hecho de que sea algo que desborda el modo humano de pensar no significa que sea *irracional*; al contrario, es el momento de la intervención de Dios que posee más fuerza de verdad: Dios se revela al hombre respetando plenamente su libertad.

---

[1] Cf. R. BULTMANN, *Theologie des Neuen Testaments*, Tubinga 1977, 7ª ed., 300-306.

Tampoco es admisible la comprensión de la kénosis como un "vaciamiento" hasta el extremo de hacer de Cristo un verdadero *pecador*. Sería una interpretación de 2 Co 5,21: Dios "le hizo pecado por nosotros". El tema de Cristo pecador se encuentra en la teología evangélico - luterana. Se habla de pecado en un sentido *forense*, que afectaría a la relación con Dios. M. Lutero dice, hablando de Cristo: "Iram Dei ita sensit, quasi derelictus a Deo esset et pateretur propter iram Dei" (WA 40, III, 716, 1-5), y también: "Sed ista passio etiam declarat certissimo argumento eum esse in odio Dei¡" (716, 29-31). Según el Reformador, la dificultad de la cuestión encontraría una superación en la afirmación: "Simul Christum summe iustum et summe peccatorem" (WA 5, 602, 32; 603, 3).[2]

Ciertamente la expresión: "le hizo pecado por nosotros" (2 Co 5,21) es enigmática en extremo; pero tiene una explicación plausible si se la interpreta juntamente con la afirmación similar en la Carta a los Gálatas, cuando dice que se hizo "maldición por nosotros" (*Ga* 3,13-14). Existe una semejanza en la estructura de ambas expresiones. En un caso Cristo ha sido hecho pecado para que nosotros llegáramos a ser justicia de Dios; en el otro, ha sido hecho maldición para que nosotros poseyéramos "la bendición de Abraham". En el segundo caso el texto contiene una cita del Antiguo Testamento que da la clave para la interpretación correcta; afirma que Cristo ha llegado a ser maldición porque la Escritura dice: "Maldito todo el que está colgado del madero" (*Ga* 3,13, que se refiere a *Dt* 21,23). Por tanto, ha sido hecho maldición porque está colgado del "madero", es decir, de la cruz, y según el Antiguo Testamento quien acaba así es un maldito. Esta explicación la debemos aplicar también al primer caso, aunque no contiene la cita del Antiguo Testamento. Cristo ha pretendido poseer una única igualdad con Dios. Por ello ha sido acusado de blasfemia y condenado. Según el Antiguo Testamento quien pretende ser como Dios y lo condenan por ello, es declarado pecador por la Ley, "ha sido hecho pecado". Pero, en el caso de Cristo, lo que sucede es que la Ley pierde su vigencia, pues Él es el Justo, en quien se cumple lo anunciado en el Antiguo Testamento.

---

[2] Véase sobre el tema: J. M. MILLÁS, *Pecado y existencia cristiana*, Barcelona 1989, 357-362.

La credibilidad de la figura de Cristo

También es problemático decir que para salvar al hombre y como la forma más radical de amor, en la muerte en cruz de Cristo "se realiza ese ponerse Dios contra sí mismo" (*Deus caritas est,* 12). Es desafortunado ver un momento de "ponerse contra sí mismo" en el amor que Dios tiene al hombre (una cosa distinta es correr riesgos mortales por amor).

Resulta ambigua e impenetrable una comprensión de la solidaridad de Jesús con los pecadores que incluiría una separación de Dios y un abandono en la muerte, que habría llevado a tener la experiencia del pecado hasta el punto de experimentar la vivencia del condenado (von Balthasar).

Finalmente, no se puede aceptar la interpretación de la muerte de Cristo como necesaria para dar *satisfacción* a un Dios ofendido.[3] Así se podrían comprender algunas afirmaciones del Nuevo Testamento, como por ejemplo, cuando dice que Dios "entregó a su Hijo" por nosotros (*Rm* 8,32 ; *Jn* 3,16). Tal comprensión significa suponer crueldad en Dios, pues habría dispuesto el sufrimiento de un inocente para compensar la ofensa recibida. Una interpretación correcta ve en la muerte de Cristo la consecuencia de haber asumido de verdad la condición humana y haberla vivido hasta su conclusión sin protegerse con acciones extraordinarias. Cuando el Nuevo Testamento dice que la pasión de Cristo "era necesaria" (cfr *Lc* 24,26s), no hay que entenderlo como una necesidad racional, sino como una referencia a la certeza profética sobre la suerte del Justo, integrado en una humanidad pecadora.

---

[3] Cf. J. Solano, *Sacrae Theologiae Summa III*, Madrid 1961 4ª ed., 277s.

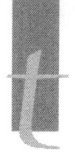

CAPÍTULO 5

## ¿HACIA UN NUEVO PARADIGMA DEL PENSAMIENTO CRISTIANO?

En el capítulo anterior hemos tratado de la credibilidad de la figura de Cristo. Hemos visto que es convincente sin imponer su verdad: no es *impositiva*. Precisamente el momento cumbre de la Revelación en Cristo se cumple en la debilidad de la figura del Crucificado, en la que se concluye la realización humana del Verbo encarnado.

La exposición de la credibilidad de Cristo ha puesto de manifiesto la necesidad de una renovación o cambio en lo que podemos llamar el *paradigma* del pensamiento cristiano. Así lo afirma y justifica Javier Monserrat, miembro del *Seminario Xavier Zubiri*, en su obra *Hacia el Nuevo Concilio*.

Se entiende como *paradigma* el conjunto de elementos conceptuales que ofrecen el marco de referencia en la exposición y desarrollo coherente de un sector del conocimiento científico (HNC 147s). Monserrat aplica el concepto al pensamiento cristiano y dice que uno de los problemas más agudos de la Iglesia católica en el mundo actual es la dependencia de su pensamiento filosófico y teológico de un paradigma que se ha ido formando paulatinamente en el encuentro secular de la fe cristiana con su contexto social y cultural. El ámbito cultural en el que se ha desarrollado el cristianismo ha tenido, durante mucho tiempo, la expresión más razonable y coherente en la filosofía griega: el platonismo y el neoplatonismo, en la época de los Padres de la Iglesia, y el aristotelismo en la Escolástica. Santo Tomás logró un sistema filosófico-teológico incorporando a la teología elementos de la filosofía de Aristóteles, sistema que sigue siendo actualmente una referencia válida (cfr 155-177).

Ahora bien, la permanencia de la síntesis tradicional suscita problemas. En la época actual el conocimiento humano está determinado por la ciencia y tiene una comprensión del mundo y del hombre diversa de la que tenía la filosofía griega. Ciertamente el cristianismo debe mantener con fidelidad su identidad original y salvaguardar los contenidos esenciales de la fe a través de los cambios culturales que inevitablemente acontecen. Pero, ¿es necesario conservar los elementos de la filosofía griega que el pensamiento cristiano ha integrado a lo largo de los siglos, y que hoy están en evidente contraste con la comprensión actual del mundo y del hombre? La síntesis tradicional da seguridad en cuanto ofrece una síntesis de fe y cultura. Pero es una cultura que pertenece al pasado, y los cambios en el modo de pensar y comprender las cosas son tan radicales que resulta inevitable plantearse la conveniencia, o necesidad, de un nuevo paradigma del pensamiento cristiano (cfr 201-215).

Es elocuente y significativo lo que sucedía en un centro eclesiástico de formación filosófica y teológica, poco después de la conclusión del Concilio Vaticano II. Entre los estudiantes más capaces corría el siguiente lema: Si Santo Tomás hizo una síntesis del cristianismo y Aristóteles, ¿por qué no ha de ser posible una síntesis del cristianismo y Marx? Sin duda la alternativa plantea problemas, pero es evidente que aquellos estudiantes, con buena formación humanista, intuían que la síntesis de cristianismo y filosofía griega, propuesta por sus profesores, era algo del pasado y convenía emprender una renovación proponiendo una alternativa adecuada en la época actual.

Juan Pablo II tuvo también una intuición similar a la de aquellos estudiantes. Si bien el Papa manifestó con frecuencia una orientación de acuerdo con la síntesis tradicional, en una carta al director del Observatorio Vaticano, el jesuita John Coyne, dice lo siguiente:

"El hilemorfismo natural de Aristóteles, por ejemplo, fue adoptado por los teólogos medievales para servirse de él en el examen de la naturaleza de los sacramentos y la unión hipostática. Esto no significaba que la Iglesia juzgara la verdad o falsedad de la concepción aristotélica, ya que eso no es incumbencia suya. Significaba que ésta era una de las grandes concepciones ofrecidas por la cultura griega, que necesitaba ser comprendida, tomada en serio y contrastada en cuanto a su valor

## ¿Hacia un nuevo paradigma del pensamiento cristiano?

para iluminar diversas áreas de la teología. Los teólogos podrían preguntarse hoy si, con respecto a la ciencia, la filosofía y otras áreas del conocimiento humano contemporáneas, han llevado ellos a cabo este proceso extraordinariamente difícil con la perfección con que lo hicieron estos maestros medievales". "Del mismo modo que la filosofía aristotélica, por el ministerio de estudiosos de la magnitud de santo Tomás de Aquino, acabó configurando algunas de las más profundas expresiones de la doctrina teológica, ¿acaso no podemos esperar que las ciencias de hoy, junto con todas las formas de conocimiento humano, puedan vigorizar e informar las partes de la empresa teológica que se relacionan con la naturaleza, la humanidad y Dios?"[1] (HNC 221s).

Los estudiantes de aquel centro eclesiástico y la carta de Juan Pablo II tienen en común la convicción de que la síntesis tradicional de cristianismo y filosofía griega resulta hoy insuficiente y piensan en la posibilidad de una alternativa válida para los tiempos actuales.

Es interesante notar otra alternativa que convence hoy a estudiantes de teología: hacer teología "sin filosofía"; bastaría concentrarse en el estudio de la Sagrada Escritura y de los autores cristianos, y prescindir de la filosofía. Pero, ¿es una alternativa adecuada querer proclamar el mensaje cristiano ignorando la comprensión actual del mundo y del hombre? Además, ¿no hay, por lo menos implícitamente, una comprensión del mundo y del hombre en el mismo mensaje cristiano original, surgido en el ámbito cultural hebreo? (207).

El hecho es que el cristianismo ha integrado elementos de la filosofía griega y ha obtenido una síntesis filosófico-teológica vigente hasta nuestros días. Es creciente la conciencia de que es difícil mantenerla. Sin embargo, la síntesis tradicional permanece como la mejor exposición sistemática del pensamiento cristiano, con los conceptos esenciales que constituyen su propio *paradigma*.

En este capítulo exponemos una selección de puntos de la alternativa propuesta por J. Monserrat al paradigma tradicional. Vemos, primero,

---

[1] Carta de Juan Pablo II al p. Coyne, 1° de junio de 1988, en www.vatican.va

elementos de este paradigma y presentamos después los conceptos que pueden contribuir a la formación de un nuevo paradigma. Hay que advertir que el paradigma tradicional no se mantiene de modo homogéneo en el pensamiento cristiano actual. Son numerosos los autores que no lo comparten, aunque no parece que, por el momento, haya aparecido una alternativa adecuada. Estamos de acuerdo con Monserrat cuando observa que la postura oficial de la Iglesia católica corresponde con frecuencia a la síntesis tradicional y a su paradigma (cfr HNC 207-214).

## A. Elementos del paradigma tradicional

### 1. *Inteligencia y fe*

El pensamiento cristiano está convencido desde sus inicios que la inteligencia humana tiene una *autonomía* propia, posee la capacidad de investigar sobre las cuestiones que se le presentan y puede alcanzar resultados que expresan la verdad de las cosas. La inteligencia es un don del creador y una actividad racional recta y justa se orienta hacia la verdad y debe encontrar su plenitud en la Revelación realizada en Cristo. La fe cristiana, por su parte, encuentra la verdad en la adhesión a la proclamación del misterio de Cristo, reconoce la exigencia de llevar una vida de acuerdo con la voluntad de Dios y tiene la esperanza de una salvación definitiva. Con el paso del tiempo, el pensamiento cristiano se ha hecho cada vez más explícitamente consciente de que el Dios revelado en Cristo es el Creador del mundo y del hombre, y de que la capacidad humana de buscar y encontrar la verdad es un don de creación que no ha sido dañado totalmente por el pecado. Los resultados de la actividad de la inteligencia humana pueden ser aceptados por la fe cristiana e integrados en su exposición teológica. Será necesario el discernimiento, pero se deberán reconocer las "semillas de la Palabra divina" en la cultura en la cual el cristianismo se propaga y extiende. Esta idea se encuentra en el apologista San Justino (HNC 156-158; 197).

Pronto aparecieron autores cristianos que manifestaban en sus obras el convencimiento más o menos explícito de que los resultados de la razón y los contenidos de la fe eran compatibles y debía haber una armonía entre ellos. La cultura greco-romana ha representado durante si-

¿Hacia un nuevo paradigma del pensamiento cristiano?

glos el máximo nivel alcanzado por el pensamiento humano e influyó de modos diversos en el pensamiento cristiano, iniciándose el intento de síntesis de elementos de la cultura y de datos de la fe (200).

En los Padres de la Iglesia y en la Teología Escolástica encontramos una exposición de la fe efectuada a partir de una decidida vivencia creyente y, al mismo tiempo, impulsada por la convicción de que lo positivo y auténtico del pensamiento humano está orientado hacia los contenidos de la fe cristiana y encuentra en ellos su plenitud. Por su grandeza como pensadores y como creyentes destacan San Agustín y Santo Tomás. Sus obras ofrecen una exposición de la fe cristiana empleando elementos de la filosofía griega. El valor de esa síntesis es incuestionable y se mantiene con razón hasta nuestros días (160-163; 169-173).

La síntesis tradicional se realizó integrando elementos de la cultura en la exposición de los datos de la fe. Hubo un mutuo influjo entre ellos. Los elementos culturales ayudaron a enriquecer y precisar las expresiones de la fe, y los contenidos de fe completaron y "transformaron" los datos culturales que se integraban en la teología. Un caso significativo es la integración del concepto de *ente*. El concepto es aristotélico, significa "lo que es", y corresponde a una "filosofía primera" según la cual lo primero que se puede decir de las cosas es que *son*, que son *entes*. Santo Tomás incorpora el concepto y le añade algo ajeno a la filosofía griega y propio del pensamiento cristiano: la idea de creación; los entes han sido *creados* por Dios. Por tanto, las cosas son *entes*, tienen ser; pero el ser que tienen es finito, y lleva consigo una referencia constitutiva al Ser infinito creador. Para comprender las cosas con precisión hay que entenderlas como *entes creados* (PFMO 99-105).

Hoy es difícil mantener la concepción del ente creado. Las cosas se comprenden, en primer lugar, como cosas reales, y para reconocer que son creadas se requiere superar la extendida visión agnóstica del mundo. Es preciso, por tanto, afrontar la cuestión de fondo: ¿Es conveniente mantener la síntesis tradicional de datos revelados y elementos de la filosofía griega en un tiempo en el que la comprensión del mundo y del hombre está determinada por los resultados de la ciencia? (HNC 142).

## 2. Una comprensión dualista del mundo y del hombre

La integración de elementos de la filosofía griega ha tenido una consecuencia: ha introducido en el pensamiento cristiano un *dualismo* que "recorre toda la patrística de principio a fin (con pocas excepciones de origen estoico), llega a la escolástica y se prolonga hasta nuestros días" (HNC 200). Algunos casos particulares lo ponen de manifiesto.

Según la síntesis tradicional, los entes están compuestos de *materia* (pura potencia) y *forma* (un determinado grado de perfección de su acto), y han sido creados por Dios "de la nada" (*ex nihilo*). La comprensión de las cosas como compuestas de *materia* y *forma* tiene su origen en la filosofía de Aristóteles y pretende corregir el dualismo radical platónico de las ideas eternas y su participación en el mundo. Sin embargo, el binomio materia-forma conserva un dualismo en las cosas mismas al comprenderlas como situadas entre el *no-ser* o potencia (la materia) y el *ser* o acto (la forma) (cfr 151s). El problema se presenta en teología cuando se afirma que los sacramentos, momentos fundamentales de la vida cristiana, son signos eficaces de la gracia constituidos por elementos que son la *materia* y la *forma*. Ahora bien, estos términos han perdido su significación para la mayoría de los cristianos y no son de ayuda para la teología de los sacramentos. Decir que los elementos esenciales del signo sacramental son la materia y la forma resulta hoy innecesario y difícilmente comprensible; implica, además, un dualismo que no corresponde a la realidad de los sacramentos, que son momentos unitarios de celebración con elementos constitutivos propios.

El dualismo es evidente cuando se entiende que las cosas están constituidas por la *sustancia* y los *accidentes*, siendo la sustancia el sujeto de inhesión de los *accidentes*. Los accidentes son percibidos por los sentidos y sus "representaciones" permiten a la inteligencia conocer la sustancia de las cosas. La sustancia es el sujeto en el cual están insertados los accidentes, que son inherentes a ella.

La concepción de las cosas compuestas de sustancia y accidentes lleva consigo una comprensión dualista del mundo y del hombre. Por un lado habría accidentes (colores, sonidos, aromas…) percibidos por los sentidos, y por otro, estaría la sustancia, conocida por la inteligen-

cia. Ciertamente, los accidentes no se pueden separar de la sustancia. Pero el modo de distinguirlos indica la concepción de dos niveles en las cosas y en el mundo: el ámbito de lo inteligible y el ámbito de lo sensible. Lo sensible sería el término de la actividad de los sentidos y lo inteligible el término de la actividad de la inteligencia. Este modo de pensar ha servido a la teología para conceptuar la "presencia real" de Cristo en el sacramento de la eucaristía. La conceptuación tradicional del misterio consiste en decir que en la transformación eucarística los accidentes permanecen, pero cambia la sustancia. Los sentidos perciben pan, pero la fe cree en la presencia real de la sustancia de Cristo: es la "transustanciación". Este modo tradicional de conceptuar el misterio de fe entra en crisis cuando las cosas no se comprenden compuestas de sustancia y accidentes. Hemos visto anteriormente que, según Zubiri, las cosas reales están constituidas por el sistema de todos sus elementos, con suficiencia constitucional: la cosa real es una *sustantividad*.

El dualismo en la concepción de las cosas corresponde al dualismo en la comprensión de la *inteligencia humana* y de los *sentidos*. La síntesis tradicional tiene la convicción de que la inteligencia del hombre es una facultad diferente de la facultad constituida por los sentidos; se trataría de dos facultades distintas con la correspondiente capacidad de efectuar sus actos propios. Esta comprensión corresponde al convencimiento de que el mundo está compuesto por dos regiones o ámbitos distintos: el sector de lo *inteligible*, objeto de la actividad de la inteligencia, y el sector de lo *sensible*, objeto de la actividad de los sentidos. Evidentemente las dos facultades se comunican, pues los sentidos ofrecen a la inteligencia los datos para su actividad. Pero esta concepción tiene un carácter dualista, pues afirma dos niveles en el hombre: la inteligencia y los sentidos, y afirma también dos "regiones" en el mundo: el ámbito de lo inteligible y el ámbito de lo sensible.

La filosofía zubiriana muestra una comprensión no dualista del hombre y del mundo. En efecto, dice que la inteligencia humana no es una facultad por sí misma, sino la potencia de una única facultad: la *inteligencia sentiente*, que está constituida por dos potencias: la inteligencia y la sensibilidad humanas. De acuerdo con ello, el acto primordial de la inteligencia es la aprehensión de realidad, acto que tiene dos momentos: el sensible y el inteligible, y su término es el conjunto unitario que constituye la cosa real: la realidad sustantiva. De acuerdo con ello, la inteligencia no recibe *de* la sensibilidad los datos para su actividad, pues los encuentra *en* la sensibilidad misma, en la *aprehensión de realidad*. El mundo es el ámbito *unitario* de las cosas reales, que son el término de la actividad de una única facultad humana comprendida también de modo *unitario*: la inteligencia sentiente, compuesta por la inteligencia y la sensibilidad humanas.

La comprensión dualista de la inteligencia y la sensibilidad como dos facultades independientes, corresponde a la *comprensión dualista del hombre*, constituido por el cuerpo material y el alma, sustancia espiritual e inmortal. Hay que advertir que la concepción dualista del hombre es una doctrina común del pensamiento cristiano casi desde el mismo inicio del cristianismo. Ahora bien, esa concepción dualista proviene de la inculturación en la cultura grecorromana, tiene su origen en la incorporación de elementos de la filosofía griega y no es un dato revelado. Se debe incluso reconocer que la visión bíblica del mundo y del hombre está más cerca de la visión *unitaria* actual, determinada por la ciencia, que del dualismo tradicional de inspiración griega.

Un dogma fundamental del cristianismo es la fe en la inmortalidad por la resurrección de los muertos. Otra cosa es la interpretación tradicional de este dogma, inspirada en la filosofía griega, según la cual en la resurrección sucede la resurrección del cuerpo, que debe reunirse con el alma, sustancia espiritual e inmortal, que se separó del cuerpo en la muerte. Esta interpretación tradicional es doctrina común de la teología y del Magisterio (cfr GSp 14). Pero el dato revelado es la *resurrección de los muertos*. Hablar de la *resurrección de los cuerpos* es una interpretación que no es de fe, aunque esté profundamente introducida en el modo cristiano de pensar, tanto teológico como popular. La cosa se hace problemática cuando se interpreta la unión del cuerpo y del alma según el hilemorfismo aristotélico: el alma sería la forma sustancial del hombre, separable del cuerpo por la muerte, y Dios quiere que se reúna con el cuerpo, sustancia material, por la resurrección de los cuerpos.

La comprensión dualista del hombre hace siglos que está profundamente integrada en el pensamiento cristiano, y no es posible demostrar

¿Hacia un nuevo paradigma del pensamiento cristiano?

que sea errónea. Ahora bien, la comprensión actual del hombre es *unitaria*. La realidad humana es *una* sustantividad con dos subsistemas no separables: la psique o alma, y el cuerpo. Así piensa Zubiri, como hemos expuesto en el capítulo segundo; veíamos, también, que él prefiere hablar de psique para evitar las cuestiones que envuelven el término "alma", pues actualmente la distinción material-espiritual es una incógnita: lo que sea la materia resulta enigmático para la investigación científica (HNC 278; cfr 231-240).

Ciertamente, la comprensión unitaria de la realidad humana no posee una certeza absoluta que excluya como errónea la comprensión dualista, inspirada en la filosofía griega. Hoy se es consciente de que los resultados de la actividad racional no poseen una certeza absoluta, pues tienen siempre un carácter provisional y están abiertas a ulteriores profundizaciones. Pero el hecho es que la comprensión unitaria del hombre y la convicción de que el alma humana no es separable del cuerpo, y en la muerte muere el hombre entero, no son cosas que estén en contra del dogma de la inmortalidad por la resurrección de los muertos. Al contrario. En la comprensión unitaria del hombre la fe en el poder de Dios sigue intacta y se mantiene plenamente la vigencia de la afirmación de Jesús en el Evangelio, cuando dice que "llega la hora en que todos los que están en los sepulcros oirán su voz (del Hijo del Hombre) y resucitarán" (*Jn* 5,28s).

Es conveniente insistir en algo decisivo. Lo que acabamos de decir no tiene la pretensión de poseer una certeza absoluta o metafísica. No se puede probar que el dualismo contenido en la síntesis tradicional sea algo erróneo, pero se debe admitir que no es un dato revelado, está lejos de la concepción bíblica del hombre y no corresponde a la comprensión actual de la ciencia. Precisamente otro elemento de la síntesis tradicional, que hoy resulta problemático, es el convencimiento de poseer verdades con una certeza racional absoluta.

### 3. *La certeza absoluta o metafísica*

La tradición filosófica cristiana ha estado convencida de poder obtener conclusiones dotadas de certeza *absoluta* o *metafísica*. En la época actual, en cambio, el modo corriente de pensar es que la actividad racional no proporciona resultados con certezas absolutas; los resultados tendrán una certeza moral, suficiente para actuar razonablemente, pero la pretensión de poseer verdades con una certeza racional absoluta resulta hoy difícilmente sostenible, sobre todo si se trata de las cuestiones "últimas" (HNC 197s). Esto no quiere decir que sea imposible una metafísica o "filosofía primera". Al contrario; es algo conveniente, e incluso necesario. Pero será una metafísica sin "certezas absolutas". A mi juicio, la filosofía de Zubiri es actual porque es consciente de la provisionalidad de sus conclusiones; de hecho, contiene lo que podemos llamar una "metafísica sin certezas metafísicas".

La crítica a la pretensión de poseer certezas *racionales* absolutas no niega la posibilidad del creyente de vivir su fe con una certeza *personal* absoluta. Pero no se tratará de seguridades de carácter racional. La cualidad absoluta de la certeza del creyente proviene de la experiencia espiritual, que completa la fuerza de los argumentos racionales, y permite la vivencia de una certeza plena de la propia fe. Será una certeza vivida a nivel personal, de la cual sólo se podrá dar un testimonio más o menos convincente, sin pretensiones de poseer verdades con una total validez racional.

*4. El teocentrismo*

El convencimiento de poseer verdades con una certeza absoluta se aplica, también, a la cuestión de Dios. En efecto, se afirma que el uso correcto de la inteligencia debe conducir al conocimiento cierto de la existencia de Dios, origen y fundamento del mundo. Se reconoce que Dios es un misterio, pero su existencia puede ser conocida por el hombre con certeza absoluta si hace un uso adecuado de la razón: Las cosas son finitas y en ellas hay una referencia constitutiva al Ser infinito; las cosas son contingentes y están necesariamente referidas al Ser necesario. Se afirma con decisión que el hombre es libre, pero se entiende la libertad como la posibilidad de equivocarse en las opciones. En concreto, el hombre podría poner en duda o negar la existencia de Dios, optando por una comprensión errónea del origen y fundamento del mundo. Este sería el caso del agnóstico o del ateo.

La convicción tradicional de que el uso adecuado de la inteligencia lleva con certeza absoluta al conocimiento de Dios como centro del

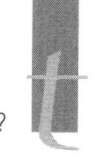

¿Hacia un nuevo paradigma del pensamiento cristiano?

mundo, es el *teocentrismo*, según el cual el hombre está situado en un horizonte que tiene como centro a Dios, cuyo carácter misterioso no se discute. Monserrat lo ha analizado y dice que el teocentrismo es un elemento característico del pensamiento tradicional cristiano, que permanece de alguna manera vigente hasta nuestros días. El autor concluye advirtiendo que desde la perspectiva actual, determinada por la ciencia, se debe admitir que el mundo creado no es teocéntrico, pues no se presenta al hombre como centrado en Dios, que sería su origen y fundamento. El enigma de la realidad se presenta a la razón humana abierto a dos respuestas posibles, que tienen su coherencia respectiva: un mundo sin Dios y la existencia de Dios. Dios como centro del mundo no es algo que se imponga a la razón humana, orientada hacia la verdad. Evidentemente, las dos respuestas no pueden ser ciertas al mismo tiempo. Pero cual sea la verdadera no es algo que se imponga a la actividad racional del hombre. En un primer momento puede parecer más probable la respuesta "mundo sin Dios". Pero el reconocimiento de su silencio en el mundo como la condición de posibilidad de la libertad, hace más razonable la respuesta "existencia de Dios". Hay que advertir que en ningún momento se trata de opciones con certeza absoluta; poseen sólo una certeza moral suficiente, que hace razonable la opción sin excluir la decisión alternativa como falsa (HNC 198).

Notemos que la concepción bíblica no es teocéntrica. Ciertamente la vida del creyente debe estar centrada en Dios, pero la verdad de su existencia no se impone al hombre: es "un Dios escondido" (*Is* 45,15).

5. *La Ley natural*

La síntesis tradicional es *teocéntrica* y tiene el convencimiento de que una búsqueda honrada de la verdad debe conducir a la afirmación de la existencia de Dios con certeza absoluta. Él es el origen y el fundamento del mundo y ha establecido un orden para la justa realización humana. El hombre está orientado hacia el bien y puede conocer el orden querido por Dios, cuya expresión concreta es la *ley natural*. Ésta es entendida como el conjunto de disposiciones y normas, dispuesto por el Creador, que pueden ser conocidas por la razón. La ley natural es el fundamento de la moral y se debe comprender como ley divina porque procede de Dios y expresa su voluntad. El motivo de no reconocerla de modo adecuado sería la ignorancia o el error (HNC 313). El conocimiento de Dios y de la ley natural serían las condiciones adecuadas para "un humanismo real y un orden social bien fundado" (199).

Ahora bien, según lo dicho en el capítulo tercero, el hombre no está situado en un horizonte en el que Dios sea el centro. La condición humana no es teocéntrica. La realidad es *enigmática*, y el enigma tiene dos posibles respuestas: existencia de Dios y mundo sin Dios. Cada una de las respuestas tiene sus argumentos racionales, su coherencia y una actitud existencial correspondiente. El agnóstico ha optado por la solución "mundo sin Dios", y no se puede negar que su actitud existencial está abierta a la ley natural y a sus exigencias éticas. En este caso la ley natural se entiende como proveniente de la estructura de la realidad y de las posibilidades de realización que ofrece al hombre; obviamente, la apropiación de las posibilidades elegidas deberá suceder de acuerdo con una auténtica orientación hacia el bien individual y social (312).

Hemos visto anteriormente que las respuestas al enigma de la realidad *no tienen una certeza absoluta* y, por tanto, la opción por una no excluye la posibilidad de la solución alternativa. En consecuencia, si existen dos respuestas posibles a la cuestión *última* del enigma de la realidad, no es extraño que pueda haber más de una solución posible en las cuestiones *intermedias*, y que las determinaciones concretas del bien, al que el hombre aspira, no se dejen encontrar fácilmente con una absoluta claridad. El hombre está orientado hacia una realización positiva, pero el modo concreto de conseguirlo no se presenta, de hecho, con una diafanidad tal que favorezca fácilmente el consenso. Será inevitable aceptar la existencia de un pluralismo, incluso en cuestiones importantes para la realización individual y social.

Ciertamente, el *cristianismo* tiene una comprensión de la voluntad de Dios obtenida por la Revelación y la razón, que conduce a un conocimiento de las exigencias de la ley natural con una patencia particular. Las determinaciones concretas de la actividad justa del hombre tendrán una claridad suficiente para el creyente, convencido de la verdad de su opción y del carácter universal de las exigencias de la ley natural. Pero no debe sorprender que haya diferencias cuando el punto de partida no es la perspectiva cristiana. Es probable que, en algunos casos, una perspectiva agnóstica no llegue a las mismas conclusiones que la perspectiva cristiana, y aparezca un conflicto entre respuestas diversas a cuestiones éticas. En este caso, el creyente ha de mantener sus convicciones fundándolas en argumentos válidos, sin pretender ser el representante de la única opción justa, y descalificar las otras opciones, como si fueran fruto del error, de la ignorancia o de la falta de honestidad. La lectura cristiana de la ley natural será válida para el cristiano; pero cuando la debe proponer deberá hacerlo mostrando los argumentos que la justifican, sin la pretensión de poseer la única lectura verdadera y aceptando que haya otras posibilidades con su fuerza de convicción (319).

Según la síntesis tradicional, la razón del hombre debería conocer bien las exigencias éticas del orden querido por el Creador. Pero el hecho es que esas exigencias no se presentan con una diafanidad total, como si fueran únicas e inequívocas. En la *modernidad*, determinada por los resultados de la ciencia, no se niega la ley natural, pero se piensa que no es algo inmutable y universal, que pueda ser conocido por todos mediante la actividad de la razón. La época moderna cree que no hay una patencia inequívoca de la Verdad, pues la realidad es enigmática y los resultados de la búsqueda de la razón no tienen una certeza absoluta. La ley natural se comprende como expresión de la integración racional auténtica en la naturaleza, y el esfuerzo por adaptarse a ella (o a las condiciones objetivas de la naturaleza) se funda en la exigencia moral de la autenticidad humana (HNC 316). Ciertamente habrá conclusiones firmes sobre las que se puede llegar a un acuerdo, pero probablemente no habrá consenso sobre la existencia de una "instancia universal, absoluta e inmutable de la ley natural". En la época actual es problemático hablar de una instancia final y segura, *aceptada por todos* (318).

En la *era de la ciencia* aparece una imagen de la realidad como un universo en constante proceso de autoformación, que culmina en la aparición del hombre dotado de libertad. Los científicos, si creen en Dios, están convencidos de que no ha creado una realidad "hecha" y concluida, con unas normas que indicarían con claridad lo que hay que hacer, y que el hombre debería conocer y obedecer. Por la creación existe un mundo en autoformación, en el que el hombre se debe realizar en libertad, reconociendo sus posibilidades y sus límites, y manteniéndose orientado hacia la Verdad y el Bien, en una realidad enigmática, en la que hace la experiencia del silencio del Creador. El orden querido por Dios en el mundo difícilmente tiene su expresión en una ley natural con normas ciertas para todos. Es un orden que no cancela la libertad, sino que exige su ejercicio responsable. "El universo creado no instala al hombre en una 'patencia de la Verdad' que le confiera una seguridad absoluta, sino que le emplaza a encontrar su propia verdad por el uso de la razón". Cumplir la ley natural exige la apertura a una posible novedad en la realidad y el ejercicio responsable de la libertad (320).

Ahora bien, lo dicho no significa necesariamente la instalación en el *relativismo*. El hombre construye su comprensión de la realidad, del hombre y de la sociedad, y se compromete en sus opciones según los resultados de su actividad racional. Hay amplios consensos sociales y convicciones firmes compartidas. Admitir la dimensión enigmática de la realidad y el carácter poco diáfano y "oscuro" de algunas exigencias éticas, no es relativismo, sino el reconocimiento de la precariedad humana y de sus límites (318).

El *cristiano*, por su parte, debe presentar su respuesta a los problemas morales, justificándola con argumentos que puedan convencer a quienes no la comparten (320). Seguramente habrá acuerdo sobre cuestiones fundamentales como la defensa de la vida, el cuidado de las condiciones de vida en el planeta, las exigencias de una convivencia humana justa y pacífica. Pero las últimas concreciones de estos principios probablemente no serán compartidas por todos. En todo caso, la adecuada presentación de la propia comprensión de las exigencias éticas y de la ley natural, será un buen servicio al hombre y a la sociedad, si se hace desde una posición bien razonada y respetuosa de otras maneras de pensar (317).

### 6. *La comprensión teocrática de la autoridad*

Tiene un notable interés notar que el teocentrismo del pensamiento cristiano ha llevado a una comprensión *teocrática* de la sociedad. Dios, centro del mundo, es el origen de la autoridad, a la cual otorga un carácter sagrado. Así se comprendía el poder político cuando se hablaba del Sacro Imperio Romano Germánico. Por la bendición de la Iglesia la autoridad política adquiría un carácter sagrado. Monserrat constata que la comprensión teocrática de la autoridad ha estado presente en el pensamiento cristiano tradicional hasta el extremo de haber proporcionado una justificación religiosa a dictaduras y regímenes autoritarios. Esto se habría completado, a veces, con una colaboración que habría significado un rígido control social, llegando al extremo de exhortar a la sumisión y juzgar negativamente actitudes críticas razonables (cfr HNC 199).

### B. Elementos para un nuevo paradigma

Nuestra propuesta quiere contribuir a la "construcción" de un nuevo paradigma del pensamiento cristiano. Monserrat lo denomina *paradigma de la modernidad* y dice que "ha sido definido como la forma de explicar el *kerigma* cristiano desde la cultura moderna que tiene como ingrediente básico la imagen del universo, de la vida y del hombre, en la Era de la Ciencia y una nueva antropología filosófica" (HNC 419). En esta sección exponemos cosas que son, en parte, una repetición de puntos de la sección anterior y que significan una superación del paradigma tradicional. Añadimos, además, aspectos que lo amplían y completan.

*1. Comprensión unitaria del mundo y del hombre*

Un elemento fundamental del nuevo paradigma debe ser una clara opción por una *comprensión unitaria* del mundo y del hombre. La ciencia tiene actualmente una concepción unitaria del mundo que se extiende de la hipotética explicación del origen del mundo a la posibilidad de la existencia de muchos universos. La hipótesis más probable describe el inicio del mundo como la *explosión inicial* de un paquete de energía. El primer efecto habría sido la transformación de energía en partículas elementales, y la interacción expansiva de energía y partículas habría generado estrellas y galaxias, que actualmente se van distanciando unas de otras a una velocidad creciente. En una de estas galaxias en movimiento hay una estrella, el Sol, con planetas describiendo órbitas en torno a ella; en uno de los planetas, la Tierra, se han producido las condiciones que hacen posible la *vida*: temperatura entre ciertos límites, agua, atmósfera...

Las condiciones físicas de la Tierra han hecho posible que estructuras de partículas elementales: los átomos, hayan formado estructuras de una complejidad creciente: las moléculas. En un momento determinado una compleja molécula se habría convertido en una célula, es decir, un ser vivo elemental con un cierto control sobre el medio y la capacidad de nutrirse y reproducirse. La vida ha empezado siendo vida vegetal para transformarse luego en vida animal, con la pluralidad de especies animales conocidas. El proceso ha tenido el decisivo salto de cualidad con la aparición de la célula humana: el inicio de la *especie humana*. La ciencia explica la aparición del hombre sobre la Tierra por la evolución de las especies; los datos científicos justifican el consenso en este punto. Pero el hecho es que los *saltos de cualidad* que habrían conducido a la aparición del hombre, son un *enigma* para la ciencia; la probabilidad de que hayan sucedido las *síntesis* de elementos que habrían originado los diferentes niveles de vida, es muy reducida, y, sobre todo, el paso de la especie animal más desarrollada a la especie humana, tiene, por el momento, una probabilidad tan pequeña que parece una cosa casi imposible científicamente. Los científicos hablan de un "diseño inteligente" que dirige las transformaciones sucedidas en el mundo. Los creyentes piensan que ha habido intervenciones divinas determinantes del desarrollo del universo. En todo caso, hoy se impone una comprensión unitaria del mundo y del hombre, con una coherencia suficiente, sin certezas absolutas en las cuestiones últimas, y abierta a ulteriores resultados de la ciencia.

El hombre está integrado en una realidad finita y temporal, y lo está como realidad humana. Ahora bien, en cuanto persona el hombre no forma parte de un todo, pues por la inteligencia puede "enfrentarse" a la entera realidad: la persona humana tiene un carácter "absoluto", que Zubiri denomina "relativamente absoluto", porque es algo adquirido por poseer inteligencia y voluntad. El hombre pretende realizarse individual y socialmente, alcanzando una suficiente *justificación* de sus acciones y logrando la *felicidad* posible en la concreta realidad en la que está integrado, consciente de que será una felicidad temporal y frágil.

¿Hacia un nuevo paradigma del pensamiento cristiano?

El hombre de hoy es consciente de que tiene posibilidades, limitadas pero reales, y quiere *apropiárselas* para alcanzar la plenitud posible.

El lector puede pensar que lo que estamos diciendo no mantiene suficientemente la dignidad del hombre. Entendemos, en efecto, que la aparición del hombre en el mundo se debe muy probablemente a la evolución; sólo la realidad humana tiene inteligencia y voluntad, propiedades que emergen en la psique humana, pero que no tienen la sede en una sustancia espiritual e inmortal, creada directamente por Dios, que se uniría al cuerpo desde el inicio de la vida y se separaría de él en la muerte. Según la concepción unitaria, la realidad humana consiste en una sustantividad con cuerpo y alma, que son inseparables. Cuando el hombre muere, muere el hombre entero.

¿Rebaja la dignidad humana la comprensión unitaria del hombre? La comprensión unitaria es ciertamente diferente de la concepción dualista, pero no se puede decir que disminuya la dignidad del hombre. Para un cristiano, lo que dignifica plenamente la realidad humana es el hecho de que el Hijo de Dios la ha asumido verdaderamente cuando se ha encarnado. Pensar que para mantener plenamente la dignidad humana, *además* de la fe en la Encarnación, es necesario seguir afirmando la existencia en el hombre de una sustancia espiritual e inmortal, separable del cuerpo, resulta extraño y sorprendente desde una perspectiva verdaderamente cristiana. Otra cosa sería estar convencido de la verdad de la comprensión dualista del hombre, aunque no sea un dato revelado, no sea verificable y esté lejos del modo actual de pensar. Para el cristiano, el fundamento definitivo de la dignidad humana es el hecho de la Encarnación del Hijo de Dios, que se ha hecho hombre de verdad y tiene el poder de superar la muerte por la resurrección. El creyente lo cree así aunque tenga una comprensión unitaria del mundo y del hombre (cfr HNC 421-423).

2. *El silencio de Dios.*

La realización del hombre en el mundo se encuentra, más tarde o más temprano, con la cuestión del enigma de la realidad: ¿Cuál es su fundamento último? Hemos visto las dos respuestas posibles: existencia de Dios y un mundo sin Dios. El hombre es naturalmente religioso, pero hace la experiencia del *silencio de Dios*, experiencia especialmente dolorosa cuando va acompañada de una vivencia intensa de la indigencia humana. Por causa de este *silencio* puede parecer, en un primer momento, más acertada la respuesta "mundo sin Dios"; pero el reconocimiento de que ese *silencio* es la condición de posibilidad de la *libertad*, hace más razonable la respuesta que afirma la "existencia de Dios", aunque permanezca misteriosamente *escondido* (cfr HNC 423s).

El descubrimiento del sentido del silencio de Dios, significa una decisiva profundización en el conocimiento de la realidad, que llega a su plenitud cuando, en medio del *silencio*, Dios pronuncia su *Palabra* definitiva en la Encarnación de Cristo. En ella se revelan su *amor* y su *fidelidad* (cfr *Jn* 1,14; *Rm* 3,21-26), sin dañar las condiciones de la creación que hacen posible la libertad. El silencio de Dios encuentra en la kénosis de Cristo su impensable y misteriosa plenitud.

### 3. *La certeza moral*

La razón humana no puede resolver las cuestiones últimas: origen del mundo, de la vida, del hombre, con respuestas que posean una certeza racional total y absoluta. En estas cuestiones, los resultados de la actividad de la razón poseerán sólo una *certeza moral*, suficiente para hacer razonable la opción del hombre, pero que no descarta otras respuestas posibles como falsas. Esto quiere decir que no se pueden considerar cosas equivocadas la comprensión dualista del mundo y del hombre, el teocentrismo, la concepción tradicional de la ley natural; y tampoco se puede juzgar como errónea su permanencia en el pensamiento cristiano actual, si bien no se debe olvidar que esas cosas no son datos revelados, que exijan una adhesión de fe. Ahora bien, lo que hemos dicho sobre la *certeza moral* quiere decir, también, que la comprensión unitaria del mundo y del hombre, el enigma de la realidad y las dos respuestas posibles, la afirmación de la existencia de Dios, la concepción no rígida de la ley natural, son cosas que tienen una *certeza suficiente*, y, por tanto, es razonable incorporarlas al pensamiento cristiano como contenidos válidos, pues no se oponen a la Revelación. Además, son cosas que corresponden al modo de pensar de la modernidad (cfr HNC 421; 425s).

Recordemos de nuevo que lo dicho sobre la certeza moral no excluye la posibilidad de vivir la propia fe con una certeza existencial absoluta, pero ésta sólo será verdadera cuando la experiencia espiritual confirme y complete la fuerza de convicción de los argumentos racionales.

### 4. La figura de Cristo

El paradigma tradicional es *teocéntrico*: el hombre está situado en un horizonte centrado en Dios y el uso adecuado de la razón debe llegar a la afirmación de su existencia. Según el teocentrismo, la finitud y la contingencia del mundo tienen una referencia constitutiva hacia el Ser infinito y necesario.

El modo de pensar teocéntrico queda seriamente dañado si se afirma que el enigma de la realidad tiene dos respuestas con coherencia racional propia: existencia de Dios y mundo sin Dios, y se justifica la afirmación diciendo que el Creador no quiere imponer la verdad de su existencia y deja abierta la posibilidad de optar por la *pura mundanidad*. Ésta es la opción del agnóstico, que no niega la existencia de Dios, pero considera muy problemática y no verificable la afirmación de un Ser trascendente situado más allá del mundo: El mundo es el último término de referencia del hombre. Ciertamente esto no carece de problemas, pero las preguntas que quedan abiertas no serían más complejas que las suscitadas por la afirmación de un Ser infinito y trascendente, situado fuera del mundo, que sería la referencia última del hombre. El agnóstico, en efecto, define al cristiano como aquel que tiene "fe en un Dios trascendente" (Tierno-Galván).

La inevitable erosión de la síntesis tradicional y la firmeza del agnóstico, convencido de estar situado en el mundo sin referencias "externas", puede ser un motivo de crisis para el creyente. Pero, al mismo tiempo, esa constatación ofrece una excelente ocasión para percibir con más claridad el decisivo significado de la *figura* de Cristo. El cristiano y el agnóstico viven sumergidos en la experiencia del silencio de Dios. El agnóstico concluye que la realidad mundana es lo último sobre lo que se puede hablar con sentido. El cristiano, por su parte, difícilmente logrará desarrollar un discurso convincente, si lo inicia afirmando su fe en un Dios trascendente.

El creyente debe reconocer hoy que la exposición coherente de lo que cree tiene su punto de partida en la *figura de Cristo*, origen y fundamento de la fe cristiana. Esta *figura* ha sido conservada en los Evangelios y transmitida por la Iglesia. El *Yo* de Cristo es el tema de los Evangelios, dice Zubiri (C 271). Hemos visto anteriormente que, según la filosofía zubiriana del hombre, el *Yo* es la actualidad de la realidad humana, que se concreta en cada instante en una *figura*, definitoria y provisional, que lleva consigo todos los rasgos que han ido dejando las acciones ejecutadas o sufridas por el hombre. La vida humana es un proceso de *configuración* que se concluye con la figura definitoria y definitiva en el momento de la muerte.

Por tanto, decir que el tema de los Evangelios es el Yo de Cristo, significa afirmar que en las narraciones evangélicas encontramos momentos de la *configuración* de Cristo, es decir, momentos de su realización humana en el mundo. La *figura* de Jesús fue reconocida como la figura de un maestro, de un profeta, del Mesías; eran definiciones acertadas, pero su sentido quedaba envuelto en una cierta ambigüedad, sólo superada por la figura definitiva: el crucificado. Cristo fue reconocido como *justo* (*Lc* 23,47), como *Hijo de Dios* (*Mt* 27,54) en el momento de la conclusión en la cruz de su realización en el mundo. Los *signos* que realizó, indicaban que poseía una condición divina y que en Él acontecía la Revelación de Dios. Pero el *gran signo* de la Revelación fue la figura vulnerable del Crucificado, en la que la realidad de Dios se hace actual en el mundo con una fuerza insuperable; pero no se impone y puede ser rechazada: "Baje ahora de la cruz y creeremos en él" (*Mt* 27,42), dijeron algunos testigos de la crucifixión. Pero el mismo Cristo había anunciado que su muerte en cruz sería el signo más potente de su verdad: "Yo, cuando sea levantado de la tierra, atraeré a todos hacia mí" (*Jn* 12,32).

La figura de Cristo crucificado debe ser el punto central de un nuevo paradigma cristiano. Esa figura no pretende imponerse, pero es el signo más potente de la verdad de la Revelación de Dios en la finitud del mundo. La realidad divina se hace actual en la contingencia de la realización humana de Jesús de Nazaret. Uno de sus discípulos, Felipe, quiso ir más allá del maestro y le pidió: "Muéstranos al Padre y nos basta"; pero Jesús respondió: "¿Tanto tiempo hace que estoy con vosotros y no me conoces Felipe? El que me ha visto a mí, ha visto al

Padre" (*Jn* 14,8s). La pregunta por la trascendencia tiene su respuesta en la inmanencia y la finitud del mismo Cristo.

El fundamento firme de la fe cristiana es la *debilidad* del crucificado y no las manifestaciones de poder. La fe en el crucificado es la fe en quien revela el amor del Padre, con el cual constituye una particularidad unidad: "Yo y el Padre somos uno" (*Jn* 10,30); es la fe en quien tiene el poder de curar, de vencer el mal, de perdonar, de resucitar a los muertos, de juzgar al mundo. La fe en el crucificado es la fe en quien posee un poder divino pero no lo ha usado a su favor, sino que ha prescindido de él y se ha realizado de un modo verdaderamente humano hasta el extremo. Si Jesús poseía una condición divina, era obvio que había de resucitar; lo que no es obvio es que, poseyendo la condición divina, fuera juzgado, condenado y muriera crucificado. La cruz de Cristo es el momento insondable e insuperable de Revelación del Dios cristiano. No se trata de glorificar el sufrimiento; Jesús no quería sufrir, sólo quería cumplir la misión encomendada por el Padre: vivir una realización verdaderamente humana en un mundo dañado por el pecado. De lo que se trata es de la Revelación de Dios en Cristo, que acontece sin pretender imponer una superioridad, respetando la libertad del hombre, el máximo don recibido del Creador.

El cristianismo no debe ser teocéntrico, sino *cristocéntrico*. Su centro es la figura del crucificado, comprendida como el único *sacrificio* que supera el pecado y reconcilia con Dios (cfr HNC 424s).

Notemos como conclusión que la *fe* en la fuerza salvadora del *sacrificio* de Cristo (*homologia*) se transforma lógicamente en *acción de gracias* (*eucaristía*), y constituye el contenido esencial de la liturgia cristiana. Ésta no es la conmemoración solemne de un triunfo, sino la *memoria* del sacrificio de Cristo, que se hace actual en la celebración.

# CONCLUSIÓN DE LA PRIMERA PARTE

Podemos resumir la primera parte llamando la atención sobre tres puntos. El primero es la filosofía de Xavier Zubiri como punto de partida en su comprensión de la realidad y del hombre. Destaca en particular el análisis de los actos de la inteligencia y la constatación de su acto primordial: la *aprehensión de realidad*, y de los modos "sucesivos" de actividad de la inteligencia: la actividad afirmativa y la actividad racional. Las afirmaciones, los conceptos y la búsqueda racional, "provienen" y están apoyados en la primordial aprehensión de realidad. La realidad humana se realiza en la religación a la realidad, y esta religación no sólo es experiencia y manifestación; tiene también un carácter enigmático.

El segundo punto a notar es el modo como Javier Monserrat trata la cuestión del enigma de la realidad. Él concluye de modo convincente que en la época de la ciencia la razón humana se encuentra con la posibilidad de dos respuestas. Un *mundo sin Dios* responde al enigma con una coherencia racional suficiente, pero sin certezas absolutas. El reconocimiento del sentido del silencio y del ocultamiento de Dios como condición de posibilidad de la libertad hace convincente la *existencia de un Dios personal* como solución al enigma de la realidad. Pero es una solución cuya certeza es sólo una *certeza moral*. Desde este planteamiento Monserrat se pregunta por la credibilidad de Cristo. La novedad que ofrece es la concluyente afirmación de que el argumento decisivo de credibilidad es la emergencia de la figura de Cristo, en la que se unen los *signos* convincentes de su condición divina y el pleno respeto hacia el don divino de la *libertad* humana. Las dos cosas confluyen en la constitución de la figura del Crucificado. En esa dramática y paradójica figura se percibe una potente fuerza de verdad, se revela el amor de Dios al hombre y se encuentra la auténtica respuesta al enigma de la realidad.

El tercer punto que merece ser subrayado es la llamada de atención de Monserrat sobre la apremiante necesidad de un cambio de paradigma en el pensamiento cristiano. En la segunda parte veremos una serie de temas teológicos que el mismo Zubiri desarrolló aplicando sus conceptos filosóficos. El resultado es una interesante y estimulante propuesta de pensamiento cristiano hecha a partir de un "nuevo paradigma".

# SEGUNDA PARTE
# REALIDAD Y TEOLOGÍA

# INTRODUCCIÓN DE LA SEGUNDA PARTE

Zubiri dijo a Ignacio Ellacuria que sentía más la vocación de teólogo que de filósofo (SS 608s). Ello tiene como una confirmación en el volumen de inéditos publicado en 1997 con el título *El problema teologal del hombre: Cristianismo*. Sus páginas contienen una notable riqueza teológica, y en esta segunda parte pretendemos facilitar el acceso a ella. No hemos incluido la sección sobre la *Evolución del dogma*, y el tema del capítulo *El acceso a Dios en Cristo* está ya tratado en la primera parte. Nos hemos concentrado en los capítulos que tratan de la Trinidad, la Creación, la Encarnación y la Iglesia.

En las páginas de *El problema teologal del hombre* late una tensión que conduce la mente a conceptuar humanamente el misterio de Dios. Es la tarea de la teología; no se trata de explicar el misterio, sino de mostrar, en la medida de lo posible, donde está lo misterioso del misterio (C 397). La teología zubiriana ofrece una guía en la oscuridad del misterio, y lo hace con trazos vigorosos, empleando hasta el límite la capacidad filosófica y poniéndola al servicio de la conceptuación teológica.

Zubiri dirige la atención a la Tradición de la Iglesia, y somete las expresiones teológicas a una crítica rigurosa; se trata de distinguir lo que es dato revelado y lo que son las inevitables adherencias de los contextos culturales que durante siglos han ayudado a expresar los contenidos de fe. Nuestro autor efectúa la delicada operación con lucidez y rigor; después, conceptúa el dato revelado a partir de su propia filosofía. Ésta ha surgido en la época de la ciencia y en diálogo con ella, y no está determinada por el dualismo y el teocentrismo del *paradigma tradicional*. La teología zubiriana es pensamiento cristiano elaborado desde un *nuevo paradigma*. Los resultados obtenidos tienen un carácter sistemático, en el que destacan la fidelidad al dato revelado, la amplitud y profundidad de la visión, y una estimulante y vigorosa novedad en la expresión de los contenidos de la fe. Parece, a veces, que los resultados del enorme esfuerzo filosófico de Zubiri adquieran el pleno sentido aplicados a la expresión teológica de la fe cristiana.

La lectura del volumen de inéditos tiene sus dificultades. El texto corresponde a los manuscritos y grabaciones de cursos y conferencias de Zubiri, dados sobre todo en 1971 (C 10s). No ha sido preparado por el autor para la publicación y abundan las repeticiones y las expresiones propias del lenguaje hablado; a veces, el desarrollo del discurso es excesivamente sintético o carece del conveniente rigor sistemático. Además, las actividades, de las cuales procede el texto, se efectuaron durante el *tercer período* del pensamiento de Zubiri, y es preciso notar que en este período se puede constatar una evolución. Lo ponen de manifiesto expresiones que no corresponden a la plena madurez del pensamiento zubiriano. Ésta debe situarse en *Inteligencia sentiente*, publicada poco antes de su fallecimiento, y en *El hombre y Dios*, obra preparada para la publicación por el mismo Zubiri, por lo menos buena parte de ella. Las dos obras son la fuente adecuada para una correcta interpretación. Dos ejemplos pueden ayudar a comprender la cuestión.

En el texto se encuentra con frecuencia la expresión "ser sustantivo", pero en nuestra exposición escribimos "ser de la sustantividad". El cambio corresponde a la concepción zubiriana a la que se llega al final de la etapa de madurez. Según *Inteligencia sentiente* el ser no tiene sustantividad, pues es el ser de la realidad sustantiva; es su actualidad. No hay "ser substantivo" sino "ser de la substantividad".

Otro ejemplo lo hallamos en la exposición de la vida de Cristo. Zubiri dice que tuvo una realización biográfica, cuyo fundamento fue la realidad como en todos los hombres; y se pregunta por lo que esta *biografía* significó para Cristo. Encontramos la respuesta en las páginas 305-313 de *Cristianismo* (C). Son páginas que resultan de difícil comprensión. A mi juicio, la cuestión se hace más asequible si se tiene en cuenta la concepción madura de la religación del hombre a la realidad en *El hombre y Dios*: la religación es *experiencia, manifestación y enigma* (HD 95-97). Desde este concepto esas páginas de *Cristianismo* resultan

## Introducción de la segunda parte

comprensibles, y se puede interpretar lo que dicen del modo siguiente: la realización biográfica significó para Cristo vivir la religación a la realidad como una *experiencia* Filial, reconociendo la *manifestación* de la voluntad del Padre, y sintiendo la creciente convicción de que en Él se revelaba la respuesta al *enigma* de la realidad.

Las cosas expuestas en esta segunda parte corresponden a un programa casi completo de teología sistemática. Son cosas dichas en la tercera etapa del desarrollo de la filosofía zubiriana. Por ello, tiene interés notar que esos temas están ya presentes, como en germen, en *El ser sobrenatural: Dios y la deificación en la teología paulina*, publicado en *Naturaleza. Historia y Dios*, en 1944. Es un trabajo que corresponde a actividades durante la segunda etapa de su pensamiento, la etapa "ontológica" (NHD 14); se puede constatar el relevante papel que tiene el *ser* en la exposición. En cambio, en *Cristianismo* (C), perteneciente a la etapa "metafísica" (NHD 15), los conceptos filosóficos significativos son la realidad, la actualidad, la verdad real, la autoposesión personal, la realización biográfica del hombre.

Para realizar lo que nos hemos propuesto seguimos el texto del volumen de inéditos, efectuando, cuando es necesario o conveniente, un resumen, un cambio en la redacción, una interpretación, una ampliación. Nuestra intención ha sido siempre doble: facilitar el acceso al contenido del texto y mantenernos con coherencia en la línea del pensamiento de Zubiri.

## CAPÍTULO 6

# EL MISTERIO DE DIOS Y DE SU VIDA TRINITARIA

Al inicio del tema conviene recordar que el Cristianismo es obra de Cristo. La afirmación puede parecer superflua. Pero no lo es si atendemos al modo como la obra fue efectuada. En efecto, la fundación del Cristianismo no consistió primariamente en la comunicación de una enseñanza con la finalidad de que fuera aprendida y aplicada a la vida. Se deben notar las cosas siguientes:

1. La fundación del Cristianismo fue una obra *histórica*, operada real y efectivamente por Cristo (C 89).

2. En la ejecución de esa obra Cristo no sólo hizo cosas; proclamó también una enseñanza. Su obra fue una operación histórica y *doctrinal* que dio inicio a una religión vivida por los que se reunieron y vivieron en torno a Él. Esta convivencia fue tradición viva, histórica y doctrinal. Ella "constituye precisamente la revelación", entendiendo por *revelación* todo aquello que Cristo hace y dice, y que "en una o en otra forma denuncia lo que es Dios" (90).

La revelación tuvo un modo característico de efectuarse. Cristo la obró desde una verdadera condición humana, sin recurrir a teofanías ni a especiales medios extraordinarios; Él realizó su obra viviendo una concreta vida, integrada en la tradición religiosa de Israel, que transcurrió en Belén, Nazaret, Galilea, Jerusalén (90s).

3. La obra de Jesús es histórica y doctrinal, y es una transmisión viva y reveladora de Dios. Además, es una obra que, según el mismo Jesús, había de ser completada por el Espíritu de la Verdad, el Espíritu Santo (cfr *Jn* 16,12-15). Los discípulos no la comprendieron plenamente hasta después de su muerte y resurrección, cuando recibieron la *efusión del Espíritu*. Por tanto, el Cristianismo, obra de Cristo, tiene su origen en lo que Él hizo y vivió, en su enseñanza, y en la efusión del Espíritu Santo (91).

Lo dicho sobre su fundación determina unas características propias del Cristianismo:

1. La primera característica es la *universalidad*. Frente al ámbito de los gentiles, es decir, frente a todo el ámbito religioso no hebreo, el Cristianismo nace en el seno de la religión de Israel con vocación de universalidad. Esto tiene su expresión cuando se renuncia a imponer la circuncisión a los creyentes (92).

2. Además, en el mundo grecorromano contemporáneo había una fuerte especulación sobre la *sabiduría*, considerada una vía de salvación; se pensaba que podía penetrar "los conocimientos superiores a este mundo referentes a la divinidad". Frente a esto el Cristianismo adoptó una posición clara; se afirmó como *obra del Espíritu*, de quien procedía la iluminación sobre la revelación, empezada en el Antiguo Testamento, y concluida y cumplida en el Nuevo. En todo caso, los apóstoles y discípulos continuaron la tradición viva recibida de Cristo, dándole una concreción histórica según la dirección e inspiración del Espíritu Santo. De este modo se inició y extendió "una religión de universalidad". Esa universalidad era histórica, pues estaba dirigida a los hombres concretos que los discípulos iban encontrando, en una dinámica cuyo límite era la entera humanidad. La dinámica consistía en transmitir lo que es Cristo y lo que es su obra, es decir, transmitir una revelación "completa y conclusa" (92s).

Según Zubiri la religión es una configuración de la religación a la realidad, que incluye un modo de entender a Dios y al mundo. El Cristianismo, como toda religión, incluye dos grandes capítulos: uno se refiere al modo creyente de concebir a Dios, a quien predica y revela, y el otro es la posición ante el mundo y su comprensión desde la fe en Dios. Evidentemente se trata de "una teología y una mundología". Nuestro autor empieza por la teología, exponiendo qué es Dios para el Cristianismo. Ello requiere una breve consideración previa sobre la naturaleza del *misterio* y de la *conceptuación* humana del misterio (93).

*El misterio*. Se debe advertir que todo aquello que en última instancia concierne a Dios, "es un misterio absoluto". Ello no quiere decir que se trate de algo impenetrable, como si fuera una especie de vacío

### El misterio de Dios y de su vida trinitaria

oscuro, en el que quien intenta introducirse se pierde. Misterio quiere decir, en primer lugar, todo aquello que está en la mente y en el designio de Dios, y que puede ser revelado al hombre en un momento dado. En este sentido todas las cosas tienen un carácter misterioso, y muy en particular aquellas que atañen a su designio salvador (93).

Pero se puede hablar de misterio en otro sentido. En efecto, es misterio no sólo lo que pertenece al designio de Dios, sino también aquello que *necesariamente* "pertenece al arcano de la voluntad de Dios": es el misterio absoluto. No se trata de algo que es misterio porque atañe al designio de Dios, sino de algo que es misterio en sí mismo, por la índole de su propia realidad. Es lo que corresponde a la pregunta ¿qué es Dios? La pregunta tiene la intención de dirigirse al misterio absoluto, el cual es absoluto en dos sentidos: en primer lugar, por la misma realidad a la que se dirige la pregunta: la realidad de Dios, y, en segundo lugar, porque se trata de algo que la inteligencia humana no puede penetrar de ninguna manera (94).

*La conceptuación.* Lo que acabamos de decir no significa que el misterio sea pura oscuridad. En la realidad física pueden existir focos de energía que son oscuros pero emiten luz. De manera similar, Dios como misterio es lo más oscuro que pueda darse, pero desde su absoluta oscuridad emana una luz que el hombre puede captar, y puede adquirir una claridad con la cual dirigirse y "revertir con más claridad" hacia esa oscura fuente de luz que es el misterio de Dios. "Esa reversión es justamente la conceptuación". El hombre no tiene una visión directa ni una comprensión adecuada de lo que es Dios. "Pero entre una visión y una comprensión exhaustiva hay una cosa distinta, que es la conceptuación". La *conceptuación* es una *vía intelectiva* que no pretende una representación de Dios, pero intenta trazar una senda conceptual que conduzca hacia Él, y pueda ser ratificada cuando acontezca una visión de Dios (94).

Siguiendo la vía de la conceptuación exponemos a continuación la idea de Dios en el Cristianismo. Vemos, en primer lugar, el misterio de Dios en la Revelación cristiana (I): primero en la Escritura (A) y luego en las definiciones dogmáticas (B). El apartado siguiente tratará de la conceptuación humana de este misterio (II).

I. El misterio de Dios en la revelación

A. La comprensión de Dios en la Escritura

El *monoteísmo* del Antiguo Testamento alcanza su madurez en la predicación de Jesús. Según ella Dios es *Padre* de todos los hombres porque es el principio radical de todo lo real. El Nuevo Testamento dice además que Dios tiene un Hijo y que existe un Espíritu Santo, pero nunca afirma que hay un solo Dios y, en Él, tres personas distintas. Tampoco encontramos en el texto neotestamentario el término "persona" ni la afirmación precisa de que el Padre, el Hijo y el Espíritu Santo sean uno, aunque haya indicios de ello (97s).

B. la definición dogmática de lo que es Dios

Zubiri hace una breve síntesis, preferentemente desde la perspectiva de la teología oriental griega, del desarrollo de las definiciones dogmáticas acerca de Dios durante los primeros siglos. En ellas distingue tres etapas o fases. Corresponden a tres conceptos que serán el título de las siguientes secciones: 1. Funcionalidad; 2. Trascendencia; 3. Consustancialidad.

1. *La funcionalidad*

La primera cosa que se debe notar es la decidida comprensión de la finalidad de la revelación, orientada a suscitar y fundamentar la vida religiosa del hombre. No se trata sólo de la comunicación de lo que es Dios independientemente de la vida humana. Pero la revelación quiere también decir lo que Dios es en sí mismo. Desde este punto de vista, se debe admitir que, en una u otra forma, la revelación, en sentido amplio, envuelve al mundo entero, que de alguna manera manifiesta a Dios como origen de todo lo que existe (101s).

Zubiri llama *funcionalidad* a esta primera fase de la revelación porque en ella se pone de manifiesto la *función* de Dios como origen y fundamento del mundo y del hombre. La funcionalidad se concreta cuando se reconoce que el Padre es creador, el Hijo revela y redime, y el Espíritu, enviado como don por el Padre y el Hijo, santifica. El Dios trinitario fundamenta la entera vida religiosa del hombre (102).

El misterio de Dios y de su vida trinitaria

a. *Las dimensiones de la funcionalidad*

La funcionalidad tiene un carácter *individual*. En efecto, el hombre se dirige a Dios en su vida religiosa personal, y lo hace de un modo concreto, cuyo modelo es la oración litúrgica: se ora al Padre, por el Hijo, en el Espíritu Santo. La fórmula se repite frecuentemente en la Liturgia, y debe ser inspiración y guía de la oración del creyente. En la fórmula se pone en evidencia que la funcionalidad es esencial, y sin ella no se entendería la estructura trinitaria de la plegaria cristiana, que se dirige a las personas de la Trinidad y no a la única esencia divina. La intención de corregir una orientación de la teología tradicional es evidente; nos consta la afirmación de un profesor de teología, de formación preconciliar, según la cual el hecho de que Dios fuera trino no tenía ninguna significación para la vida espiritual del cristiano. Hay que admitir, en cambio, que las distintas funciones de las tres personas divinas tiene "este carácter de hacer posible una estructura muy determinada de la vida religiosa" (103).

La funcionalidad tiene también un carácter *histórico*. Se puede considerar que el Antiguo Testamento es el régimen del Padre, que la vida de Cristo es el régimen del Hijo, que la Iglesia es el régimen del Espíritu Santo. Pero esas etapas no se pueden separar. La revelación es una. "En el Espíritu Santo, el Hijo nos lleva al Padre de una manera histórica". Las distintas etapas del monoteísmo cristiano tienen una unidad radical. No se pueden separar y oponer el Antiguo y el Nuevo Testamento como hacía Marción (104).

La funcionalidad tiene, además, un carácter *cósmico*. Zubiri lo reconoce en el complejo texto paulino sobre la creación que "está gimiendo por una transfiguración gloriosa (cfr *Rm* 8,19-22)".

Por tanto, la funcionalidad es esencial, pues atañe y concierne "a la vida religiosa individual, a la estructura de la historia de la revelación y a la estructura misma del Cosmos" (104).

b. *El modalismo y la respuesta de la Iglesia*

El mérito de la teología griega consiste en haber afirmado la triple funcionalidad de la Trinidad: "esto es lo único que está explícitamente revelado en el Nuevo Testamento". Pero la funcionalidad no sólo se refiere a la *función* divina que fundamenta la existencia del mundo y de la vida religiosa humana. La funcionalidad es, también, esencial para la intelección interna de la propia Trinidad (104s).

Por tanto, la funcionalidad es esencial para la existencia del mundo, para la vida religiosa del hombre, y, también, para la intelección de la misma Trinidad. Ahora bien, si hemos de aceptar que es así, entonces es posible deslizarse hasta la excesiva afirmación de que la Trinidad "consiste precisamente en esa dimensión funcional" (105): el Padre, el Hijo y el Espíritu Santo serían las maneras como Dios, la única persona divina, se revela funcionando en el mundo. En esto consiste el *modalismo* de Sabelio: la Trinidad son tres modos de manifestarse del único Dios. Según el modalismo, en Dios hay una sola persona, que es el principio de todo; esta persona es quien padeció en la cruz. Se afirma con decisión que hay un solo Dios, pero se dice que, en Dios, lo que se entiende como las tres personas "son tres relaciones extrínsecas en la creación", son tres *modos* de manifestarse Dios en el mundo. El modalismo se ha llamado también *monarquismo* y *patripasianismo* (106).

La Iglesia rechazó esa interpretación declarando que la Trinidad constituye la índole misma de Dios en cuanto Dios, "independientemente de toda creación" (106).

Ahora bien, esto no impide que "la funcionalidad sea un elemento esencial en la revelación del misterio trinitario y en la acción de la Trinidad misma". Según la teología griega, la Trinidad no consiste en funcionalidad pero es funcional. En la teología latina, en cambio, la funcionalidad aparece como un apéndice que trata de las "apropiaciones" y "misiones" de las personas divinas. Ahora bien, el hecho de que alguna función corresponda a las tres personas divinas, no significa que Dios actúe "fuera de la Trinidad" como si no fuera trinitario. Zubiri observa que se puede llegar al extremo de considerar a la naturaleza divina como creadora, en el sentido de que la creación sería un acto de Dios; Dios es ciertamente trinitario, pero su acto creador no tendría nada que ver con su ser trinitario; la creación sería un efecto del Dios uno. Pero "esto es absurdo", concluye nuestro autor, y añade: "Dios no deja de funcionar como trino en ningún caso". Una cosa es que las tres personas divinas intervengan en la creación, y otra que no tenga cada una funciones diferentes y específicas que cumplir en la misma creación (107).

El misterio de Dios y de su vida trinitaria

2. *La trascendencia*

El misterio trinitario es funcional, pero no consiste en funcionalidad como pretendía el *modalismo*. Ello se pone de manifiesto en un segundo concepto, la *trascendencia*. La Trinidad no son sólo modos de la manifestación de Dios, pues la Trinidad misma es *trascendente* y anterior a la creación. Se debe notar lo siguiente (107):

a. La Trinidad es anterior al tiempo por ser anterior a la creación (DS 150).

b. La anterioridad pretemporal (ser anterior al tiempo) es propia de los tres términos: del Padre, del Hijo, del Espíritu Santo. Por tanto, las posibles alusiones a una estructura trinitaria, que se encuentran en el Antiguo Testamento, como, por ejemplo, el tema de la Sabiduría, se deben entender desde una concepción de la trascendencia que está más allá de cualquier funcionalidad. El Prólogo del Evangelio de Juan habla de la Palabra, del Logos. Cualquiera que sea el origen del término, según el Evangelio esa Palabra revela a Dios, pero ella misma es trascendente, anterior a todo tiempo y a toda creación. No se dice nada sobre la estructura de la Trinidad, pero se afirma la trascendencia de la Palabra, del Logos. La figura del Hijo del Hombre, que aparece en *Dn* 7,13, pertenece también a ese ámbito trascendente, al cual aluden los temas veterotestamentarios de la Sabiduría y del Espíritu (108s).

c. Los tres términos: Padre, Hijo y Espíritu Santo, pertenecen a un orden trascendente, pero entre ellos hay una interna estructuración. No están simplemente yuxtapuestos. Ahora bien, esto ha sido precisamente el motivo de grandes dificultades, sobre todo, teniendo en cuenta que Cristo dice: "El Padre es mayor que yo" (*Jn* 14,28). La misteriosa afirmación ha llevado a considerar al Hijo como un Dios fundado en el Padre, como un "segundo Dios" (Orígenes). Éste fue el exceso del *subordinacionismo* (109). La afirmación se interpretó también considerando al Hijo como engendrado antes de la creación pero no desde toda la eternidad de Dios; el Hijo no sería temporal como la creación, pero tampoco poseería la plena eternidad divina; su existencia habría tenido un inicio "anterior a la realidad temporal del mundo" (110).

Zubiri alude a afirmaciones de los primeros autores cristianos, en las que se refleja la complejidad de la cuestión. A veces no aparece con claridad suficiente la distinción entre el Espíritu que es enviado, y el Padre y el Hijo que lo envían (Atenágoras). En todo caso, lo decisivo es que el Padre, el Hijo y el Espíritu superan la funcionalidad que hemos visto, pues pertenecen a un orden trascendente, que es divino. Pero, a veces, no resulta evidente que este orden trascendente y divino se identifique claramente con Dios (110).

En esta cuestión es esencial distinguir las dos fases o estadios: la funcionalidad y la trascendencia. Son estadios distintos. Pero un estadio: la *trascendencia* divina, *fundamenta* al otro estadio: la *funcionalidad* de los tres términos en Dios. La trascendencia fundamenta la función que tienen el Padre, el Hijo y el Espíritu Santo como origen y apoyo de la vida religiosa del hombre.

Los autores cristianos hablan también de un *tiempo intermedio* entre el tiempo histórico de la creación y la eternidad de Dios. En el tiempo intermedio habría sido creado el hombre-Dios, el cual no habría poseído un cuerpo y un alma humanos antes de la historia (afirmar la preexistencia del alma sería el *origenismo* condenado por la Iglesia) (111).

*El arrianismo.* Ciertamente, los tres términos de la Trinidad se deben integrar en la trascendencia del orden divino. En esa integración no se elimina la funcionalidad sino que queda absorbida en la trascendencia. Ahora bien, "cabía el error de pensar que la Trinidad consistiera precisamente en la trascendencia. Esto fue justamente lo inadmisible: fue la obra de Arrio". Si para el modalismo la Trinidad consistía en funcionalidad, es decir, en tres funciones distintas, para el *arrianismo* la Trinidad consistía simplemente en trascendencia (112).

Según Arrio, el Verbo procede del Padre por creación; ha sido creado antes de la creación del mundo y del tiempo, y tiene, por tanto, una trascendencia "en una especie de duración eterna; el Verbo es intermediario entre Dios y la creación, y es Dios por gracia, no por naturaleza". Una cosa similar ocurriría con el Espíritu Santo. Los *pneumatómacos* o *macedonios* afirmaban que el Espíritu, perteneciente a un orden trascendente, era como un ángel revelador de Dios, y nada más. Por tanto, la trascendencia de la Trinidad se consideraba como trascendencia respecto del mundo, pero no como trascendencia respecto de toda la creación. Existía Dios y existían dos realidades intermedias *creadas*: el Verbo y el Espíritu, situadas entre Dios y el mundo.

La Iglesia rechazó esta interpretación en el concilio de Nicea y en el primer concilio de Constantinopla, afirmando que "la Trinidad es trascendente a *toda* posible creación". En la Trinidad no acontece "causación" sino "procesión". La Trinidad es constitutiva de Dios en cuanto tal (113).

### 3. *La consustancialidad*

La dimensión de la trascendencia es el fundamento de la funcionalidad. El orden divino trascendente es el fundamento de la revelación que hace posible la vida religiosa del hombre, y, muy en particular, es el fundamento de la revelación de Cristo y de todo el Nuevo Testamento. La adhesión de los discípulos a Cristo incluía necesariamente la fe en su condición divina, por la cual pertenecía al ámbito trascendente y preexistente de Dios. Esa *trascendencia* era el fundamento de la *funcionalidad* que hacia posible la vida cristiana de los discípulos. Ahora bien, para entender de modo adecuado la trascendencia no es suficiente comprenderla como un orden divino al que pertenecen el Verbo y el Espíritu Santo. Se requiere, además, reconocer que el Verbo y el Espíritu pertenecen a "la estructura misma de Dios en cuanto tal" (114).

Zubiri precisa el concepto de trascendencia empleando un término del concilio de Nicea. Dice, en efecto, que no se trata sólo y simplemente de trascendencia, sino de una trascendencia en la que se cumple, también, la *consustancialidad*: el Hijo, "engendrado y no creado, es consustancial al Padre", declara Nicea. Por tanto, en la Trinidad no hay ningún tipo de creación; hay sólo "una misteriosa referencia de Dios a sí mismo". Los tres términos, Padre, Hijo, Espíritu Santo, se distinguen realmente, "pero los tres son necesariamente idénticos en *ousia*" (sustancia). Ésta es la afirmación de san Atanasio y del concilio de Nicea (115).

De ello se debe concluir que el tercer concepto: la *consustancialidad*, es el fundamento último del segundo concepto: la *trascendencia*. La consustancialidad "es el punto preciso y formal del misterio trinitario", el misterio de los misterios "porque es el misterio de la realidad misma de Dios en cuanto Dios" (115). Por consiguiente, el Verbo y el Espíritu pertenecen al orden divino trascendente por consustancialidad. Y Zubiri concluye: "La funcionalidad se funda en la trascendencia y la trascendencia se funda en la consustancialidad" (116).

La definición del dogma trinitario incluye los siguientes puntos: 1. La distinción real y no meramente funcional del Padre, del Hijo y del Espíritu Santo; 2. La perfecta unidad entre ellos, pues los tres poseen la única naturaleza divina: son consustanciales; 3. El Padre "engendra" al Hijo, y ambos "espiran" al Espíritu Santo; son "procesiones" y no producciones causales; 4. Por todo ello los tres términos constituyen no una triplicidad, sino la Trinidad de un solo Dios (116).

Con el término *consustancial* el concilio de Nicea precisó la naturaleza de la *trascendencia* del Padre, del Hijo y del Espíritu Santo, que constituyen la Trinidad. El término no se encuentra en el Nuevo Testamento, pero fue un instrumento muy útil, tomado del contexto cultural y filosófico, que permitió precisar la expresión de determinados contenidos de la fe y superar el arrianismo.

Zubiri se detiene en la constatación de tres cuestiones que surgen de una atenta consideración de la definición del dogma trinitario:

a. El texto revelado no dice que el Padre, el Hijo y el Espíritu Santo sean "personas". Tampoco Nicea lo dice. Y podemos preguntarnos: ¿Debía decirlo? Probablemente no, pues el objeto del concilio era "justamente precisar los límites y el carácter de la revelación de la que vive la humanidad". Algunas expresiones de contenidos de la fe eran fuertemente problemáticas, y el concilio se propuso corregirlas, alcanzando la precisión suficiente con la afirmación de la consustancialidad. Sin embargo, esto no impide que la teología pueda afrontar la cuestión del carácter personal de los términos en la Trinidad (117).

b. Nicea emplea el término "consustancial", que significa "poseer la misma sustancia". "Sustancia" y "consustancial" no se encuentran en el Nuevo Testamento; son términos que dependen de un concreto contexto cultural. Arrio decía que en Dios hay distintas sustancias (*ousiai*). Nicea declara que no hay más que una. Pero esto no significa canonizar el concepto de sustancia, dice Zubiri. Según él, el significado de la afirmación conciliar es el siguiente: si se pregunta *qué* son el Padre, el Hijo y el Espíritu Santo, hay que responder que *son una sola cosa*: Dios; si se pregunta *quién* es Dios, hay que responder que *son tres*: el Padre, el Hijo y el Espíritu Santo. Esto sería el significado preciso de la declaración de Nicea (117s).

El misterio de Dios y de su vida trinitaria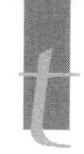

c. La tercera cuestión corresponde a la afirmación de Nicea de que el Verbo ha sido engendrado y no creado. El término "engendrado" tiene un sentido muy claro aplicado a Cristo, el Verbo encarnado; a Él se refiere el término en el Nuevo Testamento, donde "engendrado" se refiere a la generación temporal (118). La cuestión es si el Verbo, antes de la generación temporal, es Hijo de un Dios que es formalmente Padre independientemente de toda generación temporal. Zubiri recuerda que "la procesión eterna del Verbo es un dogma de fe" (119). Pero observa que partiendo de la declaración de Nicea es una cuestión abierta que la procesión del Verbo sea formalmente generación, "independientemente de toda generación temporal".

Por tanto, partiendo de las afirmaciones de Nicea, Zubiri llama la atención sobre tres cuestiones: el *carácter personal* del Padre, del Hijo y del Espíritu Santo; la *sustancia* que comparten como consustanciales; la *generación* del Verbo. Nicea afrontó la problemática del momento y logró una respuesta satisfactoria afirmando la generación y la consustancialidad del Hijo. Queda abierta la cuestión que constituye un problema vivo: "¿Cuál es la estructura interna de esta trinitariedad de la realidad divina?" (119). Es el tema del apartado siguiente.

II. La conceptuación del misterio

Al inicio de este apartado conviene recordar el principio zubiriano de que la teología no pretende "explicar" el misterio del que trata sino conceptuarlo en la medida de lo posible y de la manera más adecuada.

El misterio de la Trinidad es el más radical y absoluto de los misterios. Para conceptuarlo teológicamente Zubiri parte de su filosofía de la realidad, y en particular, de los conceptos de persona, actualidad y verdad real. No pretende hacer inteligible el misterio, pero está convencido de que la aplicación de sus conceptos lo hace más accesible (C 121). Vemos, en primer lugar, el *carácter personal* de la realidad del Padre, del Hijo y del Espíritu Santo, y a continuación, la cuestión de las *procesiones* en la Trinidad y la *vida* en el Dios trinitario.

## A. Las tres *personas* divinas

Estamos acostumbrados a decir que en Dios hay *tres personas*: el Padre, el Hijo y el Espíritu Santo. Pero surge inmediatamente un problema. Normalmente pensamos que una persona esta dotada de inteligencia y voluntad, y tiene una libertad y una responsabilidad propias. Si aplicamos esta comprensión de la persona a las personas divinas, aparece una especie de "triteismo" que no corresponde a la fe cristiana.

En la historia de la teología la persona ha sido comprendida como *subsistencia*. Este es el caso en el Concilio de Calcedonia cuando se afirma que en Cristo hay una *subsistencia* (*hypostasis*) y dos naturalezas, y la teología posterior ha considerado la expresión equivalente a "una persona y dos naturalezas". A pesar de alguna resistencia, como la de San Agustín, la cosa normal ha sido identificar la *subsistencia* y la *persona*.

Zubiri dice que tal identificación no es conveniente, pues hablar de tres *subsistencias* en referencia a las tres personas de la Trinidad no sólo no ayuda, sino que complica la cuestión. Él está convencido de que su concepto de persona quizá no sea más claro que el concepto de subsistencia, pero piensa que, probablemente, "es menos oscuro" (C 122-124).

### 1. *La filosofía de la persona y su aplicación a Dios*

En el capítulo segundo hemos visto que el hombre está abierto a su propia realidad sustantiva por su inteligencia y su voluntad; por ello su realidad es *suya*, le pertenece. Pero el hombre no sólo posee la propia realidad, sino que, además, se autoposee, es suyo, y este momento de autoposesión constituye el ser persona. El hombre es persona por el momento constitutivo de *autoposesión personal*, autoposesión denominada por nuestro autor con un término que él mismo reconoce que es "un poco brutal": la *suidad* (123). La *suidad* designa la autoposesión constitutiva del hombre: su ser *suyo*, por lo cual es persona.

El momento constitutivo de autoposesión tiene un aspecto *relativo*, pues se va consiguiendo gracias a las propiedades de la realidad humana: la inteligencia y la voluntad. El hombre es persona porque su realidad sustantiva tiene inteligencia y voluntad, y por poseer esas propiedades tiene el momento de autoposesión personal, "se pertenece a sí mismo: es *suidad*".

Zubiri reconoce que su concepto de persona quizá no sea más claro que los conceptos tradicionales, pero está convencido de que "es menos oscuro" (123s).

*a. El concepto de suidad, o de autoposesión personal*

Para emplear correctamente el concepto zubiriano de *suidad*, o *autoposesión personal*, es conveniente recordar cosas expuestas en el capítulo segundo. Veíamos allí que el término *suidad* denomina la autoposesión propia del hombre por la cual es *persona*, pero entendida como *personeidad*. Otra cosa son las concreciones que esta personeidad tiene en cada momento, que constituyen la *personalidad*: "las modulaciones concretas que esta personeidad va adquiriendo es a lo que llamamos *personalidad*". Pues bien, por la *personeidad* hay que decir que el hombre "es siempre el mismo"; pero por las concreciones, que varían constantemente, el hombre "nunca es lo mismo". "La personeidad es la forma de realidad; la personalidad es la figura según la cual la forma de realidad se va configurando en sus actos". Por la *personalidad* la persona se va *configurando* en un proceso que no se detiene y dura desde el inicio de la vida hasta la muerte. Por tanto, si el hombre es siempre el mismo por su personeidad, por su personalidad nunca es lo mismo (HD 49-51).

Nuestro autor advierte que las cosas que dice sobre la persona como autoposesión personal o *suidad*, y como personalidad, tienen un sentido estrictamente metafísico (C 124).

*b. La suidad, o autoposesión personal, aplicada a Dios*

Cuando Zubiri aplica el concepto de *suidad* a Dios hace una distinción fundamental. Dice que el hombre es persona porque tiene inteligencia y voluntad. En cambio, Dios posee inteligencia y voluntad porque es persona, porque se autoposee y tiene *suidad*. Dicho de otra manera, el carácter personal del hombre proviene de la riqueza de su realidad que tiene inteligencia y voluntad. La realidad divina, en cambio, tiene inteligencia y voluntad porque es la realidad de un Dios personal, que, en concreto e "inicialmente", es la realidad de la persona del Padre. En Dios el principio absoluto es la persona del Padre: "la suidad del Padre constituye la realidad inteligente y volente" de Dios (C 131).

Por tanto, en Dios es *prioritario* el carácter personal respecto de la realidad, y, por consiguiente, si se dice que el hombre es persona porque tiene inteligencia y voluntad, se debe decir que Dios tiene inteligencia y voluntad porque es persona. En consecuencia, si se dice que el hombre *siempre es el mismo* (por su personeidad) pero *nunca es lo mismo* (por las concreciones de su personalidad), se debería afirmar que Dios *siempre es lo mismo* pero *nunca es el mismo*: Dios nunca es *el mismo* porque *como persona* siempre es tres veces distinto, pero, por su realidad, Dios permanece *siempre lo mismo*: la realidad divina es siempre idéntica, en ella no hay ni las *concreciones* de la personalidad, ni las *figuras* del proceso de configuración, que son propias de la realidad humana (C 139).

En resumen, la autoposesión personal del hombre es *consecutiva* al hecho de que su realidad posee inteligencia y voluntad. En cambio, en Dios la autoposesión personal, la *suidad*, "es *formalmente idéntica* a aquello que es Dios", a la realidad de Dios (124). Esta *identidad* de persona y realidad requiere una clarificación.

### c. Persona y realidad en Dios

Ante todo hay que notar que Zubiri usa indistintamente los términos esencia y realidad tratando del carácter personal de Dios; cuando habla de la identidad de *suidad* (autoposesión personal) y esencia en Dios, se ha de entender la *identidad* de persona y realidad. Ahora bien, tanto en el hombre como en Dios hay que reconocer una *distinción* entre el momento de autoposesión de la propia realidad y la realidad misma; hay una distinción, pero el momento de autoposesión personal de la realidad *no añade nada* a la realidad poseída, no le proporciona ningún elemento o cualidad.

En el hombre la autoposesión personal es *consecutiva* a su realidad; el hombre es persona porque su realidad tiene inteligencia y voluntad. En cambio, en Dios la autoposesión personal (la *suidad*) es *idéntica* a su realidad divina, no es consecutiva a ella. Es más, Zubiri completa la idea diciendo que en Dios el momento de autoposesión personal no sólo no es *consecutivo* a la realidad divina, sino que es *prioritario* a ella. Se puede hablar de *identidad* entre persona y realidad en Dios, pero reconociendo una *prioridad* de la persona sobre la realidad.

El misterio de Dios y de su vida trinitaria

**2. El punto de partida en la teología de la Trinidad**

Zubiri inicia su exposición sobre la Trinidad afirmando que la raíz del misterio de Dios consiste en "una identidad entre la suidad y la esencia" (124), pero añade, acto seguido, que "la primacía radical es de la suidad": en Dios *lo primario* es el momento de autoposesión personal. De acuerdo con ello, la conceptuación del misterio de la realidad divina debe partir de lo primario en Dios, que es la *suidad*, la autoposesión personal, la persona. El punto de partida no debe ser la esencia. Nuestro autor parte de la persona. La teología tradicional, en cambio, ha partido de la esencia.

Se debe advertir que el punto de partida es decisivo y determina el desarrollo del discurso. Si se parte de la esencia se parte de la unidad radical en Dios; después hay que conceptuar el dato revelado de la trinidad de personas. En cambio, si el punto de partida de la conceptuación teológica es la *suidad*, es decir, la persona, se parte de la *distinción* de personas, que son efectivamente distintas porque cada una tiene un propio carácter personal. A continuación hay que conceptuar la radical unidad que hay entre las personas, porque las tres poseen la *única* esencia o realidad divina. Zubiri está convencido de que hay que dar prioridad metafísica y teológica a la autoposesión personal, a la *suidad*, por la cual las tres personas divinas son *distintas*.

La teología tradicional, fundándose en el dato revelado, afirma que entre las personas divinas hay *procesiones*. ¿En qué consiste la procesión de persona a persona en la Trinidad?

**B. La *procesión* de persona a persona en la Trinidad**

Según la teología cristiana en Dios hay tres personas: el Padre, el Hijo, el Espíritu Santo. El Hijo procede del Padre y el Espíritu Santo procede del Padre y del Hijo. ¿Qué significa procesión y proceder en la teología de la Trinidad?

Para responder a la pregunta es necesario empezar determinando el significado que tiene la palabra *procesión* cuando se refiere al hecho de que una cosa procede de otra en las realidades finitas. Decimos que una cosa procede de otra, cuando ésta ha efectuado la operación de producir algo. Si esto sucede, afirmamos que se ha ejecutado una acción y se ha producido un efecto, que *procede* del agente de la acción.

Ahora bien, no se puede aplicar a Dios el concepto de *procesión* como "producción de algo", es decir, como la acción que produce un efecto en las realidades finitas: "Dios no ejecuta acciones" (126). El concepto de procesión como producción de algo se debe superar, reconociendo el *carácter constitutivamente activo* de la realidad en cuanto tal.

*La actividad de la realidad como un "dar de sí"*

La realidad, por el hecho de ser real, posee una actividad constitutiva que no es necesariamente una realización de algo o la acción de producirlo; la realidad, por el hecho de ser real, puede ser activa en sí misma y por sí misma; la realidad es constitutivamente activa, y esta actividad no consiste necesariamente en acciones "ulteriores" a la realidad, que por esas acciones produciría algo. La comprensión de la actividad de la realidad como constitutiva significa que "la actividad no es una operación" (126). ¿Cómo podemos denominar a esta actividad? Según Zubiri, a la actividad constitutiva de la realidad se la puede llamar un *"dar de sí"*, es decir, una actividad que proviene de la misma realidad activa. El *dar de sí* no es algo ulterior a la realidad que *da de sí*, pues es un modo activo propio de la realidad por ser real: es "la plenitud de aquello que constituye esa misma realidad". Según esta comprensión de la actividad de la realidad, "la actividad no es un momento consecutivo a la realidad, sino algo formalmente constitutivo de la realidad en cuanto tal" (127). Este debe ser el *punto de partida* filosófico para conceptuar teológicamente las *procesiones* en el seno de Dios.

La vida de Dios, simple e inmutable, posee una unidad que no es una unidad matemática, sino "la unidad y simplicidad insondables de una actividad real y efectiva. Es la propia actividad divina, que no está integrada por operaciones que 'ejecuta', sino que es la plenitud infinita de la realidad que formalmente es en tanto que en y por sí misma es activa" (127). Las personas divinas son formalmente *autoposesión constitutiva* o *suidad*, y la *procesión* de una persona a otra, por la que una persona está fundada en otra, se debe a la actividad constitutiva de la realidad divina como un *dar de sí*, es decir, como una actividad personal que origina a otra persona.

Ahora bien, las procesiones en la Trinidad no se suceden simplemente una a otra. Entre ellas hay una estructura: la *estructura procesual* de las *procesiones* y de las personas en la Trinidad (127).

### C. La *estructura procesual* en la realidad de Dios

Las tres personas divinas son distintas entre sí. Pero consideradas en su entera realidad "no son tres personas realmente distintas en todas sus dimensiones". Afirmar una distinción total entre ellas, en todas sus dimensiones, sería aceptar que hay tres dioses. Hemos visto anteriormente que el carácter personal de las personas en la Trinidad consiste en el momento de autoposesión constitutiva, en la *suidad*; el Padre, el Hijo y el Espíritu Santo tienen respectivamente una autoposesión que constituye el propio carácter personal. Por tanto, en el único Dios hay tres momentos de autoposesión personal, que no sólo son distintos, sino que, además, son *modos* distintos de autoposesión, modos distintos de suidad: el Padre no es *suyo* de la misma manera que es *suyo* el Hijo, ni de la misma manera que es *suyo* el Espíritu Santo. En cada una de las personas divinas se realiza un modo distinto de autoposesión personal (128).

#### 1. *El punto de partida*

La teología tradicional, al tratar de la Trinidad, ha partido de la esencia divina y se ha preguntado luego cómo en esta única esencia hay tres personas distintas. Zubiri se decide por un punto de partida diverso, que considera más cercano al texto revelado. En su exposición parte del Padre como principio de la Trinidad, pues está convencido de que para conceptuar el misterio de las *procesiones* de persona a persona en la Trinidad, hay que partir del Padre y no de la esencia divina.

La realidad de Dios, realidad absolutamente absoluta, se autoposee, tiene *suidad*, y "por la fe sabemos que esta *suidad* es *formalmente* paternidad": es la persona del Padre. El Padre constituye el monoteísmo cristiano: Dios Padre es el "principio uno y único de la Trinidad toda y del mundo" (129).

Ahora bien, según la filosofía zubiriana, si la realidad tiene el momento de autoposesión personal, es decir, si tiene suidad, debe poseer inteligencia y voluntad. El hombre es persona y tiene el momento de autoposesión porque su realidad posee inteligencia y voluntad. Lo mismo debe decirse en el caso de Dios, pero con una diferencia fundamental: la realidad del hombre es personal *porque tiene inteligencia y voluntad*, la realidad de Dios tiene inteligencia y voluntad *porque es realidad personal*. En Dios lo radical es el carácter personal. En Dios el momento de autoposesión primario y original es la persona del Padre, cuya autoposesión tiene primacía respecto a la inteligencia y la voluntad que posee; éstas son como el resultado de la autoposesión personal (129).

La respuesta a dos preguntas puede ser una ayuda en este intento de conceptuar el misterio de Dios. Si preguntamos: *¿quién* es la realidad de Dios? hemos de responder: la persona o autoposesión del Padre; si preguntamos: *¿qué* es el Padre? hemos de responder: la realidad divina con inteligencia y voluntad (130).

Por tanto, la realidad de Dios es *personal*, porque el Padre es la *autoposesión personal* de la realidad divina, y es *real*, porque es una *realidad* con inteligencia y voluntad. Ahora bien, la realidad divina está *abierta* en dos sentidos: en sentido *personal* y en sentido *real*.

La apertura en sentido *personal* significa que el momento de autoposesión del Padre está abierto a originar, o *dar de sí*, el momento de autoposesión personal del Hijo (130). La apertura en sentido *real* significa que la realidad divina está abierta a sí misma por el hecho de poseer inteligencia, es decir, adquiere actualidad en su propia inteligencia. En el caso de Dios, la apertura de su realidad a sí misma, por poseer inteligencia, quiere decir que la realidad del Padre está actualizada en su inteligencia como una realidad *absolutamente suya*, "que es fuente y principio de sí misma", y que, además, "es fuente y principio del Hijo y de la vida trinitaria" (131).

2. *La verdad de la realidad divina*

a. *La concepción zubiriana de la "verdad real"*

Lo propio y primario de la actividad de la inteligencia es la aprehensión de la realidad que se actualiza en la inteligencia sentiente. La actualidad es *anterior* a las *representaciones* y al *verbum mentis*. Lo real está pura y simplemente actualizado en la inteligencia, y esta actualidad no significa la adquisición de una propiedad distinta de aquello que lo real ya era como realidad. Ahora bien, sucede que la actualidad en la inteligencia confiere a la realidad actualizada un carácter de *verdad*, que es anterior a la verdad de la actividad afirmativa: es la *verdad real* (131). Esta verdad "es cualidad de la intelección en cuanto en ella está presente lo real"; la verdad real "es ratificación de la realidad" (IS I 234), y aparece cuando la realidad se actualiza en la inteligencia: "lo propio de la inteligencia es tener verdad real" de la cosa actualizada (C 131).

La concepción zubiriana de la verdad real ofrece una posibilidad de conceptuar la *procesión* del Hijo a partir del Padre.

### b. Aplicación a la teología trinitaria

Una conceptuación del misterio de la Trinidad, cercana al dato revelado, debe reconocer que en Dios el origen de todo es la *persona* del Padre; su autoposesión personal constituye la realidad divina con inteligencia y voluntad: "lo primero es que la suidad del Padre constituye la realidad inteligente y volente" (131). La realidad del hombre está actualizada en su inteligencia y esta actualidad da verdad a la intelección. También la realidad divina del Padre está actualizada en su inteligencia, en una actualidad que da *verdad* a la intelección. Pero hay una diferencia decisiva. En Dios el momento de verdad no es sólo un aspecto de la intelección, como sucede en el hombre. En efecto, cuando el Padre actualiza su realidad en su inteligencia, la intelección adquiere verdad, y este momento de verdad es un aspecto de la intelección, pero, además, tiene carácter personal y constituye un momento de autoposesión o suidad, distinto del Padre: la autoposesión personal del Hijo. El Padre se autoposee como principio uno y único de la Trinidad y del mundo (129). En su autoposesión la realidad del Padre es plenariamente absoluta. El momento de autoposesión que aparece cuando la realidad del Padre se actualiza y adquiere verdad real, es la autoposesión del Hijo como *verdad real de la realidad divina*. El Padre es *suyo* como principio absoluto. El Hijo es *suyo* como *verdad* de la realidad divina.

La autoposesión personal del Hijo, su suidad, procede del Padre y se realiza en la misma realidad en la que se realiza el Padre: la única realidad divina. Decir que el Padre y el Hijo se realizan en la misma realidad divina, corresponde a la afirmación tradicional de que "son consustanciales", que se puede mantener haciendo una precisión: la consustancialidad "no es principio de la procesión sino en cierto modo resultado de ella" (132).

Por tanto, el Padre y el Hijo se realizan en la misma realidad divina, es decir, la realidad del Hijo "es numéricamente idéntica a la del Padre". Pero como *personas*, como momentos de autoposesión personal, el Padre y el Hijo "son realmente distintos" (132).

Según el dato revelado, Dios, como principio absoluto, es el Padre. Pero en Dios hay, además, "un segundo término" que tiene un carácter personal propio: el Hijo. Notemos que "el dato revelado recae formalmente" sobre el *carácter personal* del Hijo, es decir, sobre el carácter personal de la *verdad* de la realidad divina, actualizada en la inteligencia de Dios. El misterio consiste en que el Padre, principio absoluto, origina o *da de sí* un segundo momento de autoposesión personal, una segunda *suidad*: el Hijo que procede del Padre. "Esta procesión no se funda en la esencia del Padre, sino que es directa y formalmente una procesión de persona a persona", es la procesión del Hijo a partir del Padre (133).

### c. La generación del Hijo

El Nuevo Testamento dice que Jesucristo es el Unigénito (*Jn* 1,14.18; 3,16.18), el Primogénito (*Rm* 8,29; *Col* 1,15.18; *Heb* 1,6). Según el texto bíblico el Hijo ha sido *engendrado* por el Padre. Zubiri dice que las afirmaciones sobre la *generación* del Hijo se refieren directa y formalmente a Jesucristo, el Verbo encarnado. Según su opinión, el término *generación* se puede aplicar también en el ámbito trinitario porque la procesión del Hijo se puede considerar *generación*, ya que es una *procesión filial*: el Padre comunica al Hijo su realidad divina. Pero la procesión del Hijo tiene *directamente* el sentido de la distinción personal en el seno de la idéntica realidad; sólo *indirectamente* tiene el sentido de generación (135).

### 3. Identidad de realidad y verdad

La filosofía zubiriana del hombre sirve también de ayuda para conceptuar la procesión del Espíritu Santo. Recordemos que la realidad sustantiva del hombre se actualiza en su inteligencia, y esta actualidad

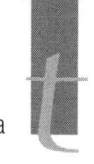

El misterio de Dios y de su vida trinitaria

es la verdad real de la realidad actualizada. La presencia de la realidad actualizada y de su verdad en la intelección, hace de esta intelección la "intelección de la identidad de la verdad y de lo real". Aparecen tres términos: la *realidad* del hombre, su *verdad real* en la intelección y la *identidad* entre esta verdad y la realidad actualizada. Son aspectos de la actividad de la inteligencia humana (135).

En el caso de Dios, y teniendo en cuenta el dato revelado, el momento de *identidad* entre lo real y su verdad no es sólo un aspecto de la intelección divina, pues posee carácter personal: es el Espíritu de la Verdad (*Jn* 16,13). En cuanto Espíritu de la Verdad, el Espíritu ratifica "la identidad de la verdad con la realidad" (136), es decir, es el testigo que afirma la identidad de la *realidad* del Padre con la *verdad real* de su actualización en la inteligencia divina: el Hijo. El Espíritu aprueba y confirma la gran Verdad: la identidad del Padre y del Hijo, que procede de Él.

La conceptuación zubiriana ha atendido a las tres personas de la Trinidad. El Padre es la realidad absoluta y se autoposee como *principio absoluto*. El Hijo se autoposee como actualidad y *verdad real* del Padre. La *confirmación* de la identidad entre la realidad del Padre y su verdad real: el Hijo, es el Espíritu Santo; tiene carácter personal, y se autoposee como *testigo* de la *identidad* entre la realidad del Padre y su verdad, el Hijo (136).

4. *Tres preguntas complementarias*

En este momento del discurso aparecen *tres preguntas* y nuestro autor da su respuesta:

*Primera pregunta.* ¿Por qué no es generación la procesión del Espíritu Santo? *Respuesta.* Para que haya generación ha de haber comunicación de realidad, y el Padre ha dado toda la realidad divina a su *verdad real*: el Hijo; "por consiguiente no hay nada que comunicar", no queda nada para otra comunicación de realidad. Lo único que se puede hacer es *ratificar* la identidad de la realidad comunicada al Hijo con la realidad que constituye el punto de partida: la realidad del Padre. Por ello en la procesión del Espíritu Santo no acontece una generación sino una *ratificación*, que será efectuada por el Espíritu de la Verdad (137).

*Segunda pregunta.* El Espíritu Santo, ¿procede del Padre y del Hijo o del Padre por el Hijo? *Respuesta.* Es más preciso afirmar que el Espíritu Santo procede del Padre por el Hijo. Ciertamente el Espíritu Santo "tiene la unidad de un principio de *espiración*", constituido por "la realidad unitaria que es realidad-principio en el Padre y verdad real en el Hijo". En este sentido se puede decir que el Espíritu procede del Padre y del Hijo. Pero el Espíritu confirma la identidad entre la realidad del Padre y su verdad, el Hijo. Por esta razón es mejor decir que el Espíritu procede del Padre y, *circulando* por el Hijo, ratifica la identidad entre la realidad divina y su verdad real (137).

*Tercera pregunta.* ¿Cómo se realiza el Espíritu Santo en la única realidad divina? *Respuesta.* El Padre se realiza en la realidad divina; es su realidad. El Hijo se realiza en la misma realidad, pues es *suya* porque la ha recibido del Padre. ¿Cuál es la conexión del Espíritu Santo con la realidad del Padre, comunicada al Hijo en la procesión trinitaria? La realidad divina no está ni comunicada al Espíritu Santo, ni recibida por Él. Pero la realidad del Padre, comunicada al Hijo, queda "determinada por el Espíritu a un momento esencial suyo: la fruición y el gozo de la verdad" (138). El Espíritu Santo *se realiza* constituyendo en la realidad divina el momento eterno de la felicidad de Dios: el momento del amor, "Dios es amor" (1 *Jn* 4,8). Se cumple también en Dios lo que sucede en el mundo: "El amor vive constitutivamente de realidad" (138).

Zubiri está convencido de que la procesión del Espíritu Santo no es una procesión por el amor sino "una procesión por el Espíritu de la Verdad". Seguramente en este punto no se pueden separar Amor y Verdad, pero "el amor es inexorablemente la consecuencia del Espíritu de la Verdad". El Espíritu Santo es amor porque es el Espíritu de la Verdad, que determina la fruición y el gozo en la vida de Dios (138).

En resumen, la estructura procesual de la realidad divina consiste en un principio absoluto: la autoposesión personal del Padre, que *da de sí* y origina la actualidad de su realidad, y por tanto su verdad real, que es la autoposesión personal del Hijo. El Padre origina también, por el Hijo, la autoposesión personal del Espíritu Santo, que ratifica la identidad de la verdad real, el Hijo, con la realidad-principio de donde procede. El Espíritu ratifica la identidad de verdad y realidad por ser el Espíritu de la Verdad, y por ello es también principio de amor (138). "Esta es la estructura procesual de la realidad divina en tanto que es activa por sí misma, y de una manera activa e insondable en el carácter de su actividad, da de sí su verdad real y el Espíritu de la Verdad, en la unidad de la esencia" (139).

Hemos de preguntarnos ahora qué es lo que podemos llamar la vida trinitaria de Dios.

### D. La vida trinitaria de Dios

La única realidad divina es siempre la misma, pero es tres veces distinta porque hay en ella tres momentos de autoposesión personal: el Padre y el Hijo y el Espíritu Santo. Zubiri nota que en este caso la conjunción "y" no tiene únicamente un sentido copulativo, pues los términos que une no son sólo realmente distintos sino que están referidos el uno al otro según una mutua referencia constitutiva, que nuestro autor llama *respectividad*. En las procesiones trinitarias cada una de las personas "está constituida por una intrínseca respectividad a las demás personas". En efecto, no hay Padre si no hay un Hijo, y no hay un Padre y un Hijo si no originan o *espiran* al Espíritu Santo. Entre las personas divinas hay una interna respectividad que no es consecuencia de las procesiones personales, "sino que es constitutiva de la procesualidad misma de las personas", es decir, es constitutiva de las autoposesiones personales en cuanto tales. Las tres personas divinas no están meramente yuxtapuestas en su real distinción, pues la *respectividad* que hay entre ellas unifica la vida trinitaria y de algún modo determina la *convivencia* entre las personas divinas. Podemos decir que la pregunta por la vida trinitaria consiste simplemente en la pregunta por la *respectividad* entre las tres personas divinas. La respuesta de Zubiri incluye "tres conceptos o caracteres" (140).

#### 1. *Implicación*

La teología latina ha hablado de oposición entre las personas divinas y de una correlación entre ellas. La teología griega ha introducido la noción de *perichoresis* (circulación), que sería "una especie de circulación de la esencia de Dios" de persona a persona, y que los teólogos latinos llamaron *circumincesión* o *circuminsesión*. Zubiri no pone en duda la verdad de este modo de pensar, pero está convencido de que el carácter formal de la *respectividad* trinitaria no consiste en una "circulación de la esencia" sino en la *implicación* de los momentos respectivos de autoposesión de cada persona, es decir, consiste en *"implicación de suidad"* (140s).

La *implicación* de la que se habla aquí está constituida por la mutua referencia, interna y constitutiva, de los tres momentos de autoposesión de las tres personas: del Padre en cuanto Padre, del Hijo en cuanto Hijo, y del Espíritu Santo en cuanto Espíritu Santo. A nivel de la autoposesión personal, el Padre tiene una referencia constitutiva hacia el Hijo que genera, y el Hijo hacia el Padre que lo ha generado; el Padre y el Hijo poseen una referencia constitutiva hacia el Espíritu de la Verdad, que el Padre origina por el Hijo; y el Espíritu posee una referencia constitutiva hacia el Padre y el Hijo, confirmando la identidad entre la realidad del Padre y su verdad real: el Hijo. Estas son las *respectividades* personales en el seno de la Trinidad que constituyen "la unidad estructural de las personas". Zubiri reconoce que "innegablemente hay una circulación de naturaleza, pero es como *consecuencia* de esta unidad estructural de las personas", y prosigue afirmando que las procesiones en la Trinidad hay que conceptuarlas como "una procesualidad en virtud de la cual las personas se implican entre sí en tanto que personas. Dios es un *dar de sí* absoluto, un origen absoluto; en primer lugar cada suidad da de sí la otra, y en segundo lugar las tres dan de sí una esencia única" (141).

### 2. *Compenetración*

Entre las personas divinas no hay sólo una implicación. Hay también, en cierto modo, "una circulación desde el punto de vista de la naturaleza", que Zubiri denomina *compenetración*. Para conceptuarla considera preferible partir del concepto de *suidad* y no de la esencia divina, pues pretende conceptuar una *compenetración* de *suidades*, de momentos de autoposesión personal (142). Para clarificar la cuestión nuestro autor recurre a una metáfora que se aplica a las personas enamoradas; se dice que "la una ve por los ojos de la otra". Ahora bien, supongamos que la expresión, que referida a seres finitos es metafórica, sea considerada como realidad en referencia a Dios. En este caso la expresión antropomórfica se convierte en enunciación de la *circulación esencial* (*perichoresis*) en la Trinidad, que Zubiri designa como *compenetración interna*. Según esta *compenetración* "lo que es el Padre es justamente lo que es el Hijo"; el Padre ve, o intelige, por la inteligencia del Hijo, que es la inteligencia del Padre comunicada al Hijo; y el Hijo, actualizado en la inteligencia del Padre, ve, o intelige, por esa inteligencia, que es la única inteligencia divina: "hay una verdadera compenetración" (142). La expresión metafórica: "ver por los ojos del otro", se cumple en Dios como una misteriosa realidad.

La teología tradicional de la Trinidad ha partido normalmente de la esencia divina considerada como acto puro. Ahora bien, si partimos de la persona del Padre, de su *suidad*, entonces se deberá decir que "la pureza del acto puro, hablando humanamente, está constituida por la procesualidad trinitaria de sus personas". Es cierto que en la Trinidad cada persona es Dios, y es "un Dios en cierto modo completo en sí mismo". Pero el modo completo de ser Dios lo es en la condición procesual de ser Padre, de ser Hijo y de ser Espíritu Santo. No se puede prescindir de estas condiciones respectivas, pues, por ejemplo en el caso del Padre, "si se elimina su condición de Padre no es Dios completo; ni tan siquiera es Dios" (142s).

Por consiguiente, el punto de partida de la teología trinitaria no puede ser el *acto puro*. El acto puro hay que entenderlo como concreción y resultado de la misteriosa "procesualidad trinitaria en que consiste justamente la suidad divina, en sus tres suidades": ser suyo como realidad-principio (el Padre), ser suyo como verdad real de la realidad-principio (el Hijo), ser suyo como identidad de verdad y realidad (el Espíritu de la Verdad). En Dios la esencia (la naturaleza, la realidad) "se funda en la persona y no la persona en la esencia". En Dios las *procesiones* son formalmente personales, y la unidad de la esencia divina es como la *concreción* de la unidad y unión entre las personas, que "está en cierto modo decantada" en la esencia divina (143).

3. *Vida personal*

En las personas divinas hay una implicación y una compenetración. Hemos de considerar, también, un tercer concepto: una *vida personal*.

En la Trinidad, por la estructura de las *procesiones*, las personas divinas no pueden ser persona "si no es haciendo proceder la otra" y no pueden poseer la realidad divina "si no es comunicándola a otra". Esta radical respectividad o referencia constitutiva entre las tres personas constituye una unidad "que no será una unidad numérica, sino que consiste en la *vida personal* de Dios" (143).

Ahora bien, el término *vida* puede tener dos sentidos. Puede significar un "acto que procede de la naturaleza"; en este sentido en Dios "no hay más que una vida, y además idéntica en las tres personas". Pero el término vida puede significar también "la vida desde un punto de vista personal"; entonces puede ser que no se trate de la vida de una sola persona. En la Trinidad "la plenitud de la vida personal de Dios está compuesta por tres personas", personalmente distintas, que constituyen una sola vida personal. No se trata de una vida numéricamente una, pero posee la unidad intrínseca correspondiente a la *respectividad* entre las tres personas divinas, es decir, correspondiente a la referencia constitutiva que existe entre ellas. Es el misterio de la Trinidad. Por la mutua *implicación* y por la *compenetración* entre las tres personas, la vida personal de Dios es "una sola vida trinitaria, que es real y efectivamente la vida de Dios" (143s).

Las tres personas son distintas, pero cada una de ellas existe necesariamente haciendo proceder la otra o procediendo de la otra, comunicando la única realidad divina o recibiéndola, o ratificando la identidad de verdad y realidad. La actividad entre las tres personas recibe su unidad de la respectividad que existe entre ellas; esta unidad es constituida por la mutua referencia constitutiva que hay entre las personas: es una *unidad de respectividad*. La "unidad de respectividad es lo que constituye la vida trinitaria de Dios" (144).

Por tanto, la vida de Dios no es simplemente la vida que emerge de la propia naturaleza, sino que primariamente es una vida trinitaria personal, que adquiere como una concreción en la propia realidad divina, "se decanta" en ella, dice Zubiri.

La vida de Dios tiene un modo propio de ser vida: es vida *eterna*. Según el significado corriente el término *eterno* se refiere a aquello que es y será por toda la eternidad; es eterno lo que no tiene principio ni fin

(184). Ahora bien, este significado no es suficiente para conceptuar "la duración insondable de Dios" y hemos de atender a algo anterior y primario: el modo *eternal* de la vida divina. En Dios el modo *eterno* de vivir es consecuencia del modo *eternal* de vivir. Él vive los "actos *ad extra* que presuponen una realidad creada temporal no desde toda la eternidad, sino *eternalmente*" (145). La vida de Dios es eterna y el modo eternal de vivir consiste en que "todo es simultáneo en Dios" (195). Lo eterno no tiene principio ni fin. Lo eternal se refiere a un aspecto de simultaneidad que envuelve los acontecimientos. En Dios la duración eterna es consecuencia de su modo eternal de vivir, según el cual todo lo que acontece tiene para Él un carácter simultáneo (145): "Mil años en tu presencia son un ayer, que pasó, una vela nocturna" (*Sal* 89,4).

La concepción de la vida eterna de Dios permite una conceptuación de la *funcionalidad* de la Trinidad. En efecto, se dice que la función del Padre es crear y ser providente, la función del Hijo es la redención, y la función del Espíritu Santo es la santificación. Ciertamente se debe mantener que éstas son las funciones de la Trinidad. Pero las funciones de las tres personas divinas no están simplemente añadidas unas a otras; no es preciso entender que sean tres funciones *diferentes* y *yuxtapuestas*, como si hubiera una creación y, además, una redención y, además, una santificación. Tampoco son funciones *separables*; hay una cierta unidad entre ellas, que proviene de "la unidad de la vida trinitaria de Dios" (145).

Las funciones divinas tienen un término: el hombre, y la unidad de las tres funciones constituye lo que Zubiri llama "la plasmación de la religación en religión y, en este caso, en la religión cristiana". Recordemos que según la filosofía zubiriana el hombre está *religado* a la realidad por una religación constitutiva. Pues bien, la *religación* es un resultado de la creación, y es transformada y configurada por la redención y la santificación. Al entero efecto en el hombre de las funciones trinitarias nuestro autor lo llama *plasmación*, la cual consiste en una *transformación cristiana* de la religación: la religación se convierte en religión cristiana y aparece el cristianismo. Todo ello es un resultado de la creación, de la redención y de la santificación, las tres funciones divinas, entre las cuales hay una unidad que tiene su origen en la unidad de la vida trinitaria. Esto nos dice que "la vida trinitaria de Dios consiste justamente en la divinidad insondable y trascendente a la que está asida la religación constitutiva del ser del hombre". El hombre está religado a la realidad y las funciones divinas actúan sobre la religación del hombre y lo unen a la vida trinitaria de Dios (145s). Evidentemente estamos hablando de la *gracia* sin nombrarla.

*Resumen*

La conceptuación zubiriana de la Trinidad parte de la persona del Padre, entendida como autoposesión, como *suidad*, principio y fuente de todo. El Hijo procede del Padre, y el Espíritu Santo procede del Padre por el Hijo. Son tres momentos divinos de autoposesión personal, que "tienen una estructura interna en virtud de la cual la una no puede darse sin la otra". Las tres personas se realizan en la realidad divina, la realidad del Padre, que es *comunicada* al Hijo, verdad de la realidad divina, verdad cuya identidad con la realidad es *ratificada* por el Espíritu Santo.

En Dios hay tres personas: es tres veces *suyo*; y tiene tres maneras personales de ser *suyo*: es *suyo* como Padre, como Hijo y como Espíritu Santo. La realidad del Padre es el principio absoluto de todo, el Hijo es su Verdad, el Espíritu testifica la identidad de la realidad divina y su Verdad. Entre las tres personas divinas hay una unidad de *respectividad*, que constituye la vida de Dios, la cual tiene una "prioridad" sobre la esencia o realidad divina. La vida de Dios es personal y *eterna*: en ella no hay ni principio ni fin. Es también vida *eternal*: todo lo que acontece tiene como una simultaneidad para Dios (150). "En la interna y primaria procesualidad que constituye la unidad de respectividad de las tres personas divinas se encuentra el principio de que Dios sea acto puro". No es estrictamente necesario partir de Dios como acto puro para conceptuar la Trinidad. Hay otra vía posible, que hemos seguido en este capítulo: partir de la persona del Padre como principio absoluto de todo (146).

## Conclusión

Zubiri concluye diciendo que el mundo se debe ver a partir de una adecuada concepción de la Trinidad; desde ella se ha de efectuar la teología de la creación, o mundología. La teología tradicional ha partido de la esencia divina y ha afirmado que "la creación, formalmente, sería un acto de la esencia". Según esta teología la esencia divina funciona en la creación como si no fuera trina, y el mundo, distinto de Dios de quien procede por creación, habría sido originado por un acto de la esencia divina que no afectaría a la propia Vida de Dios (146).

Nuestro autor no se siente satisfecho con este modo de pensar. En efecto, la identidad de esencia en las personas divinas no es el punto de partida sino "el resultado de una implicación y de una procesualidad de la vida trinitaria". El punto de partida para la teología de la creación no consiste en la esencia idéntica de las tres personas, sino en una misma esencia "en la cual cada persona tiene, por así decirlo, su aportación personal para constituir la misma esencia". La creación, por tanto, no será el término de un acto de la esencia divina como si no hubiera en ella tres personas. La creación será "la manera como la vida trinitaria de Dios hace que las tres personas funcionen en la identidad de una esencia para producir algo que no es sí mismo", para producir algo que no es Dios, es decir, producir el mundo por creación (147).

La conceptuación de la Trinidad es el punto de partida para la comprensión creyente del mundo y la conceptuación de la creación.

CAPÍTULO 7

# LA CREACIÓN. UN PROCESO HACIA LA LIBERTAD

La realidad del mundo, la realidad humana y la entera vida religiosa del hombre, están ancladas en la vida trinitaria y eterna de Dios. Por ello, después de haber conceptuado la realidad del Dios cristiano, emprendemos la conceptuación del mundo, es decir, de todo aquello que no es Dios pero está fundado en Dios, su Creador.

La razón humana puede partir del mundo y llegar a un término trascendente: Dios. Pero puede también partir de la concepción de un Dios trascendente y llegar a un término trascendente a Dios: el mundo. "El concepto de creación abre una vía cuyo término es un mundo trascendente a Dios" (C 151).

Este capítulo tiene tres partes. La primera expone la conceptuación zubiriana del acto creador de Dios y responde a la pregunta: *¿Qué es la Creación?* (I). La segunda trata de la creación del *hombre*, enmarcada en la cuestión de los *modos* de la creación, que son dos: la creación de la realidad material y orgánica y la creación del hombre; esta segunda parte desarrolla el tema: *Los modos de la Creación* (II). La tercera parte es breve y tiene un carácter de resumen y conclusión: *La unidad de la Creación* (III).

I. ¿Qué es creación?

La realidad es activa en sí misma y por sí misma. La realidad es un *dar de sí*, pues "la actividad no es nada distinto de la realidad". En el caso de Dios, la actividad es misteriosa y suprema, y se cumple, en primer lugar, en las procesiones trinitarias. También la creación procede de Dios. Pero en este caso la actividad divina *da de sí* algo que no es Dios, pues produce la realidad del mundo por creación.

La creación como resultado de la actividad de Dios se puede entender de diversas maneras. Se puede pensar que es una *acción* de Dios, que *hace* el mundo (cfr *Gn* 2,4ss). Se puede concebir también como una emanación de la realidad divina, que se desprende de Dios para constituir el mundo (152s).

Ahora bien, la creación no es meramente un *hacer* de Dios y tampoco es una emanación. La creación es "una acción que pone una realidad trascendente a Dios, quien ejecuta el acto creador". Según la concepción tradicional, la creación es una acción que, sin contar con materiales previos, produce algo que antes no existía: es la creación *de la nada*, la creación *ex nihilo sui et subjecti*. Comentando esta concepción tradicional, nuestro autor dice que Dios "no solo ejecuta la acción de creación desde sí mismo sin alteración ninguna, sino que además produce una cosa que no es él, una alteridad, para la cual no hay ningún supuesto real previo fuera de la propia acción de Dios". La creación es pues la constitución de una "alteridad sin alteración": no hay alteración ni en la realidad creadora ni en la realidad creada. "Una acción que constituye una alteridad sin alteración"; así define Zubiri la creación (153).

La cuestión tiene dos puntos que requieren la atención: el *carácter formal* del acto creador (A) y su *estructura* (B).

### A. El carácter formal del acto creador

1. *El Antiguo Testamento*

El *Antiguo Testamento* ofrece dos relatos de la creación que, en sus diferencias, tienen en común los siguientes elementos:

1. Los dos relatos se refieren a la *totalidad* de lo real. La creación es el principio de toda realidad, es creación *de la nada*, *ex nihilo* (cfr 2 *M* 7,28).

2. La creación acontece *allende el tiempo* y establece el comienzo del tiempo. Israel ve en la creación "el primer acto de la vida de Dios sobre la realidad entera, que consiste justamente en haberla creado", y creándola, ha determinado "los orígenes de los cielos y la tierra". Los relatos de la creación expresan la *trascendencia* de Dios respecto del mundo e indican, también, una "trascendencia del mundo" respecto de Dios; por la creación aparece algo que no es Dios. La creación *antes* del

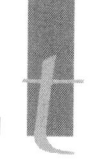

## La Creación. Un proceso hacia la libertad

tiempo y que da *inicio* al tiempo, es afirmada en el primer versículo de la Biblia: "En el principio creó Dios los cielos y la tierra" (*Gn* 1,1). En efecto, la expresión "en el principio creó" tiene el fuerte sentido de que algo acontece dando inicio al tiempo y estableciendo el comienzo de todo lo que va a suceder en el mundo (167s).

3. En la creación Dios es un *principio dominante* que domina por el mero hecho de pronunciar su *palabra*, sin lucha con ningún elemento extraño a Él, y sin acciones especiales. La creación consiste simplemente en que Dios dijo: "Haya luz", y hubo luz (*Gn* 1,3).

La trascendencia expresada en Gn 1-2 significa que no hay ninguna realidad sobre la que Dios se apoye para crear el mundo, que la creación es anterior al tiempo y da inicio al tiempo, y que el Creador crea por su sola *palabra* (168).

### 2. *El Nuevo Testamento*

En el *Nuevo Testamento* aparece también la expresión "en el principio" al comienzo del Evangelio de Juan: "En el principio era el Verbo" (1,1); pero el significado es diferente. Si en el Génesis la expresión se refería al inicio del tiempo, en el Evangelio se refiere a "una inmersión en la propia eternidad de Dios", desde donde empieza el discurso sobre la Palabra, que estaba en Dios y por la cual "se hizo todo" (*Jn* 1,3).

La creación por la Palabra aparece con frecuencia a lo largo de la Escritura. Pero hay que distinguir entre la referencia a la *Palabra proferida* en la creación, en el Antiguo Testamento, y la referencia a la *Palabra inmanente* en la que Dios "se dice lo que es a sí mismo y que constituye la procesión trinitaria" del Hijo. En efecto, en el *Nuevo Testamento* la idea de creación se apoya "sobre la estructura trinitaria de Dios", pues acontece por la Palabra que es la verdad real de Dios: por Ella "se hizo todo". La creación es creación de todas las cosas, atribuida al "Padre por el Hijo en el Espíritu Santo" (169s).

La trascendencia del Creador, expresada en el texto bíblico, significa que la creación es anterior al tiempo del mundo y constituye su inicio, se refiere a toda la realidad, y no hay ninguna realidad sobre la que Dios se apoye para crear el mundo, pues crea por su sola *Palabra inmanente* que existe en Él desde toda la eternidad.

La Trinidad y la Creación están íntimamente unidas en la fe cristiana. La vida de Dios es el fundamento de la comprensión cristiana del mundo y del hombre, y lo que la fe dice sobre Dios lo dice a partir del conocimiento creyente de Dios como Creador. "La vida trinitaria es lo más importante que hay que decir de Dios, pero eso que hay que decir trinitariamente de Dios, está revelado precisamente para fundamentar nuestra vida y, por consiguiente, nuestro conocimiento de Dios. En definitiva, por donde quiera que se tome la cuestión, de Dios no conocemos su realidad ni nada de lo que es él, más que en tanto que creador" (170).

## B. La estructura del acto creador

La creación engloba la totalidad de la realidad, acontece allende el tiempo y desde la trascendencia, y es realizada por Dios, principio de dominio absoluto, por medio de su Palabra *inmanente*: el Hijo. Ésta es la comprensión de "la creación en tanto creación *desde Dios*". Evidentemente cabe preguntarse: ¿qué es lo que Dios ha querido hacer al crear? Zubiri ofrece una respuesta que desarrollará a continuación e, inicialmente, la enuncia de la manera siguiente: en la creación "Dios ha querido formalmente la plasmación *ad extra* de su propia vida trinitaria" (172).

Este modo de definir la creación suscita inmediatamente la cuestión de la relación que puede haber entre la vida trinitaria y las cosas que llamamos "naturales", la naturaleza, por ejemplo, los árboles, los astros. Para afrontar el tema Zubiri empieza manifestando su desacuerdo con el modo clásico de entender la distinción entre lo *natural* y lo *sobrenatural*, según la cual lo sobrenatural sería algo añadido a lo natural; esta distinción *dualista* no le satisface, pues su concepción de la realidad es *unitaria*. Nuestro autor se pregunta si lo natural no será, más bien, "una especie de concreción de lo sobrenatural". En este caso no habría que hacer aquella distinción entre lo natural y lo sobrenatural, pues lo único que existiría serían "maneras finitas de tener vida divina sin ser Dios", es decir, maneras diversas de "contracción en finitud de lo que es la vida trinitaria". La vida de Dios en la Trinidad sería el "único término que adecuada y realmente se ha propuesto crear Dios *ad extra*; la creación sería la plasmación de su propia vida trinitaria" (173).

## La Creación. Un proceso hacia la libertad

En Dios hay un principio absoluto que es el Padre. De Él *proceden* el Hijo y el Espíritu Santo, cuya convivencia constituye la vida en la Trinidad. La realidad (o esencia) divina sería como el *resultado* de esta vida divina. La realidad creada, en cambio, es el término, trascendente a Dios, de una *procesión* vital inmanente en Dios: "el mundo y toda la trascendencia del mundo consiste justamente en ser el precipitado trascendente de una procesión inmanente y vital". Por tanto, la creación es una procesión inmanente en Dios, cuyo término no es Dios; la creación es la *plasmación "ad extra" de la propia vida trinitaria* (174).

Zubiri desarrolla esta conceptuación inicial de la creación exponiendo tres cuestiones: 1. Qué es la creación como procesión *ad extra*, por parte de Dios; 2. Qué es la creación como procesión *ad extra*, por parte del mundo; 3. Y, consideradas unitariamente las dos dimensiones, cuál es la realidad integral de la creación.

### 1. *Qué es la creación por parte de Dios*

El desarrollo del tema se concentra en la exposición de tres conceptos fundamentales. En primer lugar, la creación *procede* de la actividad en que consiste la realidad divina, procede del *dar de sí* de Dios; es, por tanto, un *acto vital* de Dios. En segundo lugar, "la acción creadora es una acción *extática*, es decir, coloca fuera de Dios algo que no es Dios". Y, en tercer lugar, este éxtasis es posible, porque en él se expresa un carácter interno de la realidad de Dios: su propia *infinitud*. Los tres conceptos, o momentos, que definen el acto creador por *parte de Dios* son: acto vital (a), éxtasis (b) e infinitud (c) (175).

#### a. *El carácter vital del acto creador*

El acto creador "pertenece a la actividad en que Dios consiste"; es una procesión inmanente en la realidad divina, pero no es trinitaria: su término es exterior a Dios y trascendente a Él. Algunos conceptos permiten considerar la creación como *acto vital* de Dios.

*La creación procede de la vida trinitaria*. El Padre es fuente y principio de la realidad trinitaria; de Él proceden el Hijo y el Espíritu Santo (175). La creación procede de la realidad de Dios y de las cualidades infinitas que posee. Pero, en cierto modo, lo que "moviliza" (*sit venia verbo*, dice Zubiri) la realidad divina a ser creadora es el carácter que tiene como realidad actualizada en las tres personas divinas, es decir, actualizada en la vida trinitaria, cuyo principio y fuente es el Padre. Dios crea desde su propia vida trinitaria y, por tanto, la creación hay que referirla en última instancia al Padre, principio y fuente de todo.

La *realidad* de las cosas emerge de la insondable riqueza de la realidad divina. Pero la *actualidad* de las cosas, su *verdad real*, proviene por creación de la Verdad real del Padre, que es el Hijo; la creación es obra del Padre por el Hijo (cfr 1 *Co* 8,6; *Jn* 1,3). Además, "hay que poner en acción esta creación", y la acción de la creación tiene su raíz en la confirmación de la identidad de la realidad del Padre y su Verdad, "aquello que constituye el acto puro en que la realidad divina consiste, a saber: el propio Espíritu Santo". Por tanto, la creación procede de la realidad divina "movilizada" por la vida trinitaria del Padre, del Hijo y del Espíritu Santo: "la creación tiene una estructura formalmente trinitaria" (176s).

*La creación, procesión hacia "fuera de Dios"*. Según Zubiri, la realidad divina es como el *resultado* de las procesiones personales trinitarias; no es punto de partida; es como el *término* de la vida procesional y personal de Dios. Por tanto, las procesiones trinitarias dan como un *resultado* inmanente: la realidad divina. Pero en Dios hay además una procesión que produce un resultado trascendente y exterior a Dios: su acto creador. Por tanto, en Dios hay una *procesión* cuyo término es exterior a Él, y de la cual se pueden indicar algunas características (177).

*Procesión iniciante*. La procesión creadora es inmanente a Dios pero su término es exterior a Él: "es una procesión de alteridad". No es la procesión generante del Hijo ni la procesión espirante del Espíritu Santo. La procesión de alteridad no es ni generante ni espirante. Zubiri llama procesión *iniciante* a la procesión creadora, porque consiste en ser inicio de realidad: "la creación es una iniciativa de Dios", expresada en *Gn* 1,26: "hagamos al hombre a nuestra imagen y semejanza". Por tanto, en Dios hay dos procesiones inmanentes: la generante y la espirante, y una procesión trascendente, que es *iniciante*, es decir, es la *creación* como iniciativa de Dios (178).

*Procesión consecutiva*. La procesión iniciante es una procesión trascendente pues su término queda "fuera de Dios". Ahora bien, "como acto es ciertamente inmanente, es un acto propio de la vida de Dios". La creación como acto está fundada en la realidad divina, en la cual las procesiones inmanentes son constitutivas. Pero en cuanto es procesión de alteridad y procesión iniciante "no es constitutiva sino intrínseca y esencialmente *consecutiva* a la realidad misma de Dios" (178s).

Por tanto, hemos llegado a determinar la creación como una procesión iniciante y consecutiva. Ahora hay que precisar lo que acontece en esa procesión.

*La creación, iniciativa de Dios*. Zubiri afirma que Dios no *toma* iniciativas, es decir, no toma la decisión de ejecutar operaciones para obtener un resultado, y tampoco las ejecuta efectivamente. Pero Dios *tiene iniciativas*: "es iniciador e iniciante sin que su iniciativa esté tomada por Él". Para poder pensar una cosa así nuestro autor recurre a la idea de lo que es la iniciativa humana. Si de ésta prescindimos de todo lo que tiene de operación ejecutada y atendemos sólo al término producido, lograríamos pensar "lo que de una manera análoga habría que decir de Dios", cuando aceptamos que *tiene* iniciativas (179).

*Iniciativa libre de Dios*. La iniciativa que Dios tiene al crear es una iniciativa *libre*. La creación proviene de la actividad primaria y radical en que Dios consiste, de la que proceden las procesiones trinitarias. En la actividad divina surge la iniciativa que Dios tiene de crear, pero "la creación no es algo necesario y, como pudo no haber existido, es contingente". Es esencial que Dios pueda crear, pero pudo no crear. La creación no es necesaria sino *contingente* y proviene de una iniciativa *libre* que Dios tiene (181).

*Necesidad y contingencia*. Zubiri está convencido de que los conceptos clásicos de necesidad y contingencia no son suficientes cuando se trata de conceptuar la realidad de Dios. Ciertamente, las procesiones trinitarias son necesarias y la creación es contingente. Pero no se debe pensar que las procesiones trinitarias se determinan por una especie de ley inmanente en Dios, que sería la *necesidad* clásica, sino que se determinan "por el carácter desbordante de aquella actividad en que consiste" la realidad divina. De un modo análogo, se debe admitir que la aplicación del concepto clásico de *contingencia* al acto creador no es suficiente. Hay que llegar a algo *anterior* a la necesidad y la contingencia: "De la misma manera que hemos pasado del ser a la realidad de Dios", es preciso pasar "de la necesidad y de la contingencia con que concebimos las realidades del mundo, a algo que está allende la necesidad y la contingencia" (181s).

*La creación, libre efusión de amor.* Para llegar a "algo" que esté más allá de la necesidad y la contingencia clásicas, nuestro autor empieza afirmando que "la actividad en que Dios consiste, esa actividad interna de procesión, es justamente *efusión*; es una actividad efusiva". Dios es amor efundente, y su actividad consiste en la efusión de amor que origina las procesiones trinitarias, en cierto modo necesariamente; se podría decir que en Dios el amor se identifica con las procesiones, porque es un amor efundente, su actividad es constitutivamente efusiva. Pero el amor infinito de Dios puede "deponer su fruición" y encontrar felicidad, en algo muy inferior a Él: en la realidad creada. "Y justamente en eso consiste la libertad": Dios es un *dar de sí* efusivo, es donación efusiva, y la misma *actividad* primaria y radical de Dios, que es efusión hacia las procesiones trinitarias, es también *libre* efusión hacia una realidad inferior a Él: la *creación*. El acto de la creación "es el propio acto con que Dios ama, en tanto en cuanto depone esa fruición en que el amor consiste, en una realidad que es inferior al acto divino de efusión" (182).

*La realidad creada, término de una efusión divina.* En teología se ha comprendido la libertad del acto creador a partir del carácter no necesario de su término. Zubiri completa la idea diciendo que la creación como término del acto creador, puede ser calificada negativamente como innecesaria y contingente, pero puede también ser calificada positivamente por "el carácter efundente de la propia actividad divina". La creación será metafísicamente *innecesaria*, pero es *término de una efusión divina* (182).

*La creación, don de Dios.* El acto creador de Dios es su mismo acto de amor, que se efunde en su propia realidad en las procesiones trinita-

## La Creación. Un proceso hacia la libertad

rias, y quiere derramarse en la realidad del mundo creado, "en forma de una iniciativa que es muy superior al amor con que esa iniciativa es iniciante". El término adecuado para dar un nombre a lo que estamos diciendo es *don*; nos encontramos ante el misterio de la *donación* divina: "El mundo como término de la creación de Dios, es una donación en libertad, o donación liberal" (183).

*La oblación, correlato humano al don de Dios.* Si la creación es donación en libertad, la actitud del hombre en la creación queda unívocamente determinada: "el correlato humano y antropológico de la donación es la *oblación*", es decir, el ofrecimiento y la entrega. Zubiri nota que esto está expresado en el mismo relato del Génesis cuando dice que el séptimo día Dios descansó. Aparece la idea del descanso sabático, del día dedicado a Dios. A la actividad divina de donación debe corresponder la actividad humana de oblación y ofrecimiento (183).

*Dios vive la creación eternalmente.* Dios pudo no haber creado el mundo, y en Dios no hay nada que no sea eterno. ¿Es compatible la iniciativa creadora de Dios con la eterna inmutabilidad divina? La respuesta requiere, ante todo, una precisión sobre el significado de la eternidad. El significado corriente se aplica a aquello que no tiene principio ni fin, que nunca ha empezado y nunca acabará. Según este modo de entender el término "eterno", Dios habría decidido crear el mundo desde siempre, y en un momento de su eterna duración lo habría creado. Pero este modo de pensar no es suficiente: "Dios no es formalmente eterno en este sentido". Hemos visto anteriormente que "Dios es *eternal*" y todo cuanto en él acontece, acontece de *modo* eternal. Dios vive las cosas *eternalmente*, es decir, todo lo que acontece tiene un carácter simultáneo ante Dios: "Mil años en tu presencia son un ayer, que pasó" (*Sal* 89,4) (cfr 185).

En conclusión, "por parte de Dios, la creación es una procesión inmanente por donación liberal, que constituye precisamente la finitud de una realidad en que se plasma la vida trinitaria". Esto es el *carácter vital* del acto creador, que tiene, también, un carácter *extático*, por el cual va "fuera de sí", y que se concreta en una *fecundidad* de dimensión *infinita* (185).

b. *El carácter extático de la realidad de Dios. Su fecundidad*

Las personas divinas *movilizan* la esencia de Dios para que haya creación; podemos decir que, en particular, *movilizan* su inteligencia y su voluntad. La esencia de Dios es en sí misma una esencia abierta a su propia realidad y a las procesiones que constituyen la unidad de la vida trinitaria. Este estar abierto "es lo que en definitiva llamamos *éxtasis*: estar fuera de sí". Por tanto, la esencia divina es *extática*, y por su *éxtasis* o apertura no sólo está abierta a las procesiones trinitarias sino también a la procesión iniciante cuyo término es la creación (186).

La apertura de la esencia divina hacia la creación ha sido conceptuada por la teología como una *imitabilidad* de la esencia del Creador en las esencias creadas: "la esencia divina sería *imitable* de infinitas maneras fuera de Dios", y esa *imitación* constituiría el término de la acción *extática* que es la acción creadora. La idea de la imitabilidad de la esencia divina "es una idea absolutamente platónica, metida dentro de la teología", dice Zubiri. Él concede que podría pensarse así "si Dios fuese un ser", pero "Dios no es ser sino que es realidad esencialmente real, una realidad esencialmente absoluta". Lo que constituye el carácter *extático* de la realidad de Dios es algo más radical que la imitabilidad: "es su intrínseca, su metafísica y teologal fecundidad". Dios está abierto a toda realidad por su *fecundidad*, y en la medida que esta fecundidad está fundada en la Trinidad se puede concluir que "el término de la creación consiste en la plasmación *ad extra* de la propia vida trinitaria" (186s).

c. *La infinitud de Dios en su acción creadora*

La creación como procesión *iniciante* es un acto inmanente en Dios, está fundada en la *apertura* de la realidad divina, y es *movilizada* por las procesiones trinitarias: a partir del Padre por el Hijo en el Espíritu Santo. El término de la procesión iniciante es la creación, gracias a que la *fecundidad* de Dios tiene un carácter formal radical: la *infinitud*.

Tres conceptos permiten una determinación suficiente de la infinitud de la fecundidad divina: omnipotencia, omnisciencia y providencia.

*Omnipotencia*. El concepto significa que Dios puede hacer todo lo que quiere: "nada es real sino por Dios". Inmediatamente surge el problema de integrar en la omnipotencia las cosas que serían contradictorias (p. e. un círculo cuadrado); Dios no podría hacerlas, "lo contradictorio no es", no tiene ser. Según nuestro autor, plantear de este modo la cuestión presupone comprender la omnipotencia divina como "formal y primariamente referida al ser", y lo expresado por una contradicción sería el no-ser (quedaría fuera de la omnipotencia). Zubiri no pretende afirmar que Dios pueda hacer cosas que sean contradictorias, pero cree discutible que la omnipotencia divina esté últimamente referida a lo que es o no es contradictorio (187); él está convencido de que la omnipotencia divina no se refiere "en primera línea a la dicción y al ser o a la contradicción y al contra-ser, sino a la realidad y a la contra-realidad"; la omnipotencia se refiere, en primer lugar y ante todo, a la realidad y a las cosas que son reales (puede ayudar a comprender la afirmación zubiriana recordar que la actividad primordial de la inteligencia no es la afirmación del ser sino la aprehensión de realidad) (188).

*Omnisciencia*. Dios es omnipotente y es también omnisciente, lo sabe todo. El saber de Dios consiste en la actividad de su inteligencia, es decir, consiste en la intelección divina, y para que algo pueda ser el término de esa intelección "tiene que tener realidad ante la propia inteligencia divina". Zubiri recuerda la concepción teológica según la cual el saber de Dios acerca de las cosas que ocurren en el tiempo, en un momento dado, se debe al "decreto creador por el que ha decidido crearlas". Él considera insuficiente este modo de pensar y dice que lo indiscutible es que si una piedra cae, Dios lo sabe porque ve la piedra que cae. Según nuestro autor, en la problemática acerca del saber de Dios sobre lo que va a ocurrir se confunden dos cosas que es preciso distinguir con claridad. Una cosa es la *aposterioridad* de la intelección; también la intelección divina es *a posteriori*, pues ha de estar fundada en la realidad de su objeto, en la realidad que es aprehendida (188). Pero otra cosa completamente distinta es pensar que *aposterioridad* significa *receptividad*: "el entendimiento divino en ningún caso es receptivo"; pero el entendimiento divino, "en todos sus actos, por lo menos en aquellos que se refieren a las cosas que comienzan y terminan en el tiempo, es evidentemente *a posteriori*. Dios es omnisciente *a posteriori*" (189).

Ahora bien, ¿son compatibles la omnisciencia *a posteriori* y la eternidad divina? Las dos cosas son compatibles si se tiene en cuenta que, en este caso, el carácter *a posteriori* no concierne a Dios sino a la realidad creada. Dios no se entera de que las cosas suceden cuando suceden, pues sabe *eternalmente* que las cosas suceden; los acontecimientos que acaecen en la realidad creada "están vividos *eternalmente* por Dios", y vivir las cosas eternalmente significa que todo lo temporal tiene para Dios un carácter *simultáneo*. Por tanto, "omnipotencia es potencia de realidad y omnisciencia es *eternalidad* de aquello que no solamente es posible sino que es real en forma *a posteriori*" (189).

*Providencia*. La esencia divina es infinita según una tercera dimensión. En la creación todas las cosas son *producidas* por la omnipotencia y *sabidas* por la omnisciencia, y, al mismo tiempo, "están *queridas* por sí mismas en su última realidad"; ésta es precisamente la idea de providencia. La providencia de Dios no se puede probar racionalmente, como tampoco se pueden probar la omnipotencia y la omnisciencia. Es cierto que la providencia del Dios cristiano se puede apoyar en muchos textos bíblicos; pero, además, tiene el siguiente fundamento: "la realidad de las cosas fuera de Dios es, en una u otra forma, la realización finita de la propia vida trinitaria de Dios" (189).

En resumen, *por parte de Dios*, la creación es una acción vital divina que consiste en una procesión iniciante en forma de donación liberal; es inmanente a la realidad divina y emerge de ella en cuanto es *extática* e *infinita* "en sus tres dimensiones de omnipotente, omnisciente y omniprovidente". El término de la procesión iniciante es trascendente a Dios: es el mundo creado (190).

### 2. *Qué es la creación por parte del mundo*

Nos preguntamos ahora por la creación desde la perspectiva del mundo. Después de haber visto lo que es la creación considerada "desde Dios", aparece inmediatamente la cuestión de lo que puede ser la creación, considerada "desde el mundo": el mundo creado es el término en el que se realiza "fuera de Dios" la procesión iniciante inmanente en Dios. Nuestra atención se dirige ahora a las características que debe tener la creación como realización de la procesión iniciante del Creador (190).

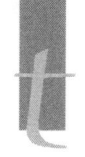

La Creación. Un proceso hacia la libertad

*Las cosas creadas dan gloria a Dios*. En primer lugar, el término del acto creador de Dios son las cosas en su nuda realidad tal como Dios las ha efectivamente querido y las quiere por amor a ellas mismas. Conviene recordar aquí la distinción zubiriana entre la cosa real en su nuda realidad y la cosa-sentido. Lo *primario* que el hombre aprehende en su aprehensión de realidad es la nuda realidad de las cosas; pero éstas pueden, además, adquirir un sentido para la vida del hombre. El ejemplo típico es la caverna, que en su nuda realidad no es más que un fenómeno geológico, y se convierte en una morada para el hombre que se cobija en ella. Pues bien, el sentido primario que deben tener las cosas es dar gloria a Dios (190).

Dios ama la realidad creada, aunque es infinitamente menor que la efusión creadora que la ha creado, y encuentra en ella su fruición, halla felicidad en las cosas creadas. El término creado, infinitamente menor que la efusión creadora, permite hablar de "un excedente de realidad divina en medio y encima de toda la creación", y nos conduce a reconocer en el "excedente de realidad divina" aquello que llamamos *gloria* (*doxa* en griego, *kabod* en hebreo). Y, precisamente, la nuda realidad de las cosas adquiere un *sentido*, es decir, las cosas creadas se convierten en cosas-sentido, en la medida que dan gloria a Dios. Zubiri recurre a la vida familiar para facilitar la comprensión de sus afirmaciones, y dice que no se refiere a la gloria que se puede contemplar en las grandezas que surgen en el mundo, por muy gloriosas que sean, sino al simple sentido de la gloria que puede cumplirse en un padre normal cuya "gloria sea la realidad de su hijo y nada más". Es precisamente en este sentido que "la realidad del mundo en tanto que realidad es justamente aquello en que formalmente consiste la gloria de Dios" (191).

*Las cosas creadas son buenas*. La cosa real, considerada en su nuda realidad, puede adquirir un sentido y convertirse en cosa-sentido para el hombre. Para ello se requiere que la realidad de la cosa tenga la *condición* adecuada para adquirir ese sentido; por ejemplo, una estructura de madera puede adquirir el sentido de ser una mesa, pues tiene la condición para ello, pero un líquido no tiene la condición para poder adquirir el sentido de mesa. Pues bien, la condición para que la realidad creada pueda tener el sentido de ser *gloria de Dios* es precisamente el *bien*, la *bondad* que tienen las cosas, proclamada por el texto bíblico cuando dice que aquello creado por Dios "era bueno", "estaba bien", "todo estaba muy bien" (*Gn* 1). No se trata de un calificativo moral, sino del reconocimiento de la *condición* que tienen las cosas creadas: "estar bien", para poder adquirir el sentido de ser *gloria* de Dios (192).

*Las cosas creadas constituyen el mundo*. La realidad es *respectiva*, es decir, posee una *respectividad* por la cual las cosas están *constitutivamente* referidas las unas a las otras en una apertura que es una dimensión trascendental. Por la respectividad las cosas reales constituyen el *mundo*. Cuando el sistema constituido tiene, además, una unidad suficiente, Zubiri lo llama *cosmos*.

En relación con el tema de la constitución del mundo por la respectividad, nuestro autor se pregunta si Dios es también *respectivo* en el sentido que acabamos de indicar. En su respuesta dice que Dios tiene *respectividad* hacia el mundo que ha creado, pero la tiene *libremente*; el Creador tiene una respectividad *libre* respecto a las cosas creadas (192). Ahora bien, en Dios la respectividad sería *consecutiva* respecto a la fecundidad divina, pero *no es constitutiva* en su realidad. Esto conduce a una conclusión en la cual aparece una convicción de relieve en el pensamiento zubiriano. En efecto, si la respectividad o referencia de Dios hacia el *mundo* es libre, y no es constitutiva de la realidad divina, hemos de decir que Dios "produce" la respectividad pero no tiene actualidad en ella; la realidad divina no es en sí misma respectiva. Y Zubiri concluye: Dios, "al no tener actualidad en la respectividad, carece de ser"; es causa de la respectividad y es causa de ese momento ulterior de la realidad creada que es el ser; "pero en sí mismo Dios está allende el ser" (193).

*El mundo está abierto a la autoformación*. El mundo y la respectividad de las cosas en el mundo tienen un carácter *abierto*, a saber, el mundo es un mundo que se va haciendo, que se va formando, y esta capacidad de *autoformación* se debe al acto creador. La acción creadora de Dios ha hecho un mundo abierto que se va formando según un proceso de *autoformación* (193).

En los relatos bíblicos la creación tiene sus momentos, y aparecen como creaciones sucesivas. Son ciertamente sucesivas respecto al tér-

mino de esas creaciones, es decir, respecto al mundo. Pero, ¿hay que creer que esas creaciones, que en el texto aparecen como sucesivas *desde* el mundo, corresponden a una única palabra creadora proferida por Dios, a saber, corresponden a un único "hágase" (*fiat*) *desde* Dios? ¿O quizá se trata sólo de un intento del autor sagrado de clasificar las cosas creadas, sin preocuparse por la posibilidad de que haya más de un "hágase" creador en Dios? Zubiri cree que los relatos pueden ser bien interpretados afirmando que por parte de Dios no hay una única iniciativa, un único *fiat* o "hágase" creador, sino que puede haber diversas iniciativas; y añade que la diversidad de iniciativas no daña la inmutabilidad de Dios, como no la daña si pensamos que acontece un único *fiat* creador. En efecto, si se dan diversas iniciativas por parte de Dios, éstas son vividas por Él *eternalmente*. Dios es *eternal* y ante Él todo lo que sucede tiene un carácter simultáneo (195).

Podemos concluir afirmando que el mundo está *abierto* a las *iniciativas divinas* y que Dios no ha agotado su *donación liberal* en una sola iniciativa. La primera habría producido el espacio o ámbito en el que se cumplen las demás, y habría producido, también, como un *substrato*, es decir, un material previo para el cumplimiento de las demás iniciativas, relacionadas con la primera. Se podría decir que Dios *deviene* en esta sucesión de iniciativas; pero no deviene en sí mismo, sería algo absurdo. Dios deviene "en el otro", en la realidad creada, es decir, en la concatenación de los cumplimientos de sus iniciativas en el mundo (196).

### 3. *La realidad integral de la creación*

Hemos visto la acción creadora desde la perspectiva de Dios y desde la perspectiva del mundo. Si ahora consideramos ambas perspectivas unidas, aparece Dios como la fuente y origen de todas las cosas, y principio absoluto de todo por su actividad creadora que es *donación liberal*: Dios es la *realidad fontanal* (C 196; HD 177s).

Por la acción creadora Dios no sólo ha querido que haya realidades en el mundo; ha querido también que estas realidades finitas sean divinamente reales, que sean realidades "que se vayan formando a sí mismas". Por tanto, la voluntad de creación es la voluntad divina de un mundo con una tal capacidad de autoformación que lo lleve hacia una constitución que sea como una reproducción finita no sólo de la realidad divina, sino también "de lo que es la propia existencia de la vida divina". Ahora bien, esto no significa que "el mundo tenga un vestigio de la Trinidad". Lo que sucede es que el mundo, al ser creado, ha sido plasmado como un mundo que está constitutivamente en autoformación. Dios ha querido crear un mundo como una realidad que se va formando a sí misma, y en la que, por supuesto, "intervienen las distintas iniciativas divinas". La realidad divina es fuente y origen de un mundo abierto que nunca queda desvinculado de Dios, que "nunca es ajeno a la realidad y a la acción de Dios" (197).

Zubiri se refiere a la concepción clásica de la necesidad de un *concurso* divino para que las criaturas puedan producir sus efectos, y a la cuestión del carácter mediato o inmediato de ese concurso. Él considera suficiente el *concurso mediato*, y lo explica diciendo que en la creación hay un *substrato* inicial, que se debe atribuir inmediatamente a la acción creadora, a partir del cual Dios hace de manera *mediata* que "las cosas efectivamente se hagan y vayan haciendo lo que ellas son". Las realidades están ordenadas unas a otras y van realizando la autoformación correspondiente a la voluntad creadora. En su donación creadora Dios ha querido que las cosas sean reales, y que lo sean del modo más divino posible, es decir, que se hagan reales por sí mismas a partir del *substrato primario* en cuya profundidad se halla la acción fontanal de Dios (198s).

En conclusión, la creación es una actividad divina que consiste en una *procesión iniciante inmanente,* cuyo término es exterior a Dios, y que quiere plasmar en la realidad creada la vida trinitaria, plasmándola "fuera de Dios" para ser vivida de modo finito. La creación es una *donación liberal* de Dios. Produce un *substrato* inicial y da a la realidad creada la capacidad de *autoformación*.

Hay dos *modos* de creación: la creación de las esencias cerradas (el mundo material y orgánico) y la creación de las esencias abiertas (la realidad humana). Esto nos introduce en la sección siguiente. En ella la exposición del hombre como realidad creada completa lo dicho en el capítulo segundo sobre la comprensión zubiriana del hombre (199).

La Creación. Un proceso hacia la libertad

II. LOS MODOS DE LA CREACIÓN

La concepción de la creación vista en la sección anterior es aplicable a todas las cosas creadas. Pero en éstas hay niveles o grados, que suscitan la cuestión de *los modos de la creación*. Parece que ha de haber diferencias en el acto creador cuando sus términos, las realidades creadas, tengan estructuras radicalmente diversas.

Según el concepto normal y corriente, la creación es una producción de algo desde la nada. Es un concepto válido para todo lo creado, pero está centrado en la dimensión negativa: la producción desde la nada de lo que no es Dios. Si se atiende a la dimensión positiva, es decir, a la estructura de lo creado, aparece la cuestión de los *modos* de la creación, que son sólo dos: creación de las *esencias abiertas* y creación de las *esencias cerradas* (C 200).

Zubiri llama esencias *cerradas* a las esencias de las cosas reales que son *de suyo* y nada más. Tienen esencias *cerradas* los cuerpos materiales y los organismos vegetales y animales. Las esencias *abiertas*, en cambio, son las esencias de las realidades que no sólo son reales y, por tanto, son *de suyo*, sino que además son *suyas*, es decir, tienen el momento de *autoposesión* propio de las realidades personales. La apertura de la esencia de las realidades personales se debe al hecho de que poseen inteligencia y voluntad: "la esencia intelectiva es de suyo *abierta en sí misma*" (SE 502).

Tanto las esencias cerradas como las esencias abiertas han sido creadas de la nada y en este sentido no hay distinción entre ellas; pero constituyen dos tipos diferentes de realidades creadas y surge la pregunta: ¿cuál es el fundamento, por parte de Dios, de que haya realidades que son esencias cerradas y realidades que son esencias abiertas? En cuanto son realidades creadas *desde la nada* no hay diferencias en el acto creador. En cuanto las realidades materiales y orgánicas (esencias cerradas) y la realidad personal del hombre (esencia abierta) son *término* del acto creador, debe haber en ese acto alguna diferencia con relación a los términos creados, debe haber modos diversos de creación (C 201).

## A. Primer modo. Creación de las esencias cerradas. La realidad material y orgánica

Las cosas que Dios ha creado corresponden a una *idea* divina que se cumple a partir de "un *fiat*, un *hágase* creador sin el cual no habría realidad fuera de la mente divina" (C 202). La creación es una donación cuya raíz es la fecundidad divina. ¿Cómo opera esa fecundidad?

Dios es la realidad absoluta y al crear otorga realidad a las cosas creadas que existen *en sí mismas*: son las *esencias cerradas*. Sin ignorar la problemática científica implicada en el tema, Zubiri dice que Dios, al crear las esencias cerradas, ha querido dar realidad efectiva al orbe entero del mundo material. Este mundo se va progresivamente formando desde sí mismo, se va autoformando por lo que llamamos evolución: "la fecundidad de la esencia divina se plasma real, efectiva y concretamente en lo que llamaríamos voluntad de evolución" (203).

Zubiri se ha referido anteriormente a la posibilidad de *iniciativas creadoras distintas* pero no lo cree necesario en el caso del mundo material, incluidos los seres vivos. Todo este ámbito aparece en un primer *fiat* creador, del cual provienen las realidades materiales subsistentes *en sí mismas*, que constituyen como fragmentos de un mundo que se va autoformando. "Solamente este mundo material, tomado por entero, es lo que rigurosamente hablando constituye una auténtica esencia cerrada, es decir, una realidad subsistente en sí misma" (203). Esta idea corresponde a lo afirmado en *Inteligencia y realidad*: "Sólo hay una substantividad sistemática estricta: es la substantividad del cosmos" (IS I, 204); el cosmos entero constituiría un único sistema con suficiencia constitucional, es decir, una substantividad.

Es más compleja la cuestión de las esencias abiertas, que corresponden a las realidades humanas, realidades subsistentes en sí mismas y *por sí mismas*. El hombre es esencia abierta porque puede cambiar la propia definición; la figura de su Yo es definitoria (SH 664s).

## B. Segundo modo. Creación de las esencias abiertas. La realidad humana

Las esencias abiertas tienen mucho en común con las esencias cerradas. Pensemos en las semejanzas entre el cuerpo humano y el cuerpo del animal. Pero hay una diferencia radical que es la tesis a exponer y desarrollar: "lo esencial de una esencia abierta consiste en que ella es formalmente la plasmación *ad extra* de la propia vida trinitaria de Dios". Esta tesis entiende el acto creador de la realidad humana como una plasmación *finita* de la vida trinitaria. Ahora bien, el acto creador está siempre regido por una idea divina que se cumple en las cosas creadas; en el caso del hombre "la idea que preside la creación de la esencia abierta es la propia realidad divina" (C 204).

La creación de la realidad humana, que se autoforma *desde sí misma* y también *por sí misma*, es "una proyección *ad extra* de la propia vida trinitaria" (204); no es una emanación de la realidad divina, "pero sí es una proyección de la vida de Dios hacia fuera" (205). Esta afirmación encontraría un apoyo en el Evangelio de Juan cuando se promete la presencia de la Trinidad en el discípulo: "Vendremos a él y haremos morada en él" (*Jn* 14,23). Pero, ¿cómo puede el hombre justo ser morada de la Trinidad? La respuesta se halla en la característica propia de la creación del hombre; en efecto, esa creación no consiste sólo en donación de realidad sino también en "donación finita de la propia vida" divina. En este caso la fecundidad de Dios consiste en *deiformación*, es decir, en crear una realidad fuera de Dios "que sea deiforme por razón de la vida trinitaria que en ella va a plasmarse" (205).

Zubiri desarrolla esta tesis indicando su fundamento bíblico (1), y exponiendo la estructura de la realidad creada del hombre (2) y su proceso vital (3).

### 1. *La creación del hombre en la Escritura*

La *iniciativa* divina de crear la realidad humana está expresada en el primer capítulo del libro del Génesis: "Hagamos al hombre a imagen y semejanza nuestra" (206).

Una atención especial merece el hecho que la iniciativa del creador sea hacer al hombre a *"imagen y semejanza* nuestra". Zubiri relativiza la presencia de los dos términos y dice que la *semejanza* sólo pretende explicar y dar claridad al término *imagen*; basta, por tanto, atenerse a este término al plantear la cuestión: ¿Qué significa que el hombre ha sido creado a *imagen* del creador?

La respuesta consiste en el desarrollo de tres puntos:

a. *El cuerpo humano*. El hombre aparece como *imagen* del creador, en primer lugar, por su dimensión corporal. Según la Escritura el término cuerpo no se refiere a una parte del hombre sino al hombre entero en un sentido determinado. Ciertamente, el cuerpo está compuesto por un conjunto de órganos que constituyen un *organismo*, es decir, un sistema *solidario* de órganos con una unidad propia. Pero la función primaria del cuerpo del hombre es ser *principio de actualidad*; en efecto, por el cuerpo la realidad humana se hace actual en el mundo, puede actuar sus posibilidades de realización, y se concreta la *figura* que define el momento preciso de la vida del hombre en su *configuración*. Según la comprensión bíblica el cuerpo no queda excluido de la realidad humana en cuanto ésta es *imagen* del creador; al contrario, queda decisivamente incluido (208). La Encarnación del Verbo lo confirma.

b. *El dominio sobre la tierra*. Otro punto que explicita la iniciativa divina de hacer al hombre a imagen del creador, es la misión recibida de crecer y dominar la tierra (cfr *Gn* 1,28). El hombre participa por donación del dominio de Dios sobre lo creado; es señor de la creación y en cuanto tal aparece como imagen de Dios, con una intensidad superior a la mostrada por su configuración corporal. Pero las dos dimensiones se complementan: por el cuerpo el hombre está abierto a los demás, ejerce el dominio sobre el mundo y posee la capacidad de procreación, vinculada a la misión de poblar y dominar la tierra (209).

c. *El carácter absoluto de la realidad personal*. El tercer punto que indica la condición del hombre como imagen del creador no proviene de la interpretación de la Escritura sino de la filosofía zubiriana de la realidad personal. Según nuestro autor, el hombre no sólo es *real*; es también una realidad que es *suya* y se autoposee de tal forma que adquiere un modo de ser *absoluto*. Pero el modo humano de ser absoluto es ser *ab-*

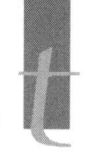

## La Creación. Un proceso hacia la libertad

*soluto relativo*, y es *relativo* porque se trata de un modo *adquirido* de ser absoluto; en efecto, el hombre alcanza su modo absoluto de ser gracias a las propiedades de su realidad: la inteligencia y la voluntad. El hombre puede enfrentarse intelectivamente al conjunto del universo en el que está instalado, precisamente por el modo de ser *absoluto* que posee, aunque sea sólo relativamente absoluto. En ello se manifiesta también la condición humana de ser imagen del creador (209).

Por tanto, el hombre es imagen del creador por su *figura corporal*, por la que está presente en el mundo, por la *dominación sobre la tierra*, que comparte con el creador, y por el modo de ser *relativamente absoluto* de su realidad personal.

### 2. La realidad humana. Su estructura

La conceptuación de la vida trinitaria es el punto de partida para describir la estructura de la realidad humana creada por Dios. El Padre, realidad absoluta, que es fuente y principio de todo, es el origen de la persona del Hijo, que procede del Padre como actualidad de su realidad, es decir, como su Verdad real; ésta queda ratificada como idéntica a la realidad del Padre, de quien procede, por el testimonio del Espíritu de la Verdad. En la unidad insondable y misteriosa de la única realidad divina se constituye la unidad de respectividad "que llamamos vida personal trinitaria de Dios" (209s).

Zubiri analiza y expone el cumplimiento de modo finito de su conceptuación de la vida trinitaria en la realidad creada del hombre, y lo hace manteniéndose fiel a su tesis: Dios ha querido plasmar *ad extra* su propia vida trinitaria. Ahora bien, al mantener la tesis de la plasmación de la vida divina en la realidad humana, aparece la inevitable necesidad de que el hombre, en quien Dios quiere plasmar su vida, tenga de alguna manera un carácter absoluto. Hemos visto anteriormente que lo tiene: el hombre es *relativamente absoluto*. En efecto, el hombre es *absoluto* porque su realidad posee inteligencia y voluntad; pero lo es *relativamente*, porque el modo humano de ser absoluto se *adquiere* en el proceso de configuración de su realidad personal. Por tanto, el hombre puede ser término de la plasmación de la vida divina porque posee un modo de ser *absoluto*, aunque sea un modo *relativo* de ser absoluto (210).

¿Cómo acontece la plasmación de vida divina en la realidad creada del hombre? La respuesta incluye tres puntos: la plasmación acontece en la *estructura* de la realidad humana (a), en la *finitud* de la plasmación (b), en la *libertad* (c).

a. *Elementos estructurales de la realidad humana*

*La realidad sustantiva.* La realidad divina tiene inteligencia y voluntad porque Dios es persona. En Dios el momento personal tiene *prioridad* sobre su realidad y, por ello, su inteligencia y su voluntad son *consecutivas* al momento divino de autoposesión personal. En el hombre la situación es la inversa. Posee inteligencia y voluntad, es persona y tiene el momento de autoposesión personal. Pero en el hombre la autoposesión personal es *consecutiva* al hecho de ser una realidad con inteligencia y voluntad. En Dios la realidad está fundada en las personas divinas; en el hombre, ser persona está fundado en las propiedades de su realidad sustantiva. Por consiguiente, la *realidad sustantiva* del hombre constituye, en su finitud, la raíz de lo que el hombre va a hacer el resto de su vida, constituye la *fuente* y el *principio* de las posibilidades de realización y de autoformación finita del hombre. Zubiri afirma que la realidad sustantiva del hombre es como la *reproducción finita* de la persona del Padre, *fuente y principio* de la vida de Dios (210s).

*La actualidad.* La filosofía zubiriana llama Yo a la actualidad o ser de la realidad del hombre. El Yo se va configurando y tiene en cada momento una *figura* que se va adquiriendo por las acciones ejecutadas durante la vida. A partir de su realidad sustantiva el hombre se actualiza en el mundo, actúa, y va construyendo la figura de su Yo. Ello sucede mediante el proceso de configuración, que es la vida humana, y la *figura* que se va obteniendo adquiere carácter absoluto, pero relativamente absoluto, porque se consigue a partir de la realidad y sus propiedades. La figura del Yo, con su carácter relativamente absoluto, define en cada momento lo que el hombre es; en efecto, esa figura constituye la actualidad del hombre en el mundo, es decir, la *verdad real* de su realidad sustantiva. Por ello, la figura del Yo del hombre, su verdad

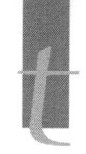

## La Creación. Un proceso hacia la libertad

real, constituye como la *reproducción finita* de lo que el Hijo es en la Trinidad: la *verdad real* del Padre (211; cfr HD 56-59).

*La intimidad.* El Yo del hombre, verdad real de su realidad sustantiva, no queda desvinculado de la realidad. Al contrario. El Yo, o actualidad del hombre, efectúa como un *retorno* hacia la realidad sustantiva de la que procede. Se trata del momento de una vivencia metafísica particular: la vivencia de una *identidad* suficiente entre la realidad y la actualidad del hombre, que Zubiri llama *intimidad*. La *intimidad* consiste en el momento vivencial que pone de manifiesto la adecuada relación entre la figura del Yo y la sustantividad humana; es un momento de verdad en el que aparece la correspondencia entre la realidad del hombre y aquello que él ha hecho de sí mismo y que adquiere forma concreta en la figura del Yo; se establece la verdad entre la realidad y la actualidad del hombre. Por ello la *intimidad* puede ser considerada como la *reproducción finita* del Espíritu Santo, el Espíritu de la Verdad.

En la conceptuación de la Trinidad el Espíritu de la Verdad es también el Espíritu del Amor. Algo similar acontece en la plasmación finita de la vida divina. En la persona humana la *intimidad* no sólo establece la verdad de la correspondencia entre la realidad y la actualidad del hombre; en la intimidad se cumple, además, una complacencia y fruición por la conformidad entre lo que el hombre ha llegado a ser en su actualidad y lo que ha querido ser a partir de su realidad. Zubiri advierte que esta complacencia en el momento de *intimidad* no es egoísmo, pues no implica el querer a los demás en beneficio propio sino quererlos en sí mismos, querer su bien; por ello el mandamiento del amor dice: "Amarás al prójimo como a ti mismo" (*Lv* 19,18). Sólo se puede amar a los demás a partir de una riqueza suficiente de *intimidad* personal. Sin autoestima no se puede amar al otro (212).

La vida trinitaria, por tanto, tiene como una *correspondencia* finita en los tres momentos estructurales de la persona humana: realidad, actualidad, intimidad. En Dios, la vida trinitaria consiste en la unidad de una vida constituida por las tres personas divinas. En el hombre, los tres momentos estructurales son sólo aspectos de una misma vida; en ella, a partir de la *realidad* se realiza la *actualidad* o figura del Yo, que *re-*

*torna* a la realidad por la *intimidad* de la propia vida interna; se establece así la correspondencia o verdad, entre la actualidad y la realidad del hombre. La realidad sustantiva del hombre constituye siempre el origen y fundamento de la realización humana (212).

b. *La finitud*

Lo dicho sobre la plasmación de la vida trinitaria en la realidad humana requiere precisión. La exposición no pretende mostrar la existencia de una *imagen* de la Trinidad en el hombre, como se ha intentado hacer en la historia de la teología; y tampoco es su intención encontrar en la realidad humana algo que nos oriente hacia la realidad divina o nos ayude a conceptuar el misterio de la Trinidad. Lo que la exposición zubiriana se propone es partir de la conceptuación de la vida divina, fuente y principio de la realidad humana, y mostrar el fundamento trinitario de la estructura radical del hombre: realidad, actualidad, intimidad.

Ahora bien, tampoco se debe pretender una deducción de la estructura de la Trinidad a partir de las estructuras humanas, pues la plasmación de la vida trinitaria en la realidad del hombre tiene un intrínseco momento interno que es la *finitud*, y del momento de *finitud* no se puede deducir nada; de él no se puede deducir dialécticamente una infinitud: el momento de *finitud* sólo se puede constatar (213).

Por consiguiente, no se trata de encontrar en el hombre una imagen de la que se pueda deducir la Trinidad o de deducirla dialécticamente a partir de las estructuras humanas finitas. Lo que Zubiri pretende es lo contrario. Su conceptuación ve en las estructuras humanas el término de un acto creador que quiere proyectar "fuera de Dios" la vida divina en modo finito. Esta forma de conceptuar la creación del hombre nos abre "las puertas a lo que nos va a enseñar más tarde la revelación, a saber: cómo Dios se ha hecho hombre" en la Encarnación de su Palabra (214).

Resumamos lo dicho sobre la estructura de la realidad creada del hombre. La *realidad* humana se realiza en su actualidad en el mundo, que constituye su ser y la *figura de su Yo*. La *intimidad*, como momento de *retorno*, establece la correspondencia entre la figura del Yo y la realidad sustantiva, de donde procede. El momento de intimidad personal es "el último momento de la plasmación de la vida trinitaria en el hombre". Por poseer inteligencia y voluntad el hombre es un absoluto relativo, es decir, "la persona humana es la forma finita de ser *como* es Dios", y además, la vida humana se realiza según una estructura trinitaria que se concreta en la realidad sustantiva como origen radical, en la actualidad de la realidad, su verdad real, que constituye la figura del Yo, y en la intimidad, que establece y mantiene la correspondencia entre la actualidad y la realidad. No se trata de que estos tres momentos de la vida humana "se parezcan en nada al Padre, al Hijo y al Espíritu Santo". Pero la función que desempeñan los tres momentos: realidad, actualidad, intimidad, en la vida de la persona humana "es explícita y formalmente trinitaria"; la persona humana "vive trinitariamente" (214).

c. *La libertad*

Los tres momentos estructurales de la vida humana son una reproducción finita de la vida trinitaria. Pero lo que en la Trinidad son tres personas, en el hombre, su "reproducción" finita, son sólo tres "aspectos de una sola realidad finita". Ahora bien, "la unidad radical de esos tres aspectos es justamente lo que constituye la *libertad*". Según Zubiri, el hombre tiene libertad por los tres aspectos estructurales en su unidad, pues ninguno de ellos aisladamente hace al hombre. El hombre es libertad porque es una realidad que elabora desde su *sustantividad* una actualidad o *figura*, cuya correspondencia con la realidad sustantiva original se establece y mantiene por la *intimidad*. Por ello, la libertad no es la raíz de la condición personal humana sino la plasmación y concreción de lo mejor que el hombre es como persona, de lo que es como realidad *suya* que se autoposee (215).

En esta línea de pensamiento se constatan tres caracteres de la libertad que ponen de manifiesto como la libertad es lo más radical de la plasmación de la vida trinitaria en el hombre:

*En primer lugar*, la libertad es una participación finita en la *soberanía* e *independencia* del creador. En consecuencia, Dios no "puede imponer algo a la libertad humana que esté por encima de su intrínseca soberanía" si no quiere anular la libertad del hombre. Podría anularla, indudablemente; pero "lo que no puede hacer es conservarla como no sea en plenitud independiente".

*En segundo lugar*, el hombre libre se va haciendo a sí mismo en una acción real y positiva. No tiene sólo una independencia, en cierto modo semejante a la de Dios. Tiene, además, "un modo de realización que es divino: se va haciendo *por sí mismo*". Por la libertad el hombre se hace a sí mismo divinamente.

*En tercer lugar*, el hombre va haciéndose a sí mismo de una manera iniciante, según una verdadera *iniciativa*: "La libertad inicia en su acto verdaderamente libre una novedad imprevisible en el resto de la creación" (215).

La libertad del hombre es iniciante y pone en marcha iniciativas. Y en el carácter iniciante se presenta, precisamente, la misteriosa relación de la libertad humana con la realidad de Dios. Hemos visto anteriormente que el mundo está abierto a las iniciativas del creador. Ahora vemos que el hombre, por su libertad, toma verdaderas iniciativas, y hemos de concluir que la libertad humana, en cada uno de sus actos libres, es como "la causa segunda por la que Dios toma una iniciativa en la creación".

El mundo creado tiene una estructura *abierta* en cuanto es el término de la iniciativa divina que crea al hombre instalado en el mundo. Por poseer una esencia *abierta*, el hombre está dotado de una *apertura*, la cual hace posible el cumplimiento de la voluntad divina que quiere la deiformación de la vida humana en libertad (216).

### 3. *El proceso real y efectivo de la vida del hombre*

La vida del hombre como esencia abierta consiste en un proceso que posee un triple carácter: es un proceso biográfico, histórico y originado. Son tres dimensiones de la vida humana que tienen el origen en la voluntad creadora de Dios.

#### a. *Un proceso biográfico*

La voluntad divina de deiformación del hombre es voluntad de deiformación *biográfica*. Para explicitar el concepto hemos de atender al

## La Creación. Un proceso hacia la libertad

hecho que la vida humana proviene de las estructuras fundamentales que hemos visto anteriormente: la *realidad* humana, su *actualidad* en el mundo, la *intimidad* como cumplimiento de la correspondencia entra la actualidad y la realidad. Ahora bien, la vida humana no emerge simplemente de esas estructuras como si fueran su fundamento y origen último. Dios, en su iniciativa creadora, está presente como fuente y principio en la profundidad de todas las realidades creadas, y en especial, en la profundidad de la realidad del hombre. La vida del hombre procede de la acción creadora de Dios y se realiza ante su presencia misteriosa que siempre lo acompaña (C 216).

*La causalidad personal*. La conexión de la vida humana con la presencia de Dios como su fuente y principio no se puede conceptuar de modo adecuado si se parte exclusivamente de la idea clásica de causalidad. Esta idea sería suficiente si se tratara del mundo no humano, es decir, de las esencias cerradas. Pero para exponer la conexión del hombre con la presencia *fontanal* de Dios resulta muy conveniente inspirarse en la realidad cotidiana de las relaciones interhumanas. En efecto, en las relaciones personales, familiares y de amistad, suceden momentos de *causalidad personal*, que son activos y eficientes en las acciones humanas, y sería difícil integrarlos "en los cuatro conceptos de causalidad que Aristóteles nos legó" (216). Zubiri hace la aplicación del concepto de causalidad personal a la relación del hombre con Dios, y dice que la conexión de la vida del hombre con la presencia personal de Dios, su fuente y principio, constituye un modo particular de relación de amistad cuya denominación adecuada es *gracia* (*kharis*) (217).

*La gracia*. La *gracia* a la que hemos aludido no se identifica con el "carácter trinitario de la estructura del hombre" en sus tres momentos de realidad, actualidad e intimidad. La estructura trinitaria constituye la realidad formal del hombre y en cuanto tal es el fundamento que hace posible la acogida personal de la gracia. El hombre no sólo vive trinitariamente *en* un Dios trinitario, sino que "convive además *con* Dios". Por sus estructuras creadas el hombre vive *en* Dios. Por la gracia vive además *con* Dios.

En las cosas que el hombre hace hay un indicio de *reproducción* finita de la realidad trinitaria de Dios; en efecto, todas esas cosas proceden de la estructura de la realidad humana personal, y ésta tiene el carácter de reproducción finita de la vida trinitaria. Muchas de las cosas que el hombre hace proceden además, a un nivel más o menos explícito, de la conexión con la presencia en profundidad de la realidad personal del creador; por tanto, deberán considerarse como obra de la *gracia*. Ahora bien, la gracia "es una gracia en libertad", y donde hay libertad surge inevitablemente el problema del pecado, que pone en cuestión cuanto acabamos de decir (217).

*El pecado*. Para afrontar la cuestión del pecado hemos de empezar recordando que la voluntad creada, por su carácter libre, está irremediablemente abierta a la posibilidad del pecado: "Toda voluntad creada, incluso la propia voluntad de Cristo, es intrínsecamente y de suyo defectible". Ciertamente, Cristo no pecó, pero su voluntad humana, por razón de ser creada, "tenía la posibilidad interna de abrirse a un pecado" (217).

El pecado no es sólo una falta moral. Es algo más profundo, que consiste, primero de todo, en una *aversión de Dios* más o menos explícita, más o menos intensa. El acto pecaminoso consiste en hacer voluntariamente lo que Dios no quiere; supone, por tanto, un suficiente conocimiento de la voluntad divina, ya que la rechaza y se opone a ella. ¿Cómo encaja la realidad del pecado con la *estructura trinitaria* de la realidad personal del hombre? (218)

Teniendo en cuenta lo que acabamos de decir, podemos definir el pecado como el modo de "vivir aversivamente la propia vida trinitaria"; vivirla, por tanto, en *aversión* contra Dios. La definición pone de manifiesto que actuar oponiéndose a la voluntad de Dios es una enigmática paradoja. Es más. Si nos atenemos al carácter trinitario de las estructuras humanas, la oposición a la voluntad divina resulta algo misteriosamente contradictorio: en el pecado y el mal hay, sin duda, una dimensión misteriosa. "Todo pecado es trinitario; y, recíprocamente, todo acto bueno, cualquiera que sea, es *eo ipso* trinitario".

Al referirse al "acto bueno" Zubiri manifiesta su desacuerdo con la idea de "que una cosa es la bondad natural y otra cosa la bondad llamada sobrenatural. Estas escisiones no existen en la realidad humana", dice nuestro autor. Sobre el "acto malo" observa que hay dos formas de pecado personal: una, la *malicia* del acto voluntario del pecador, y otra, la *malignidad* del acto cuando se quiere inducir a otro a pecar. En todo caso el pecado es un acto de la voluntad humana que se opone a Dios (218).

*Voluntad permisiva y voluntad de beneplácito en Dios.* El acto de voluntad de la realidad creada nunca está desvinculado de la voluntad del creador. Siempre hay una conexión entre la voluntad del pecador y la voluntad de Dios. En el caso del pecado, se ha querido explicar esa conexión diciendo que conecta la voluntad del hombre con la voluntad *permisiva* de Dios, que no quiere el pecado pero lo permite. En Dios, por tanto, habría dos voluntades: la *voluntad permisiva*, que permite que se haga lo que Él no quiere que se haga, y la *voluntad de beneplácito*, que corresponde a lo que Él quiere que se haga (218).

La explicación de la conexión de la voluntad del pecador con la voluntad de Dios mediante la voluntad *permisiva* no se puede poner en duda. Pero es problemática, pues "en Dios no hay dos voluntades: una voluntad de beneplácito y una voluntad permisiva"; es más, si se toma la voluntad como fenómeno intencional entonces hay que afirmar que "en Dios no hay dos intenciones distintas: la intención de beneplácito y la intención permisiva". En Dios "no hay más que una voluntad" (219).

*La unidad en la voluntad de Dios.* La conclusión de que "no hay más que una voluntad" en Dios, suscita algunas preguntas y Zubiri ofrece su respuesta:

a) ¿En qué consiste la unidad intencional de la voluntad *permisiva* y la voluntad *de beneplácito*? La unidad de las dos voluntades debe estar constituida por la intención del cumplimiento de un bien. Dios no tendría voluntad permisiva si no tuviera la voluntad de beneplácito de que se cumpliera una cosa buena en la creación.

b) ¿Cómo están relacionadas las dos voluntades en su unidad intencional? Las dos voluntades no están meramente yuxtapuestas. Ciertamente, están unidas por una intención. Pero, en su unidad, una voluntad está fundada en la otra: "La voluntad permisiva está fundada en la voluntad de beneplácito. Dios tiene el beneplácito de la permisión", es decir, permite un mal porque quiere un bien (219).

c) Pero, ¿cuál es el fundamento de la unidad de las dos voluntades para que Dios tenga el beneplácito de la permisión, es decir, permita un mal porque quiere un bien? En su respuesta Zubiri se refiere a la creación del hombre y dice que lo que Dios ha hecho "es justamente la creación de la libertad". Dios ha creado la libertad y en la voluntad de creación de la libertad reside la unidad de la voluntad de *beneplácito* y la voluntad *permisiva*. En Dios, la voluntad de permisión, la voluntad de permitir un mal, está implicada y fundada en la voluntad de crear "una libertad que, en tanto que creada, es intrínsecamente defectible". La libertad de la creatura implica la posibilidad del pecado; es la consecuencia inevitable de "haber creado una esencia abierta", a saber, haber creado una creatura dotada de libertad (219s).

d) Otra pregunta completa la cuestión. ¿Cuál es el bien supremo que Dios ha querido en esa única voluntad, en la que se unen de manera misteriosa la voluntad del bien y la voluntad de permitir el mal? Dios ha querido la libertad como *supremo bien* al crear al hombre libre. La respuesta parece evidente, pero es también extraordinariamente misteriosa, sobre todo, si se piensa en la posibilidad de condenación del pecador. Nuestro autor insiste y afirma que "el bien supremo y la realidad suprema de la creación es justamente la libertad en que culmina la estructura de la realidad humana como esencia abierta". Por tener libertad "el hombre es lo que es Dios y, al modo humano, vive como vive Dios: por sí mismo y desde sí mismo" (220).

En resumen, la vida humana es un proceso que el hombre va cumpliendo con la voluntad *biográfica* de realizarse. El hombre va haciendo la *figura* de la actualidad de su realidad desde sí mismo y *por sí mismo*, es decir, la efectúa divinamente. A la voluntad divina de deiformación biográfica corresponde la voluntad humana de realización también biográfica. Zubiri da mayor concreción a la tesis y dice que a la voluntad humana de realización biográfica corresponde la voluntad del Verbo, actualidad de la realidad divina, de plasmar biográficamente su autoposesión personal en la figura personal de hombre (220).

## b. *Un proceso histórico*

La realización humana no consiste únicamente en un proceso biográfico de carácter individual, pues el hombre está instalado en unas conexiones de convivencia con los demás. La conexión radical es la genética. Por ella el individuo pertenece a la especie humana, y en ella se fundamentan las diversas estructuras sociales en las que el hombre convive.

*El mundo.* El *mundo* surge de la convivencia humana y se constituye por el conjunto de resultados de las decisiones y acciones del hombre. Éstas se van concretando y objetivando; al mismo tiempo, se van *despersonalizando*, y van constituyendo el mundo. El mundo así entendido gravita sobre el hombre e influye inevitablemente sobre él. No cancela su libertad pero de alguna manera la determina, pues establece el contexto en el que el ejercicio de la libertad es posible. Cada hombre nace en una sociedad determinada y, por tanto, además de sus capacidades y decisiones, se encuentra con un contexto en el que ha de vivir su vida. Los acontecimientos que suceden en el mundo y en la vida del hombre en el mundo, constituyen "el decurso de la historia", a saber, el proceso de la historia en su sucesión temporal (221).

*Las iniciativas divinas.* Zubiri afirma con decisión que "Dios es el rector de la historia", y que la historia no es sólo el lugar de la libertad humana, pues en ella se cumplen las *iniciativas* divinas. Dios tiene efectivamente sus iniciativas, sea cual sea el juego de las libertades humanas, y la sucesión temporal de la historia "irá al punto indefectible al que Dios ha querido llevarla". Este es el sentido del mensaje profético del Libro de Isaías cuando dice que la palabra que Dios pronuncia no volverá a Él sin haber realizado su misión sobre la tierra (cfr *Is* 55,10-11). Nuestro autor señala las siguientes iniciativas divinas que se cumplen en la historia: la gracia personal en la realización biográfica individual, la Alianza en la historia del pueblo de Israel, la iniciativa escatológica en el Nuevo Testamento, el profetismo como fenómeno en el curso general de la historia (222).

*La deiformación del hombre.* Las decisiones de la libertad humana acontecen en la historia. En ella, Dios, que es Señor de la historia, tiene sus iniciativas para que se cumpla su voluntad de *deiformación* histórica del hombre. En el itinerario recorrido por las iniciativas divinas y las decisiones humanas, incluido el pecado, se va cumpliendo una determinada finalidad divina de *deiformación* histórica. No se trata, directamente, de que el mundo se haga cristiano, sino de una cosa más sencilla y radical: "en y por la historia el hombre va haciendo la verdad de Dios". En efecto, el curso de la historia, en sus formas más diversas, "tiene el sentido de ir haciendo cada vez más verdadera" la imagen del Hijo en el mundo creado. El Hijo es la Verdad del Padre por la procesión trinitaria; y la procesión divina iniciante, cuyo término es la creación, produce en la realidad creada del hombre una imagen del Hijo, que se ha de ir haciendo cada vez más verdadera (222s).

En el curso de la historia se va haciendo verdadera la imagen del Hijo en el hombre, es decir, va adquiriendo verdad la "reproducción" finita del Hijo en la realidad creada. Hemos visto anteriormente que, en la Trinidad, el Espíritu de la Verdad da testimonio de la identidad entre el Hijo, Verdad del Padre, y la realidad del Padre, de donde el Hijo procede. De modo similar, el Espíritu de la Verdad da testimonio en la historia de la verdad de la imagen finita del Hijo en la realidad creada.

Según Zubiri, la gran realidad humana no es la historia, que tiene un inicio y va hacia su fin. Lo esencial es el sentido que va adquiriendo la historia como testimonio y proclamación de la verdad de la imagen del Hijo cumpliéndose en la realidad del hombre. Quien proclama ese testimonio es el Espíritu de la Verdad. Por ello el sentido de la historia "es la obra, en definitiva, del Espíritu Santo" (223).

*El mal.* Ciertamente, en el curso de la historia está presente el pecado. Y no sólo está presente como decisión personal opuesta a la voluntad de Dios, sino también como *mal*, como resultado de los pecados personales, que se ha concretado y objetivado, y tiene una influencia inevitable en la decisión personal del individuo. En la historia está presente "la maldad objetiva como uno de los ingredientes del mundo", es decir, como un elemento, en cierto modo determinante, en el contexto histórico de la libertad del hombre (223).

## La Creación. Un proceso hacia la libertad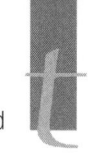

*El juicio del mundo.* El hombre vive su vida en el mundo, en el que existe el mal. Pero el mundo está ya bajo proceso y sometido a juicio; es más: "el príncipe de este mundo está ya juzgado" (*Jn* 16,11). Según la fe cristiana, la historia sigue un itinerario que se cumplirá del modo querido por Dios, sean las que sean las decisiones de la libertad humana, y a pesar del hecho inaudito del rechazo de Cristo, cuando la oposición entre la voluntad de Dios y la voluntad del hombre ha alcanzado un grado impensable e insuperable. Pero la misteriosa paradoja es que en el momento de crisis abismal en la creación: la condena y la muerte del Hijo, acontece precisamente la redención del hombre (223).

Con toda certeza la voluntad positiva del Padre y del Verbo encarnado no fue morir en la cruz. Eso fue consecuencia de la condena impuesta por quienes procesaron y juzgaron a Cristo. Y podemos preguntarnos, ¿si Cristo, en vez de ser rechazado, hubiera sido aceptado, habría habido redención? Ciertamente que sí, pero habría sucedido de otro modo. La redención mediante la cruz de Cristo es el caso extremo en el que se manifiesta el cumplimiento del sentido de la historia querido por Dios y, al mismo tiempo, se mantiene el respeto incondicional de Dios por la libertad del hombre, incluso cuando las decisiones humanas están en un contraste total con la voluntad divina. La historia es el contexto en el que opera la libertad del hombre y acontece el juicio que pone de manifiesto la Verdad de Dios, en el pleno respeto de la libertad humana (224).

### c. *Un proceso originado*

Por parte de Dios hay una voluntad de deiformación que es *biográfica*, porque se ha de realizar en el transcurso temporal de la vida del hombre, y es *histórica*, porque Dios es el rector de la historia, el contexto ineludible en el que el hombre ejerce su libertad. La voluntad de deiformación es también voluntad de *originación*; así está expresado en la afirmación: "hagamos al hombre", del Libro del Génesis (*Gn* 1,26).

La iniciativa divina originadora del hombre empieza a cumplirse en el inicio de la creación. Luego se despliega en un dilatado proceso de *evolución*, cuyo término es precisamente la *hominización*. Se trata de un largo proceso en el cual "se va engendrando el hombre en el cosmos". Dios no está excluido de este proceso pues creación, evolución y hominización acontecen *en* Dios (224).

*El hombre y la evolución.* Hemos de admitir que la evolución no afecta sólo al cuerpo humano sino también "a lo que se llama alma". Sin embargo, no parece que la inteligencia y la voluntad, las funciones más elevadas del psiquismo humano, puedan surgir por evolución, si se entiende por tal una transformación de la materia. Ahora bien, el psiquismo humano está montado sobre lo que se llama "psiquismo sensitivo", y éste, en tanto que psiquismo, "es un estricto producto de la evolución" (224s).

La inteligencia y la voluntad humanas no proceden de una transformación en un proceso de evolución. Pero la causalidad divina que ha actuado en ellas "no consiste en una adición externa a la evolución", pues Dios está presente como fuente y principio "en el fondo de toda la creación material". Precisamente, "desde el fondo de la realidad material de un homínido" Dios hace brotar un psiquismo dotado de inteligencia y voluntad, que "no podrían haber brotado por mera transformación". En este sentido, la evolución tiene un momento que no consiste en transformación sino en el brotar y emerger de las cualidades humanas, las cuales no pueden provenir de la transformación del mundo material. La aparición de las cualidades propiamente humanas constituye un momento de *emergencia* que está determinado por dos dimensiones impuestas por la causalidad divina. La primera dimensión es la *exigencia* de que aquello que emerge del homínido sea real y pueda mantenerse como real a lo largo de miles de años; la segunda dimensión es la *condición intrínseca* de que lo que emerge con la aparición del hombre, provenga "del fondo mismo de la realidad". En cada individuo humano hay algo que brota y emerge de lo más profundo de su realidad, hay algo que, en último término, es resultado de una iniciativa divina (225).

Lo que acabamos de decir no significa que Dios haya programado rígidamente un proceso y un resultado que sería la realidad humana. Zubiri insiste en que la iniciativa divina ha querido que la realidad creada se vaya autoformando y, en cierto modo, se vaya "haciendo divinamente"; y este modo de autoformarse y hacerse incluye la evolución. Dios habría tenido en cuenta las diversas posibilidades en la evolución hasta la llegada del momento en que las iniciativas divinas han dado origen a la realidad que puede ser el término de una *deiformación* (226).

*El pecado de origen.* Según el dato revelado el pecado está presente en la vida del hombre desde su origen. Son diversas las interpretaciones del relato del pecado original al inicio del Libro del Génesis. Zubiri, por su parte, manifiesta su desacuerdo con la concepción del *monogenismo* de pareja o de grupo, pues no lo cree imprescindible para tratar la cuestión y se pregunta: "¿En qué consiste el carácter originante de este pecado?" (226s).

La respuesta recuerda, ante todo, que el hombre está siempre insertado en un grupo humano concreto, en el cual vive y convive. La dimensión corporal tiene en ello una función decisiva, que es constitutiva, pues el hombre se puede relacionar con los demás porque tiene un cuerpo. Sin cuerpo no podría estar orientado hacia los demás ni convivir con ellos. Pero la convivencia humana está influida y determinada por el *pecado de origen*. Ciertamente, este pecado ha consistido en una decisión personal en Adán, es decir, en el hombre o en los hombres, en quienes se ha iniciado la especie humana. Pero de ello no se sigue que todos los hombres nazcan condicionados por un pecado personal o por una deficiencia de carácter hereditario. Sin embargo, el hombre nace y se integra en un grupo y en una sociedad que están sometidos a un influjo pecaminoso, que proviene del pecado personal en el origen de la especie humana (227).

El sentido del relato del pecado, en el capítulo tercero del Génesis, pone de manifiesto que, en el origen, el hombre perdió por decisión personal la relación positiva con Dios y "comenzó a vivir y a establecerse en la tierra aversivamente", al margen de Dios. Esto no significa necesariamente que haya *culpa* en cada uno de los hombres que han existido después, pero es algo que sucede "por culpa de aquellos que constituyeron naturalmente el origen de la humanidad"; en ellos el pecado significó la decisión de vivir en *aversión* personal contra Dios. En los descendientes, en cambio, la consecuencia del pecado de origen no consiste en que vivan *aversivamente* la vida, que por creación tiene "carácter trinitario", sino en que la vivan *privativamente*: la consecuencia del pecado original sería "la privación de la plenitud de la vida trinitaria" recibida de Dios por creación.

La voluntad divina de deiformación de la realidad humana se mantiene a pesar del pecado. Pero después del pecado de origen, la voluntad divina queda dirigida a un hombre que pertenece a una humanidad sometida al influjo y dominio del pecado, y que, por tanto, tiene la posibilidad de vivir en *aversión* contra Dios. En este caso el hombre rechaza a Dios y se convierte en dios para sí mismo (228).

### III. LA UNIDAD DE LA CREACIÓN

La actividad creadora tiene su fuente en la voluntad de Dios de plasmar su vida en la realidad creada. Esta voluntad divina se concreta como voluntad de autoformación y de evolución en la realidad creada no humana, y, en el hombre, se concreta como voluntad de deiformación biográfica, histórica y originada (228s).

Las orientaciones de la voluntad divina de creación pueden ser diversas, pero adquieren unidad porque en el fondo esas orientaciones quieren la misma cosa: la "plasmación *ad extra* de la vida trinitaria". Zubiri dice que esta comprensión de la voluntad divina de creación es aceptable si pensamos en la creación del hombre. Sin embargo, él reconoce que resulta problemático extender tal comprensión al mundo material, a las estrellas y a las galaxias. La explicación de la dificultad empieza haciendo notar que la realidad humana no está desvinculada de la realidad en su conjunto. En efecto, el hombre es una unidad psicosomática con un cuerpo que se ha formado a partir del mundo material y está integrado en él. Este cuerpo forma parte intrínsecamente de la realidad personal humana. En el cuerpo reside la posibilidad de constitución de la *figura del Yo*, por la cual el hombre se hace actual en el mundo; el cuerpo animado puede llegar a ser "templo del Espíritu Santo". Por ello, la voluntad creadora de Dios finalizada hacia la realidad humana, incluye la voluntad de formación del mundo material, en el que hunde sus raíces el cuerpo humano. Por esta razón la creación de la realidad material no es ajena a la voluntad divina de plasmación de la propia vida trinitaria en la realidad finita. La evolución material entera queda incluida en la voluntad de comunicación y plasmación de vida divina (229).

El cuerpo y el psiquismo sensitivo tienen un origen material y son fruto de la evolución. Parece que Dios no ha querido crearlos directamente. En todo caso, el proceso "de la evolución material hasta la mente humana es justamente la marcha desde la pura materia hasta la libertad".

## La Creación. Un proceso hacia la libertad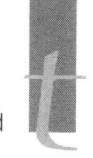

El universo material pertenece a este proceso y, por consiguiente, está integrado en la voluntad divina de plasmación de vida trinitaria (229s)

Además, podemos afirmar que la materia define al hombre: "el cosmos material entero en una u otra forma expresa al hombre". Zubiri se refiere al texto paulino sobre el cosmos que gime esperando una debida glorificación (*Rm* 8,19-23). Nuestro autor reconoce que es un texto difícil, pero está convencido de que se refiere a la participación de la materia en la plasmación de la vida trinitaria, pues se debe considerar la materia "como causa del cuerpo de cada hombre, como momento que produce la aparición del primer hombre y como término y estructura de la historia, partícipe en la plasmación de vida trinitaria". La notable consecuencia de esta interpretación es la siguiente: "No hay elevación de la naturaleza al orden sobrenatural, sino justamente al revés: lo que hay es un *descenso* de la propia vida trinitaria a sus condiciones de finitud", y por tanto, "lo que llamamos naturaleza son las dimensiones de finitud de la vida trinitaria plasmada *ad extra*" (230).

En consecuencia, la voluntad divina de evolución de la materia y la voluntad biográfica, histórica y originante, de formación del hombre, ponen de manifiesto que Dios ha creado las cosas desde la nada con una determinada intención: "*la creación como proceso*", y el proceso adquiere su concreción en la realidad de un mundo abierto a la autoformación. La realidad inicial, creada desde la nada, va elevándose en un proceso, en el que no faltan las iniciativas divinas, y que se despliega hacia formas de realidad cada vez más ricas y complejas: desde las cosas creadas que poseen capacidad de autoformación *desde sí mismas*, hasta la forma de realidad que se autoforma *desde sí misma* y *por sí misma*: el hombre (230).

El término de la actividad creadora de Dios es un proceso: "un camino hacia la libertad". Por esta razón el proceso se debe considerar como una reproducción de la vida trinitaria *ad extra*, hacia fuera de Dios, orientada y dirigida a la deiformación del hombre, y por ella, al progresivo enriquecimiento de la entera creación (231).

Zubiri define la creación como un *proceso hacia la libertad*. En este proceso tiene lugar un progreso en la realidad creada, que significa también un progreso de la manifestación finita "de lo que es la verdad del Hijo", por el cual el Padre ha creado todas las cosas. Este progreso alcanza el nivel máximo no sólo al manifestar en finitud la *verdad* del Hijo, Palabra del Padre, sino al revelar la verdad "de un Verbo estricta y formalmente hominizado", es decir, la verdad de Cristo, Verbo encarnado. Hasta Cristo, la creación consiste en donación divina de vida trinitaria a una realidad finita. Pero en Cristo, la donación "puede ser un don de la realidad misma de Dios". En este caso, "el término de este don sería una identidad entre las procesiones trinitarias y la procesión iniciante creadora. Esta identidad es precisamente la persona de Cristo". En Él se cumple la identidad entre la procesión del Hijo, la primera procesión trinitaria, y la procesión iniciante hacia la creación, cuyo término final y completo es Cristo, el Verbo hecho carne (231).

En lo que acabamos de decir se anuncia el tema de la Encarnación.

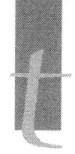

Capítulo 8

# LA ENCARNACIÓN
# LA REALIZACIÓN HUMANA DE LA VERDAD DE DIOS

En el capítulo anterior hemos visto la concepción de la creación como donación, que acontece mediante una procesión iniciante en Dios, cuyo término es la realidad finita "fuera de Dios". La razón formal de la creación es la plasmación de la vida trinitaria en la realidad finita, es decir, la donación de vida divina a la realidad creada (233).

La donación de Dios puede ser algo más que plasmación de su vida en modo finito. En Cristo, la donación divina da "a la creación la propia realidad personal de Dios". En este caso la procesión iniciante tiene su término en la realidad creada de Cristo, y este término resulta ser idéntico al de la procesión trinitaria del Hijo. Existe una identidad entre el término de la procesión iniciante y el de la procesión trinitaria, y "esta identidad es justamente la realidad personal de Cristo". Dios "da la realidad de su propio Verbo a la creación" y lo hace en una realidad trinitariamente estructurada, es decir, en un hombre: este hombre es el Verbo, el Hijo de Dios. Este es el hecho de la Encarnación.

El capítulo tiene dos partes. La primera expone el hecho de la Encarnación en el Nuevo Testamento y la precisión de las formulaciones a lo largo del tiempo. La segunda presenta la conceptuación teológica zubiriana del misterio de la Encarnación (234).

Primera Parte
### A. El hecho de la Encarnación en el Nuevo Testamento

El Nuevo Testamento afirma que Jesucristo es Hijo de Dios. Así empieza el Evangelio de Marcos. En el texto la expresión no se aplica exclusivamente a Cristo, pues se refiere también a los justos, y en el

Antiguo Testamento, al pueblo de Israel y al Mesías (C 235). Pero la aplicación a Cristo de la expresión Hijo de Dios es particular y tiene un carácter propio. El Nuevo Testamento da un testimonio teologal de Cristo, en el que intervienen tres factores: la experiencia y la inspiración del Espíritu Santo, la fe en la resurrección de Cristo, la esperanza de que volverá al final de los tiempos. A partir de ahí se forma una idea inicial de la filiación divina de Cristo, que se desarrollará en los diversos escritos neotestamentarios, dando como resultado una diversidad de cristologías. Zubiri dice que es preciso buscar una unidad en esa diversidad, y añade que el único modo posible es profundizar en el punto de partida, a saber, profundizar en la vida propia de Cristo (237).

En el despliegue de la idea inicial de la filiación divina de Cristo, se constata una *cristología primitiva* en dos textos: *Hch* 2,22-36 y *Rm* 1,3-4. En los dos aparece una serie de motivos sucesivos y relacionados entre sí: es hijo de David, en su vida ha dado testimonio con sus obras, ha sido crucificado, ha resucitado, ha sido elevado a la derecha del Padre, ha sido constituido como Señor, ha de volver. Zubiri asegura que estos puntos constituyen la base de las cristologías, a partir de la cual se efectúa la exposición cristológica y se intenta una precisión y una conceptuación (238s).

En los Evangelios y en las Cartas paulinas podemos constatar un desarrollo de la cristología primitiva. El Evangelio de Marcos presenta, desde la fe pascual, la vida de Jesús como la vida del Hijo de Dios; ello suscita una paradójica tensión que se expresa en la insistencia en el *secreto mesiánico*. En Mateo, Cristo manifiesta un dominio absoluto sobre la Ley: "se os dijo... pero yo os digo"; esto lo sitúa al mismo nivel que Yahvé, reconociendo que posee lo que llamamos divinidad. Para Lucas, Cristo es Hijo de Dios porque es "Señor del tiempo y rector de la historia". El Evangelio de Juan quiere afirmar que Jesucristo, el Verbo eterno de Dios, es verdadero hombre, es el Verbo hecho carne (241s).

En las Cartas paulinas encontramos la cristología primitiva ampliada con un tema que aparece con frecuencia: Cristo es la *plenitud*, y lo es porque es la plenitud del Verbo de Dios y la plenitud de la creación. Esta *plenitud* de Cristo incluye cuatro cosas: 1. la preexistencia divina, 2. su existencia histórica, 3. su existencia gloriosa, 4. su posición en la creación; Cristo es el comienzo, el término y el fundamento de todo, es

## La Encarnación. La realización humana de la Verdad de Dios

el *primogénito de la creación* (Col 1,15) (242s). Se podría pensar que todas estas cosas se dicen del Verbo eterno; pero los textos se refieren a Jesucristo, que es el Verbo encarnado. Entonces surge la cuestión del significado de la preexistencia divina de Cristo (244).

Zubiri dice que, en todo caso, en las cristologías del Nuevo Testamento se afirma la divinidad de Cristo "expresada en forma dinámica, pero innegable" (245). En efecto, se dice que Cristo es Señor, que es la Revelación de Dios, que es la Palabra del Padre. Ahora bien, nunca se aplica a Cristo el término "Dios"; lo que se hace es una "elevación por trascendencia" de la concepción veterotestamentaria del Hijo de Dios, que, sin embargo, resulta poco clara y "permanece en la oscuridad". Cristo nunca ha dicho en qué consiste su filiación divina; lo que sí ha hecho es hacer notar con claridad la diferencia entre su relación con Dios como Hijo, y la relación de los demás como hijos de Dios, llegando al extremo de decir al apóstol Felipe: "El que me ha visto a mí, ha visto al Padre" (*Jn* 14,9). La filiación divina de Cristo tiene una particularidad que la distingue decisivamente de lo que ha sido la filiación divina en la entera historia de Israel (245s).

Queda abierta, por tanto, la cuestión de precisar el contenido y el sentido de la filiación divina en el caso de Cristo, y al mismo tiempo, precisar de alguna manera lo que ha sido la intimidad personal que Cristo ha vivido con el Padre (246).

### B. La precisión de las formulaciones a lo largo del tiempo

La formulación de la filiación divina de Cristo, expresada en el Nuevo Testamento, ha sido una tarea inevitable y necesaria en los primeros siglos del Cristianismo. El punto de partida ha sido la convicción de que Cristo era Hijo de Dios. La precisión del sentido de esa convicción se hizo, según Zubiri, a partir de una perspectiva neotestamentaria determinada: considerar a Cristo la Revelación plena de Dios. Ahora bien, el contexto en el que inicialmente se ha desarrollado el Cristianismo ha sido la cultura griega, la cual influyó en el pensamiento cristiano orientándolo hacia la cuestión de la realidad misma de Cristo. Evidentemente esto se llevó a cabo teniendo en cuenta la idea griega de realidad, y por ello "la precisión teologal de lo que sea la realidad de Cristo entra por cauces que no fueron ajenos, pero sí estuvieron al margen de lo que se pretendió en el Nuevo Testamento" (247); la perspectiva de la cultura griega del tiempo era diversa de la perspectiva del Nuevo Testamento. En todo caso, los resultados obtenidos son dogma de fe. Pero, "la distinción de perspectivas deja en pie el problema fundamental": profundizar en la vida propia de Cristo (cfr 237).

El esfuerzo de precisar el sentido de la filiación divina de Cristo es una dialéctica que surge de la necesidad de corregir intentos de formulación que se deben considerar deficientes. La insistencia en la *verdad* de Cristo como hijo de Dios quiso corregir la comprensión de la filiación como mera manifestación del Verbo (*docetismo*). La afirmación de la humanidad *completa* de Cristo pretendió superar la concepción del Verbo encarnado actuando como alma de Cristo (*apolinarismo*). Contra el *adopcionismo*, que afirmaba que Cristo era Hijo por una gracia de adopción, se declaró que la filiación divina de Cristo era debida a su *unidad física y real* con el Verbo y no a una *adopción* (248-252).

Precisar la *unidad real* de Cristo con el Verbo fue una tarea difícil, que se llevó a cabo en diversos pasos. El primero consistió en afirmar la unidad de las dos *naturalezas*, que eran consideradas de alguna manera como dos *personas*, pero unidas de tal modo que una estaba "viviendo exhaustivamente en el seno de la otra", que constituía como su *morada* (Nestorio). El año 431, el Concilio de Efeso respondió diciendo que Cristo es verdadero Dios y es consustancial al Padre, y es verdadero hombre y consustancial a nosotros; hay unidad de las dos naturalezas pero hay un solo Cristo, un solo Hijo, un solo Señor (254s).

En el paso siguiente se afrontó la pregunta: ¿qué significa que dos naturalezas constituyen una sola realidad? La respuesta del *monofisismo* decía que las dos naturalezas "producen una única y misteriosa naturaleza en Cristo". La reacción del Concilio de Calcedonia, el 541, logró el resultado del dogma de la *unión hipostática*: en Cristo hay una sola persona, el Verbo, y dos naturalezas, la divina y la humana (455s). Pero el proceso siguió adelante, pues surgió la cuestión: ¿en qué consiste ser persona? Si la respuesta fuera que consiste en tener libertad y ser dueño de los propios actos, entonces la consecuencia comprensible sería el *monotelismo*: en Cristo no hay más que una libertad y una voluntad. Pero el tercer Concilio de Constantinopla declaró que en Cristo hay dos voluntades, la divina y la humana; la humanidad de Cristo es

## La Encarnación. La realización humana de la Verdad de Dios

verdadera y completa, pues es un hombre "con toda su moralidad y responsabilidad". El Concilio afirmaba por tanto, que no es la voluntad y la libertad lo que define a la persona, y que la libertad humana de Cristo es "perfectamente distinta de la libertad divina" (258).

A los intentos de precisar la filiación divina de Cristo, que constituían una desviación de la fe cristiana, se dieron respuestas que procedían de una motivación religiosa: la precisión de la filiación divina debía ser coherente con la redención verdadera y plena del hombre. Ello requería que Cristo había de tener una humanidad verdadera, un alma humana completa, una filiación divina particular y única por la unidad con el Verbo. Esta unidad no podía consistir en que una naturaleza fuera como la morada de la otra, ni en que las dos naturalezas constituyeran como una nueva y única naturaleza. En Cristo la unidad de las dos naturalezas procede de la persona del Verbo, que no cancela la libertad propia de la naturaleza humana de Cristo (260).

Zubiri conoce bien la riqueza del dogma cristológico y lo tiene en cuenta. Pero está convencido de que, respetándolo plenamente, es posible efectuar una conceptuación teológica de la Encarnación a partir de su filosofía de la realidad, que ofrece una interesante novedad.

### Segunda Parte
#### La conceptuación teológica

"En su filiación divina Cristo ha constituido el fundamento integral y total de la vida religiosa de la humanidad. De los que creen en él y aun de los que no creen" (C 261). Por ello el esfuerzo de precisar los datos neotestamentarios, que ha dado como resultado el dogma trinitario, tiene un profundo sentido. Pero, en definitiva, el conjunto de las formulaciones dogmáticas "no dice más de lo que decía aquel sencillo discurso de Pedro a los israelitas" en *Hch* 2,22-36 (cfr 238); y si se afirma que dice algo más, eso "no pertenece al dogma, sino a la filosofía metafísica de quienes lo han formulado", es decir, proviene de la filosofía y de la cultura del tiempo, y, por tanto, "de una cierta idea de la realidad para entender lo que es la realidad de Dios" (261).

Es innegable que hay una enorme distancia entre los términos y conceptos de las definiciones dogmáticas y los términos y conceptos empleados en el Nuevo Testamento. La cuestión es compleja y para resolverla bien no basta decir que la perspectiva del Nuevo Testamento es funcional, y por tanto soteriológica, y la perspectiva de las definiciones dogmáticas es especulativa. Radicalizar esa diferencia no resuelve satisfactoriamente el problema (261).

Zubiri advierte que las definiciones dogmáticas se han hecho desde una perspectiva metafísica que depende de la cultura griega propia del tiempo; añade, también, que tal perspectiva, y su fundamento cultural, no quedan canonizados como inmodificables cuando se han declarado los dogmas, y por tanto, quedan "abiertas las vías humanas a una respuesta metafísica distinta de la que nos legó el mundo griego acerca de lo que sea la realidad". Pero además, "¿es verdad que el contenido del Nuevo Testamento, por no ser especulativo, lo que nos da es nada más que una perspectiva funcional?", ¿no hay también una idea de la realidad que fundamenta la perspectiva funcional?

Zubiri se enfrenta a la cuestión efectuando una conceptuación que desarrolla en tres puntos: La persona de Cristo (I); la vida personal de Cristo (II); la obra de Cristo (III) (262).

I. La persona de Cristo

La pregunta por la persona de Cristo consiste en preguntarse quién es Jesús de Nazaret, hijo del carpintero, que vivió, predicó y murió en Palestina, muy probablemente desde el 5 ó 6 a.C. hasta el 30 d.C. Según la conceptuación zubiriana, la respuesta requiere prestar atención a las cuestiones siguientes: La *actualidad* de Cristo en el mundo (A); la *realidad sustantiva* de Cristo (B); la *autoposesión personal* de Cristo (C); la Encarnación y las demás personas de la Trinidad (D). Estas cuestiones serán completadas con la breve exposición de dos temas complementarios: ¿Cómo se sabe a sí mismo Hijo de Dios? y ¿cuál es su posición en la creación? (E) (cfr C 264).

### A. ¿Quién es Cristo? Su actualidad en el mundo

Cristo vive en este mundo en un tiempo y lugar determinados. Es el protagonista de los Evangelios y de Él habla el Nuevo Testamento. Cristo se realiza en el mundo como todo hombre; en sus acciones *cons-*

*truye* su Yo, que se va configurando a lo largo de su vida en los actos que ejecuta. "El Yo de Cristo es el tema formal de los Evangelios", dice Zubiri (271). La comprensión adecuada de la afirmación requiere tener en cuenta la filosofía zubiriana, y en particular, su comprensión del hombre.

1. *La figura del Yo. La actualidad de Cristo en el mundo*

a. *Presupuesto filosófico*. En la filosofía de Zubiri es fundamental la distinción entre la actualidad y la realidad sustantiva. En su filosofía del hombre, la *actualidad* humana en el mundo, es decir, el *ser* de su sustantividad, se concreta en el *Yo*, que tiene en cada momento una *figura* y está sometido a un constante proceso de configuración, en el que se va formando la figura del Yo, la *personalidad*; por ello el hombre "es siempre el mismo pero nunca es lo mismo" (HD 51). Cuando aquí hablamos del Yo no hay que entenderlo como un sujeto de atribución de actos, ni como un sujeto de inhesión; aquí el Yo se refiere a la "unidad de realidad y ser, a la realidad humana siendo" (HD 59).

Lo primario de los actos humanos es que son configuradores del Yo. El acto del hombre es un acto del Yo, y esto quiere decir, por ejemplo, que cuando el hombre lee no sólo lee, sino que se configura como *lector*. Ejecutando actos el hombre va adquiriendo rasgos que permanecen, que no pueden desaparecer, y que van configurando la figura del Yo, es decir, configuran la concreta actualidad del hombre en el mundo (C 264s).

El Yo de la realidad personal se constituye mediante un complejo proceso, en el que se va estructurando la forma personal de vivir los actos que se ejecutan o se padecen. Zubiri lo explica analizando la sencilla afirmación: "Yo como la manzana". En ella se expresa el acto de apropiación de una posibilidad: "comer la manzana"; pero se expresa, también, que la apropiación se hace desde la *autoposesión personal*, expresada en el "Yo": "*Yo* como la manzana". La actualidad de la realidad personal adquiere un carácter explícito en la *apropiación* de las propias acciones, y alcanza el máximo nivel cuando la apropiación sucede desde la *autoposesión* personal; ésta constituye el carácter personal de la figura del Yo. La vida humana es un itinerario, en el que se forma y aparece el Yo, que se va configurando y realizando en los actos a lo largo de la entera vida del hombre (266s).

Cristo no es una excepción en su realización humana en el mundo.

b. *Aplicación a Cristo.* Cristo, como los demás hombres, va configurando el ser de su sustantividad y la figura de su Yo en los actos que ejecuta. En su vida habrá habido momentos divinos y momentos humanos, momentos de comunicación con el Padre y momentos de actuación en el mundo; unos y otros habrán producido rasgos de configuración del Yo. Los momentos de la vida del hombre no pasan simplemente, pues dejan una huella y son configuradores del Yo. Así es también en el caso de Cristo; pero no hay que pensar que suceda una especie de adición o agregación de rasgos humanos y divinos, pues se trata de una mutua implicación. El Yo de Cristo va configurando a partir de rasgos divinos, como la comunicación con el Padre, y de rasgos humanos, que se implican y unen para configurar una figura del Yo humana y divina: "el momento divino y el momento humano no están jamás separados", pues constituye una sola y única figura: la figura de Yo de Cristo; en ella los "diversos momentos están esencial e intrínsecamente implicados" (266s).

Según Zubiri, la unidad en la figura del Yo de Cristo está claramente expresada en los Evangelios cuando dicen que hacia milagros, predicaba y discutía con los escribas y fariseos, con una autoridad particular que nadie más tenía (cfr *Mt* 7,29; *Mc* 1,22.27; *Lc* 4,32.36). Este carácter de autoridad y de poder no corresponde a una autoridad sólo humana o sólo divina, pues pertenece a la intrínseca unidad de la actualidad de Cristo en el mundo, es decir, pertenece al ser de su sustantividad o figura de su Yo; ésta posee una unidad intrínseca que es divina y humana al mismo tiempo. Ciertamente unas acciones de Cristo pueden ser consideradas "puramente humanas", como estar cansado y dormir, y otras, en cambio, se pueden considerar *humanodivinas* o *teándricas,* como los milagros; pero todas dejan una huella, dejan un rasgo en la configuración del Yo. Por tanto, en Cristo hay rasgos divinos y rasgos humanos, que se deben distinguir, pero no se pueden separar. Todos ellos, en su intrínseca implicación, constituyen la figura unitaria del Yo de Cristo, es decir, la concreta figura de su actualidad en el mundo. La configuración del Yo de Cristo es humanodivina, "es una configuración esencialmente teándrica" (268).

De ello se sigue una consecuencia con un notable significado. La figura del Yo de Cristo es una figura teándrica, humanodivina, que se ha

La Encarnación. La realización humana de la Verdad de Dios

ido obteniendo a lo largo de la vida. Por consiguiente, la figura del Yo de Cristo es algo que ha sido logrado y, por tanto, es *relativamente absoluta*; es *absoluta* de un modo particular y único pues ningún Yo humano tiene los rasgos divinos del Yo de Cristo. Pero es una *figura relativamente* absoluta, porque el Yo de Cristo es también un Yo que se ha ido adquiriendo a lo largo de su vida en el mundo: "El Yo de Cristo es un Yo cobrado" (268).

2. *La figura del Yo. La verdad real de Cristo*

a. *Presupuesto filosófico*. Según Zubiri, la realidad no es el ser ni el ser es la realidad, pero la realidad siempre *es*, siempre *tiene ser*; el ser es la actualidad de la realidad y la realidad siempre tiene un grado de actualidad. Hemos visto anteriormente que la actualidad en la intelección acontece en la aprehensión de realidad, que es el primer modo de actividad de la inteligencia, "anterior" a la actividad afirmativa. Y si la actividad afirmativa tiene su verdad, también la aprehensión de realidad tiene su momento de verdad, que Zubiri llama *verdad real*, momento de verdad "anterior" a la verdad de la actividad afirmativa y de la actividad racional. La verdad real consiste en la actualidad de la realidad en la inteligencia en cuanto en la actualidad se *ratifica* lo que es la realidad actualizada. La verdad real es mera ratificación, y es una verdad simple y elemental, en la que "no hay posibilidad ninguna de error" (IS I, 233-237).

La actualidad de la *realidad personal* es el Yo. La figura del Yo constituye la actualidad concreta de la realidad personal en el mundo. Pues bien, el Yo "es la verdad real de lo que soy yo mismo como realidad sustantiva en el momento en que voy ejecutando mi Yo", es decir, me voy actualizando y realizando en el mundo. El Yo, actualidad personal del hombre, es la *verdad real* de la realidad sustantiva; la realidad personal se hace actual en el Yo, y el Yo procede de la realidad como su actualidad en el mundo y su verdad real (269).

b. *Aplicación a Cristo*. La figura del Yo de Cristo constituye su concreta actualidad en el mundo. En el caso de Cristo, la figura del Yo actualiza en el mundo la realidad del Verbo encarnado, la realidad del Hijo de Dios hecho hombre. Y en cuanto es su concreta actualidad, la figura del Yo es la actualidad y la *verdad real* de Cristo: en la figura del Yo se *ratifica* su realidad.

Ahora bien, la figura del Yo es la verdad real de Cristo en un doble sentido. En primer lugar, la figura del Yo de Cristo es la *verdad real* que revela aquello que el Padre comunica al Hijo, revela lo que el Hijo oye y recibe del Padre. Además, el Yo de Cristo es su *verdad real* en cuanto le revela a Él mismo como revelación del Padre. Cristo revela lo que dice el Padre siendo Él mismo aquello que el Padre dice: Cristo es la revelación misma del Padre, es su Palabra.

De lo dicho se sigue una relevante consecuencia: lo más radical en los Evangelios no es la narración de lo que Cristo dice y hace como revelador del Padre, sino el hecho de que Cristo mismo es *"la verdad real del Padre"*; por ello la revelación del Padre en el mundo acontece en la figura del Yo de Cristo.

Ahora bien, el Yo de Cristo es la actualidad de su realidad, y ésta posee una particular unidad con el Padre: Cristo es el Hijo hecho hombre. Por ello el Yo de Cristo es verdad real de la realidad de Cristo, y también verdad real del Padre.

En resumen, el Yo de Cristo es la verdad real de lo que Cristo es como hijo de María y de lo que es como Hijo de Dios: "El Yo de Cristo es la verdad real de su realidad sustantiva" (269).

3. *El paso del Yo de Cristo a su realidad sustantiva*

La figura del Yo de Cristo constituye su concreta actualidad en el mundo y se configura y realiza en las acciones que ejecuta. Pero la actualidad de la realidad se origina precisamente a partir de la realidad misma, a partir de sus propiedades y de la riqueza de sus notas. La realidad se presenta en su ser o actualidad, y en ella la encontramos. En el caso de la realidad personal, el ser o actualidad, se concreta en la figura del Yo (269s).

Zubiri aplica sus conceptos a Cristo y afirma que "el Yo de Cristo es el tema formal de los Evangelios" (271), pues en ellos se narran momentos de configuración y realización de la figura del Yo de Cristo, en la que su realidad se hace actual en el mundo. En el *paso* de esta actualidad, presentada en los Evangelios, a la realidad sustantiva de Cristo

## La Encarnación. La realización humana de la Verdad de Dios

"está precisamente la intrínseca unidad de la Cristología"; el gran acontecimiento de la vida entera de Cristo es el *paso* de la figura de su Yo, en la que se actualiza en el mundo, a su realidad sustantiva. Esto está expresado en el hecho de que, en los Evangelios, las acciones de Cristo: los milagros, la excelencia de su enseñanza, el ejemplo de su vida, no pretenden ser manifestaciones extraordinarias que demuestren su dimensión divina; el Evangelio de Juan subraya con fuerza que las acciones extraordinarias de Cristo son *signos* que interpelan, e invitan a no detenerse en la fascinación de lo extraordinario sino a pasar a la *adhesión* a la persona de Cristo. Esta adhesión es el ámbito en el que es posible el *paso* de la figura del Yo de Cristo, de su actualidad en el mundo, a su radical y profunda intimidad y, por tanto, el acceso a su realidad sustantiva (270).

*El secreto mesiánico.* Zubiri ve una conexión entre el *paso* de la actualidad a la realidad de Cristo, y el tema evangélico del *secreto mesiánico*. El secreto consiste en la exigencia que Cristo dirige repetidamente a los testigos de sus milagros de no hablar de ellos a los demás. El secreto mesiánico "está inscrito en la realidad misma de Cristo" y pretende evitar que los milagros sean comprendidos exclusivamente como acciones extraordinarias fascinantes. El sentido de ese *secreto* es hacer posible que los milagros sean reconocidos como signos que invitan a la adhesión a Cristo y, de este modo, situar a los oyentes en las condiciones adecuadas para pasar de la actualidad de Cristo a su realidad (270s).

### B. ¿Quién es Cristo? Su realidad sustantiva

Hemos visto anteriormente que el bien supremo de la creación es la realidad personal del hombre, que es libre porque no sólo se realiza desde sí mismo sino también por sí mismo. En la realidad humana se cumple la intención de Dios de crear "la finitud de la vida trinitaria fuera de sí" (272). Por la Encarnación, además, no sólo se otorga a la realidad creada la vida trinitaria en finitud, sino que se da la misma realidad divina en la persona de Cristo (cfr 231).

Sería insuficiente conceptuar la Encarnación como donación de una subsistencia (*hypostasis*) divina o de la razón formal de la filiación en la vida trinitaria, al hombre Jesús. Según la concepción zubiriana, la Trinidad está compuesta por tres personas que "no son tres personas realmente distintas, pues esto sería triteísmo"; pero son "personas físicas en su integridad", es decir, son personas reales (272); "físico y real, *en sentido estricto*, son sinónimos" (SE 12). Por tanto, en la Encarnación "lo que se ha encarnado es justamente la persona física del Verbo" (C 272).

En todos los hombres hay, por creación, una huella de la Trinidad, fruto de la plasmación *ad extra* de la vida trinitaria en finitud. Si en todos los hombres hay una presencia de la Trinidad, hay también en ellos una presencia del Verbo. Esta presencia puede tener grados diversos. Un primer grado proviene de la creación misma; es la presencia original o fontanal. Otro grado de presencia del Verbo es aquel que se debe a la gracia, y se cumple en quien vive según la *justicia* de Dios. Pero quedarse a este nivel para conceptuar la Encarnación sería *adopcionismo* (273). Hay un grado más radical, que consiste en una presencia por "intimidad última"; este sería el caso de Cristo en cuanto manifestación de la persona del Hijo. Pero no ir más allá de una presencia que fuera manifestación sería *docetismo*, pues Cristo es manifestación *viva* del Verbo, y la vida de Jesús es en su integridad vida del Verbo. Precisamente, no mantener la integridad de la vida de Jesús como vida del Verbo sería *apolinarismo* (274).

El grado decisivo de presencia de Dios en el hombre, es aquel en el que no se trata sólo de presencia sino de la donación de la realidad divina vivida filialmente por el Hijo. Este es el caso en la Encarnación. En ella la persona física del Verbo es inmanente al hombre Jesús de forma intrínseca, radical y última, y el hombre Jesús está penetrado por la realidad divina, que le es inmanente, y en la cual está inmerso (274). La unidad del Verbo y del hombre Jesús llega, por inmanencia e inmersión, a un grado tal en el que el hombre unido al Verbo *no se pertenece*, pues carece del momento de *autoposesión personal* propio de la realidad humana; en términos zubirianos: no tiene *suidad*. La autoposesión personal del hombre Jesús proviene del Verbo, que le es inmanente y al cual está unido; este hombre ha sido acogido y está inmerso "en la intrínseca estructura del proceso generacional en que consiste la procesión eterna del Verbo" (275).

El "no pertenecerse a sí mismo" no tiene, en Jesús, el sentido correspondiente a ser particularmente obediente o santo o justo; en el caso de

## La Encarnación. La realización humana de la Verdad de Dios

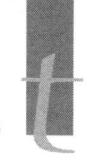

Jesús "no pertenecerse a sí mismo" tiene el sentido metafísico de carecer por sí mismo del momento de autoposesión personal propio de la realidad humana. Al hombre Jesús la autoposesión personal "le viene dada toda entera de la *suidad* en que consiste la procesión generante y eterna del Verbo". En Jesús, ser Hijo de Dios supera todos los sentidos de la expresión "hijo de Dios" en la Escritura. Nadie ha llegado nunca a algo similar al misterio de la persona de Cristo: "Formar parte de la procesión generante trinitaria". Cristo es Hijo de Dios en un sentido trascendente. Precisamente el *secreto mesiánico* pretende preservar el sentido trascendente de la filiación divina de Jesús evitando que se diluya en el entusiasmo y la fascinación ante las acciones extraordinarias (275).

Zubiri observa que lo más radical de la persona no es la subsistencia, o hipóstasis, sino la *autoposesión personal*. La subsistencia sería consecuencia de la autoposesión personal, que Jesús recibe de "la generación eterna del Verbo, en la que está sumido". La presencia de Dios en Cristo no es unión sino *unidad*, y precisamente una unidad única en la creación, que consiste en la unidad "entre la procesión *ad intra* que es la generación eterna del Verbo" y el hombre Jesús; este hombre está "inmerso e incurso no solamente en lo que Dios es, sino en el mismo modo de ser de Dios", a saber, está inmerso de manera misteriosa en la generación eterna del Verbo. Por ello podemos decir que "la realidad divina de Cristo no anula su humanidad sino que la sublima" (276).

Pero, ¿en qué consiste la *autoposesión* que Cristo debe tener como verdadera realidad personal?

### C. La autoposesión personal de Cristo

La *autoposesión personal* de Cristo es el caso supremo y único de inmersión del hombre en Dios y de inmanencia de Dios en el hombre. La cuestión se puede considerar desde el punto de vista de Dios y desde el punto de vista del hombre.

*1. La autoposesión personal de Cristo desde el punto de vista de Dios*

La consideración de la cuestión desde Dios requiere recordar la concepción zubiriana del misterio trinitario, vista anteriormente. Según esta concepción, en Dios hay una prioridad metafísica de la persona sobre la realidad inteligente y volente; por lo tanto, la realidad divina tiene inteligencia y voluntad porque Dios es persona. El hombre, en cambio, es persona porque su realidad tiene inteligencia y voluntad; en el hombre la realidad inteligente y volente tiene prioridad sobre el momento personal de autoposesión. Según Zubiri, las personas divinas se plasman y realizan en su única realidad divina; la persona humana, en cambio, se realiza en la realidad finita con inteligencia y voluntad, de la cual emerge. Ahora bien, el Verbo no se realiza sólo en la realidad divina; *la persona del Verbo se realiza en la realidad divina y, también, en una realidad finita: la realidad humana de Cristo*. Sucede un acontecimiento misterioso que tiene una adecuada expresión en el tema paulino de la *kenosis* (cfr *Flp* 2,6-11). Acontece, en efecto, "una especie de suspensión, por lo menos *ad extra*, de las cualidades divinas que podría tener Cristo por ser Hijo de Dios, a beneficio de tomar no sólo la forma humana, sino también el carácter concreto y humano" de Jesús de Nazaret. La *kenosis* expresa que la autoposesión personal del Verbo no sólo se realiza en la única realidad divina, sino también en la realidad humana de Jesús, con su inteligencia y voluntad finitas (277).

2. *La autoposesión personal de Cristo desde el punto de vista del hombre*

La consideración de la cuestión desde el hombre debe partir de la comprensión zubiriana de la realidad. Toda realidad posee sus propiedades, y las propiedades que tiene son *suyas*. La realidad personal, por su parte, no sólo posee sus propiedades, sino que posee también la propia realidad: su realidad es *suya*, se pertenece; la realidad personal tiene el momento de *autoposesión* que es constitutivo de la persona. En el caso de Cristo, la realidad humana no procede directamente del Verbo sino de María, por generación, y por esta generación posee *todos* los elementos que son propios de la realidad del hombre. Pero la realidad humana de Cristo no es *suya*, no tiene el momento de *autoposesión personal* propio de la persona humana, y, por tanto, *no se pertenece*. La realidad humana de Cristo *pertenece al Verbo*, y tiene el momento de *autoposesión* personal porque está unida al Verbo, al cual pertenece (278).

En resumen, contemplando la cuestión desde Dios aparece el Verbo dando el momento de autoposesión personal a un hombre concreto.

La Encarnación. La realización humana de la Verdad de Dios

Considerando la cuestión desde el hombre, se nos presenta un hombre concreto cuya realidad no le pertenece; en efecto, su realidad sólo es *suya* en cuanto es una realidad que pertenece al Verbo; la realidad humana de este hombre, Cristo, le pertenece en cuanto este hombre concreto "está intrínseca y esencialmente unido" al Verbo. Son dos afirmaciones hechas sobre la misma cuestión pero desde dos perspectivas distintas; la persona de Cristo "consiste formalmente en la identidad de estas dos afirmaciones". En Cristo el Verbo se realiza en un individuo finito y toda la realidad de este individuo pertenece al Verbo. Por ello no solamente se debe decir "que el hombre es hombre divinamente, sino además que el Verbo es Dios, pero humanamente"; en la unidad intrínseca de las dos cosas "es donde está toda la realidad de la persona de Cristo" (278).

En este momento surge la pregunta acerca de la razón por la cual se ha encarnado la segunda persona de la Trinidad.

3. *¿Por qué se ha encarnado la segunda persona de la Trinidad?*

La respuesta inmediata a la pregunta dice simplemente que de hecho ha sido así. Pero Zubiri ve una razón profunda que lo justifica.

Según nuestro autor, la figura del Yo, que Cristo va a realizar a lo largo de su vida, tiene la función de ser la *verdad real* del Padre en el mundo. Además, hemos visto anteriormente en la exposición del misterio de la Trinidad, que la autoposesión personal del Hijo procede del Padre y es su *Verdad real*. Por consiguiente, "está pedido en cierto modo por la índole misma de las cosas que sea justamente la verdad subsistente en que el Verbo consiste la que se haya encarnado" y haya dado la autoposesión personal a Cristo. Por tanto, el Verbo es la Verdad real del Padre en la Trinidad, y, por la Encarnación, el Verbo se realiza en la realidad humana de Cristo. La actualidad de la realidad humana de Cristo constituye la verdad real del Verbo encarnado sobre la tierra, y también, la verdad real del Padre en el mundo (279).

Ahora bien, en este momento aparecen "dos verdades" en Cristo: Cristo, como Verbo, es la *Verdad real* del Padre en la Trinidad, y, como Verbo *encarnado*, se hace actual en el mundo y tiene en él su *verdad real*. ¿Qué relación hay entre las "dos verdades"?

La respuesta se encuentra en la *relación entre la realidad divina de Cristo y la figura de su Yo* en el mundo. El Hijo es la *Verdad real* del Padre. La figura del Yo de Cristo, es la actualidad del Verbo encarnado y, por tanto, su *verdad real* en el mundo. Pero no se trata de dos verdades sino de "dos momentos de una sola verdad real" (279). Por la Encarnación, la Verdad real del Padre, que es el Hijo, se plasma y despliega en la verdad real del Verbo encarnado en el mundo, que es la figura del Yo de Cristo. En cuanto verdaderamente humana, la figura del Yo de Cristo sigue un proceso de configuración, cuyo cumplimiento y conclusión acontece en la muerte y resurrección. En este evento se revela con esplendor la filiación divina de Cristo: se concluye el despliegue de la Verdad real del Padre en la verdad real en el mundo del Hijo encarnado. El Evangelio de Juan lo expresa contemplando la muerte en Cruz como momento de glorificación del Hijo. La muerte de Cristo en cruz es la conclusión del despliegue de la *Verdad trinitaria* del Hijo encarnado en la *verdad* de su realización humana en el mundo (cfr 280s).

Según san Pablo, Cristo "es constituido Hijo de Dios con poder según el Espíritu de santidad por su resurrección de entre los muertos" (*Rm* 1,3-4). La conclusión del despliegue de la Verdad real del Padre en la verdad del Hijo en el mundo, acontece "según el Espíritu de santidad" (*Rm* 1,4). Se presenta, entonces, "como problema qué hacen las demás personas de la Trinidad en la realidad de Cristo" (281).

### D. La realidad de Cristo y las demás personas de la Trinidad

Empecemos recordando algunos elementos de la filosofía zubiriana del hombre para aplicarlos luego a Cristo. El hombre posee una *realidad* sustantiva que se hace *actual* en la figura del Yo, y "la *reversión* por vía de identidad del Yo a la realidad sustantiva es lo que constituye la *intimidad* metafísica" (281). El momento de intimidad es un fuerte momento metafísico de autoposesión (cfr SH 133s).

Hemos visto anteriormente que Cristo posee la realidad divina y posee una realidad humana. La realidad divina es inmanente a la realidad humana y la realidad humana está inmersa en la realidad divina. Ahora bien, la realidad divina de Cristo es la única realidad divina, "idéntica en el Padre, en el Hijo y en el Espíritu Santo". En efecto, la realidad divina de Cristo es la realidad divina en la que "está plasmado el Padre y en la que está plasmado el Espíritu Santo". La realidad en las tres personas divinas es idéntica. Lo propio y característico en Cristo es la *autoposesión personal*, que es la única autoposesión personal del Hijo. Por consiguiente, la realidad divina de Cristo es la misma que la del Padre, pero el momento de autoposesión es distinto; la realidad divina está poseída por Cristo *filialmente* (C 281).

Por tanto, Cristo recibe y vive la realidad divina *filialmente*, y, como Verbo encarnado, se realiza *humanamente* en el mundo. Cristo *posee* su actualidad en el mundo y esta posesión es su *intimidad humana*, que "está justamente inscrita en esa intimidad radical metafísica y teológica en que consiste el Espíritu Santo". La intimidad humana de Cristo está inmersa en el Espíritu Santo, que es la intimidad en la vida trinitaria (282).

Según Zubiri, el nivel más profundo del secreto mesiánico se halla en esa inmersión de la intimidad humana de Cristo en su intimidad divina, que es el Espíritu Santo. Esa inmersión, además, "constituyó la fuente de la tradición bíblica", que Cristo transmitió a los discípulos que se le incorporaron por adhesión personal. Cristo realizó esa transmisión por "la efusión de su intimidad". En efecto, el origen de la tradición bíblica transmitida a los discípulos, acontece en la donación del Espíritu Santo. En esta donación del Espíritu sucede "la efusión de la intimidad misma de Cristo", que está destinada "lo mismo a los individuos que a la historia" (282).

Por consiguiente, aunque se ha encarnado sólo la segunda persona de la Trinidad, "la realidad de Cristo es esencialmente trinitaria" por la inmanencia en ella de la realidad divina y por la inmersión de su intimidad en el Espíritu Santo. Es el Padre por el Hijo en el Espíritu Santo, el que efectiva y realmente confiere la autoposesión personal a la realidad finita del hombre Jesús, y por ello, la realidad del hombre Jesús pertenece a la autoposesión personal del Hijo (282).

### E. Dos cuestiones complementarias

Dos cuestiones complementarias completan la sección sobre la persona de Cristo: cómo se sabe Hijo de Dios y su posición en la creación.

1. *¿Cómo sabe Cristo que es Hijo de Dios?*
Cristo no se sabe Hijo de Dios por poseer un dato de conciencia o una visión gloriosa que hubiera tenido desde que vino al mundo. Él se sabe Hijo de Dios porque lo es, pero lo sabe gracias a un saber que acontece en la vida, gracias a un *saber vivido*. El hombre sabe que es persona mediante un proceso de apropiación de las acciones y de la propia realidad, durante el cual se constituye la figura de su Yo, que se desarrolla y configura a lo largo de la vida. El saberse persona no es un dato de conciencia sino un saber vivido. Del mismo modo, en Cristo el saber que era una persona divina fue un saber vivido en sus actos y en su realización en el mundo, y por ello fue un saber que tuvo un desarrollo y un progreso. El hombre se sabe persona de "forma rudimentaria y oscura pero inexorable" en el proceso de apropiación de sus acciones y de su realidad; la experiencia de autoposesión personal no es psicológica sino metafísica. En Cristo, el saberse persona divina fue también un saber vivido en el proceso de apropiación personal, y no fue sólo una experiencia metafísica, sino también una experiencia teologal; fue la experiencia teologal de la apropiación personal de la realidad humana de Jesús, apropiación realizada y vivida en el mundo por el Verbo encarnado (285).

2. *La posición de Cristo en la Creación*
Cristo ocupa un lugar excepcional en la creación; es un caso único. En Él, el Dios trino se incorpora a la historia y a la creación entera. Esta incorporación es el culmen de la creación como plasmación *ad extra* de la *vida* trinitaria, porque en esa incorporación la creación llega a ser la plasmación *ad extra* de la propia *realidad* divina. En efecto, Cristo, un individuo concreto, está inmerso en la procesión generante del Verbo, y por tanto, está inmerso en la vida trinitaria de Dios, constituida por los momentos de paternidad del Padre, filiación del Hijo y espiración del Espíritu Santo.

Por la Encarnación Cristo está inmerso en la vida trinitaria, y por ello es el paradigma de la creación de toda esencia abierta, es decir, de toda realidad personal. Éste sería el sentido de la afirmación paulina de que Cristo es "el primogénito de toda creación" y, también, "la imagen de Dios invisible" (*Col* 1,15). "Evidentemente son dos vertientes de una

## La Encarnación. La realización humana de la Verdad de Dios

sola realidad. Precisamente por ser la imagen auténtica de Dios es el paradigma de toda esencia abierta", de toda realidad humana (286).

En resumen, la respuesta a la pregunta: ¿quién es Cristo?, se puede recapitular del modo siguiente. Cristo es el Hijo de Dios por la encarnación de la persona del Verbo, que le confiere el momento de autoposesión personal. La autoposesión personal del Verbo es idéntica a la de Cristo porque Cristo está teológicamente inmerso en la realidad de Dios. Desde esta inmersión teológica se realiza la verdad real de Cristo, es decir, la figura de su Yo en el mundo, poseída en una intimidad que está inmersa en el Espíritu Santo (283).

Zubiri está convencido de que su conceptuación de la Persona de Cristo supera la dicotomía existente entre la idea de la unión hipostática, por un lado, y la idea de la naturaleza divina y la naturaleza humana, por el otro (282s).

### II. La vida de Cristo

La cuestión de la vida de Cristo consiste en dar respuesta a la pregunta: ¿Qué ha sido la vida personal que ha vivido, "desde el punto de vista de lo que él es, a saber, Hijo de Dios?" (C 290).

Zubiri está convencido de que la teología no se lo ha preguntado en el sentido en que él se lo plantea, y dice: "la teología y la exégesis se han quedado a las puertas de lo que yo creo que es el problema esencial"; y el problema esencial es, precisamente, "el misterio mismo de la vida de Cristo" sobre la tierra (291).

Cristo se ha realizado biográficamente en los actos que ha ejecutado durante su vida, desde el inicio hasta la muerte. En estos actos se ha considerado con frecuencia el sentido que tienen para los demás, como actividad del ministerio redentor de Cristo a favor de la humanidad. Pero, en este momento, el sentido del planteamiento es distinto; en efecto, se pretende afrontar la cuestión del sentido que tenía la realización biográfica del Verbo encarnado para Él mismo, que la vivía (293).

La *biografía* de Cristo se realizó en los simples actos de la vida humana, en los actos de la inteligencia y de la voluntad, y en los actos específicamente religiosos, como la permanencia en el Templo a los doce años y el bautismo en el Jordán; la *biografía* se completó y concluyó en la muerte en cruz (295s). ¿Qué sentido tuvieron esos actos y la entera biografía, para el mismo Cristo?

La cuestión sería considerada ficticia por quien afirma que Cristo tenía "la visión beatífica y plenaria en la tierra", porque tenía "la visión de Dios" (296). Hay que dar "la razón completamente a Rahner", quien dice que Cristo tenía una "visión inmediata de Dios", pero que no era "beatificante". Ahora bien, se debe observar que "en la medida que la visión inmediata no es beatificante, quiere decir que no es plenaria" (297).

Para afrontar el problema con rigor se debe tener una visión integral de la Encarnación, que tenga en cuenta que el Verbo se ha encarnado en un individuo perfectamente determinado y con particulares concreciones sociales. Hay que tener también en cuenta otra dimensión, a saber: "el Verbo se encarnó no solamente en un individuo singular y socialmente determinado; se encarnó precisamente en una realidad humana biográficamente constituida". La encarnación es una encarnación biográfica y hay que preguntarse en qué consiste. Sólo desde está visión integral de la cuestión se puede plantear correctamente la pregunta: "¿Qué significó la realización biográfica del Hijo de Dios, en tanto que biográfica, para el propio Hijo de Dios?", ¿qué significó para el Verbo encarnado su realización biográfica en el mundo? Este es precisamente el problema de la vida personal de Cristo (298).

La exposición del tema tiene dos puntos: A. La biografía en la vida de Cristo; B. La realización de la biografía de Cristo. En cada uno de los dos puntos se efectúa un resumen de la filosofía zubiriana, que luego se aplica a Cristo (298).

### A. La biografía en la vida de Cristo

*1. La biografía del hombre*

Zubiri llama biografía al hecho que la realidad del hombre "se va realizando a lo largo de los actos que componen su vida". Todo lo que el hombre va realizando durante la vida constituye su dimensión biográfica, que pertenece a la actualidad en el mundo de su realidad.

## La Encarnación. La realización humana de la Verdad de Dios

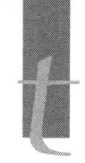

Hemos visto anteriormente que el hombre es realidad personal porque tiene el momento radical de autoposesión constitutivo de la persona (la *suidad*), que constituye la *personeidad*. La figura concreta de la *personeidad*, a saber, la figura concreta de la persona en el mundo, es la *personalidad*; ésta es el ser, o actualidad, de la realidad humana en el mundo.

La actualidad en el mundo de la realidad humana consiste en todo aquello que el hombre va haciendo de sí mismo, en sus acciones activas y pasivas; en ellas no sólo hace cosas, sino que, haciéndolas, se configura a sí mismo. El hombre vive en sus actos, y viviendo, va realizando el ser de su realidad, en el que se posee a sí mismo: "vivir es poseerse". Por consiguiente, la realidad humana no tiene sólo el momento de autoposesión que la constituye como persona, sino que se autoposee también en su actualidad en el mundo. "La vida es autoposesión y la biografía es justamente la construcción del ser de la sustantividad, en el cual me estoy autoposeyendo" (299).

Ahora bien, la autoposesión del ser de la realidad tiene formas distintas. Inicia en una apropiación de las acciones expresada en formulaciones simples, como, por ejemplo, "como mi manzana". La fórmula que expresa la acción, puede alcanzar la forma más plena, cuando expresa no sólo apropiación sino también autoposesión: "*Yo* como mi manzana"; entonces tenemos la "forma radical y expresa en que consiste el Yo": autoposesión y apropiación. En este momento decisivo acontece la emergencia explícita del Yo personal, que se ha de configurar y realizar a lo largo de la vida (300).

En los actos del hombre hay momentos de autoposesión, en los que se expresa la constitución del Yo. El Yo tiene su *figura* y está abierto a un proceso de constante *configuración* a lo largo de la vida; en efecto, la autoposesión expresada en los actos tiene un carácter dinámico, pues en ella se va construyendo la *figura* del Yo, es decir, la actualidad del hombre en el mundo: "Esto es justamente la esencia de toda biografía".

Si la actualidad del hombre es como una *proyección* de su realidad en el mundo, la actualidad, a su vez, *retorna* por razón de una suficiente identidad a la realidad, de la que "procede": es el momento metafísico de la *intimidad* (301).

233

## 2. Aplicación a Cristo

Cristo no es una excepción; su vida en el mundo es *biográfica* como la de todo hombre. Lo primario y fundamental que el Verbo encarnado hace en su realización en el mundo es constituir el ser de su realidad humana, su Yo personal, que se va a configurar en sus acciones. Se constituye, pues, el Yo de Cristo, que es constitutivamente teándrico, humanodivino, porque en él se actualizan en el mundo la realidad humana y la realidad divina del Hijo encarnado.

Por la encarnación, el Verbo queda sometido a la condición biográfica de todo hombre; vive los actos de su vida como momentos de apropiación, y a partir de la edad adecuada, los vive también como momentos de autoposesión del Yo personal. El Verbo encarnado debe construir y configurar la figura de su Yo, por la que se actualiza en el mundo (301).

La figura del Yo no es innata. En ella se concreta la vivencia plenaria de la autoposesión personal, y es impensable que Cristo la tuviera desde el inicio de la Encarnación. La consideración de los dos momentos extremos de la vida de Cristo: el inicio y la muerte, ayudan a clarificar la idea. Zubiri está convencido de que en el momento de la concepción la célula humana tiene su psiquismo; ciertamente no puede efectuar actos, pero se inicia ya un proceso de modulación de lo que "se ha llamado las dimensiones vegetativas del psiquismo". Por tanto, en el *inicio* de la Encarnación la actualidad del Verbo en el mundo no consistía en la figura del Yo con su momento plenario de autoposesión. La figura del Yo apareció más tarde, en el transcurso de su vida, en momentos que no se pueden determinar con exactitud (302).

Se puede hacer una consideración similar acerca de la *conclusión* de la vida de Cristo. El cadáver clavado en la cruz era divino, pues pertenecía al Verbo. Pero no podía ejecutar actos de configuración del Yo, puesto que la figura del Yo se deshizo con la muerte.

Por tanto, no es absolutamente necesario que la actualidad filial del Verbo en el mundo sea plenaria en cada instante. Se ha de pensar que tuvo un proceso de formación, que se desarrolló y configuró a lo largo de la vida, y se deshizo con la muerte (302).

Por consiguiente, la biografía de Cristo es similar a la de todo hombre, y consiste en la constitución y configuración del Yo, en el que se

## La Encarnación. La realización humana de la Verdad de Dios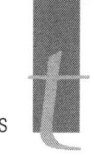

hace actual en el mundo. Dice el Evangelio que Cristo "crecía en sabiduría, edad y gracia delante de Dios y de los hombre" (Lc 2,52). Zubiri interpreta este crecimiento y dice que se trata del proceso de realización del ser de su realidad, a saber, se trata de la constitución y progresiva configuración de la figura del Yo.

La comprensión zubiriana de la realidad personal hace la distinción entre la *personeidad*, por la que el hombre es siempre el mismo, y la *personalidad*, que corresponde a su ser o actualidad, y por la cual nunca es lo mismo. Aplicando los conceptos a Cristo podemos decir que "la personeidad de Cristo, desde el primer momento de su concepción, ha sido consubstancial a Dios, pero su personalidad no ha sido consubstancial: ha tenido que ir haciéndosela a lo largo de su vida" (303).

### B. La realización de la biografía de Cristo

*Presupuesto filosófico*. El hombre está con las cosas y con los demás, y estando con las cosas y con los demás está en la realidad. La realidad es el *fundamento* de la realización humana: es la instancia *última* en la que encuentra las *posibilidades* de realización y de la cual proviene el *impulso* a apropiárselas. La realidad tiene un dominio sobre el hombre y actúa sobre él como un *poder*. El poder de lo real es el fundamento de la vida del hombre y le mueve inexorablemente a realizar su biografía. En el poder de lo real se transparenta, además, el *enigma* de la dimensión última de la realidad, enigma que plantea la cuestión de la divinidad (la *deidad*) (303s).

*Aplicación a Cristo*. Cristo no es una excepción; el poder de lo real era también el fundamento de la realización de su vida. Pero, además, la *fundamentalidad* de la realidad *se sublima*, pues las cosas reales eran para Él un término de la procesión iniciante por la cual Dios las ha creado; las cosas se le presentaban como la manifestación de la voluntad del Padre (304). Es más; para Cristo "las cosas eran formalmente la voluntad misma del Padre". Por tanto, el *fundamento* de la construcción de su actualidad y de su realización en el mundo, era la misma voluntad del Padre, de la cual procede la iniciativa que "de una manera libre, pero real y efectiva, ha hecho que las procesiones trinitarias terminen iniciantemente *ad extra*" (305).

*Presupuesto filosófico*. La realidad es el fundamento de la realización del hombre porque el hombre está *religado* a la realidad. La *religación* es constitutiva en el hombre. Por la religación la realidad es fundamento, y en cuanto tal concierne a la misma realización del hombre. En este sentido, la realidad, a la que está religado, concierne al hombre de modo radical y último, pues *constituye un momento de su actualidad* en el mundo: es su fundamento.

*Aplicación a Cristo*. También Cristo está religado a la realidad. La realidad es fundamento de su realización y en cuanto tal constituye un momento de su actualidad en el mundo, es decir, un momento de su ser. Pero en Cristo la realidad como fundamento de realización "es formalmente la voluntad misma de su Padre". Esto suscita la cuestión siguiente: ¿en qué consiste para Cristo este fundamento de su realización en el mundo, en el que se le manifestaba la voluntad del Padre? "En esta pregunta se envuelve la última raíz de lo que significó la biografía personal de Cristo para él mismo" (305).

Por tanto, nos interesa la pregunta por el significado que tuvo para el mismo Cristo su realización biográfica en el mundo, realización que estuvo fundada en la realidad, a la que estaba *religado* y en la que se le manifestaba la voluntad del Padre. La respuesta consiste en la exposición de tres conceptos, que de algún modo están presentes en el Nuevo Testamento (305).

1. *Cristo, religación subsistente y filial*

La exposición del primer concepto parte del hecho que el Nuevo Testamento habla de la obediencia de Cristo: "se hizo obediente hasta la muerte y una muerte de cruz" (*Flp* 2,8). Se podría pensar que la obediencia fue el fundamento de la realización biográfica de Cristo. Pero hay algo más radical, algo anterior al mandato (del Padre) y a la obediencia (del Hijo encarnado): eso más radical es la *religación*.

Según la filosofía zubiriana, si el hombre tiene exigencias morales es porque está *religado* a la realidad; por ello puede tener obligaciones. Ahora bien, la religación concierne a la realidad del hombre en cuanto es realidad personal; no concierne simplemente a su realidad sustantiva. La realidad personal es la que está religada a la realidad, y la religación se va configurando en los actos humanos, que pueden tener signos distintos. El acto humano es inevitablemente la apropiación de una posibilidad, pero puede tener significados diversos; puede significar una aceptación, un rechazo, o una modificación de la misma posibilidad.

La religación de Cristo a la realidad tuvo un significado permanente: el *acatamiento radical* de la voluntad del Padre, que se le manifestaba en la realidad y se concretaba en mandatos que Él obedeció. Cristo está integrado "en la procesión generante del Verbo", y su realización biográfica, en cuanto Verbo encarnado, está fundada en una religación a la realidad que Zubiri llama *religación subsistente*; sería la religación configurada según un acatamiento permanente a la voluntad del Padre (anterior a sus mandatos concretos) (306).

Para definir el concepto Zubiri usa el término *subsistente*, si bien él mismo reconoce que el concepto de *subsistencia* es poco comprensible (122) y algo oscuro (123s). A mi juicio, una interpretación correcta de la *religación subsistente* es comprenderla como la *religación filial* de Cristo, es decir, como una religación configurada *filialmente* según el acatamiento propio del Hijo respecto del Padre; el acatamiento trinitario se "habría encarnado" en la *religación filial* que religaba a Cristo a la realidad. El término formal de la Encarnación fue una realidad humana, cuya realización biográfica tuvo como fundamento una *religación filial* a la realidad. El Hijo de Dios encarnado estuvo religado a la realidad como todo hombre; pero su religación estaba configurada *filialmente* (cfr 306s).

La religación filial "es un concepto teologal, anterior a toda teología". Es un concepto que pretende desplegar intelectivamente aquello en que consiste la realidad de Cristo. En efecto, Cristo fue *experimentando* y verificando a lo largo de su vida su religación filial a la realidad (307). Ahora bien, la religación como fundamento de la realización humana es *experiencia* y verificación (HD 95s). Por tanto, Cristo tuvo que verificar "de una manera experiencial en qué consiste ser Hijo de Dios encarnado". La realidad le presentó una posibilidad contraria a la religación filial, por lo menos dos veces; una, cuando le dijeron: "baja de la cruz y creeremos en ti" (cfr *Mc* 15,29-32); otra, cuando en las *tentaciones* le sugirieron, de la manera que sea, que se presentara al mundo con exhibición de poder (cfr *Mc* 4,1-11). Cristo rechazó esas posibilidades; se mantuvo fiel a su *religación filial* y obedeció el mandato del

Padre de realizar su ser personal de modo verdaderamente humano, inmerso en el juego de las libertades humanas con todas las consecuencias, sin protegerse con poderes extraordinarios (C 307s).

### 2. *Cristo, revelación subsistente y actual*

Cristo encontró las posibilidades para realizar su ser personal en la experiencia de su *religación filial* a la realidad. Ahora bien, la religación a la realidad es una experiencia *manifestativa* (HD 96). En la experiencia de la religación a lo largo de la vida, la realidad se va manifestando en la actualización de la riqueza de lo real. ¿Qué se manifestó a Cristo en la experiencia de su religación a la realidad? (C 308).

La respuesta es decisiva: La experiencia de la religación manifiesta a Cristo "su riqueza como Hijo". Y ya que el Hijo está unido al Padre, se ha de afirmar "que la vida entera de Cristo, desde el más modesto de sus actos físicos hasta el acto supremo suyo en la cruz, ha sido pura y simplemente la manifestación de lo que es él como Hijo y, por consiguiente, de lo que es el Padre en tanto que Padre". La realización biográfica ha tenido para Cristo el significado de ser *revelación* de su actualidad de Hijo encarnado y de ser también *revelación* de la actualidad del Padre: "Cristo es la *revelación subsistente*" (308).

De nuevo aparece el término "subsistente". A mi juicio, decir que Cristo es la *revelación subsistente* significa que era en el mundo la misma revelación de Dios, su plena actualidad; Cristo ha sido la plena *revelación actual* de Dios sobre la tierra.

Ahora bien, la *revelación actual*, que es el mismo Cristo, es un dato biográfico que tiene un despliegue en los momentos de su vida. Ésta ha tenido varias fases; en ellas sabía siempre que era el Hijo de Dios. Pero fue un saber que tuvo momentos distintos y un verdadero progreso. Nos detenemos en cuatro momentos de la *biografía* (309).

a. El *Bautismo en el Jordán* ha significado dar forma explícita a la solidaridad con una humanidad pecadora, poniendo de manifiesto, al mismo tiempo, el Yo mesiánico de Cristo. No se trata de enterarse de cosas que no supiera, sino de la aparición del brote inicial de un saber explícito sobre su solidaridad mesiánica con una humanidad pecadora, a la que Él, que no tenía pecado, quedó explícitamente incorporado.

## La Encarnación. La realización humana de la Verdad de Dios

La incorporación a una humanidad pecadora permite la comprensión integral de la encarnación (309).

b. La *actividad mesiánica en Galilea* tuvo momentos de éxito, pero en conjunto significó una experiencia de fracaso; no se logró lo que se pretendía. Tal experiencia tuvo que hacer pensar que la misión mesiánica no podía limitarse al pueblo de Israel, pues no se podía contar con su apoyo. El Mesías de una humanidad pecadora tendría que estar abierto a todos, incluso a los gentiles (309).

c. Después de la actividad en Galilea, hubo una etapa en la que la *reacción social negativa* anunciaba un rechazo que incluía la posible eliminación violenta. Cristo aceptó libremente la muerte por obediencia. Pero la voluntad del Padre no era de ningún modo la muerte violenta de Cristo sino la verdadera vida humana del Hijo, aceptando los riesgos incluidos en la incorporación a una humanidad pecadora. El Mesías debía asumir esos riesgos sin protegerse con medios extraordinarios (310).

d. En un momento difícil de determinar, Cristo descubre que va a *morir por la expiación de los pecados de la humanidad,* a la que está integrado y de la que se ha hecho solidario en el Jordán. En la cruz se le manifiesta el carácter expiatorio de su muerte, experimentando la soledad como Hijo de Dios encarnado, y muriendo para expiar los pecados de la humanidad y reparar el daño causado por la libertad del hombre. La muerte de Cristo es un *sacrificio* porque ha sido libremente aceptada y se ha vivido como ofrecimiento a Dios hasta la inmolación total (310).

En este momento de la exposición surge la pregunta: ¿Cómo sucedió esta biografía? ¿Cómo aconteció el progresivo esclarecimiento de las condiciones biográficas de Cristo como Hijo de Dios encarnado? (310).

No sabemos lo que aconteció en la intimidad de Cristo, y no es suficiente decir que tuvo revelaciones. Pero lo que ciertamente sucedió es que Cristo, en su intimidad, reflexionó sobre lo que eran las cosas que le rodeaban y que sucedían en torno a él. En todo ello se le manifestaba la voluntad del Padre. Esa reflexión humana contribuyó a ver también las cosas a la luz de lo que Cristo era como Hijo de Dios. En su intimidad se unían de manera inseparable lo que procedía de Dios y lo que procedía de la reflexión humana "realizada dentro de las luces que vienen de Dios". Del modo que sea, Cristo va viendo en su intimidad, de forma cada vez más explícita, la riqueza de su actualidad en el mundo como Verbo encarnado, es decir, la riqueza de la verdad real de la Palabra hecha carne. Cristo va descubriendo con claridad creciente su *religación filial* y el hecho de ser la *revelación actual* de Dios en el mundo (311).

### 3. Cristo, actualidad del Misterio de Dios

Un tercer concepto completa la cuestión del significado de la realización biográfica para el mismo Cristo. Hemos visto que Él ha tenido una *religación filial* y ha sido la *revelación actual* de Dios. Los dos conceptos se han apoyado en la consideración de la religación como experiencia y manifestación. Pero la religación del hombre a la realidad es también enigmática, pues es manifestación del *enigma* de la realidad, que sitúa al hombre ante la cuestión de Dios (HD 95ss).

Pues bien, ¿cómo ha sucedido que Cristo era la religación filial y la revelación actual de Dios? La respuesta es escueta: lo era "precisamente en la realidad integral de su humanidad". En efecto, la humanidad de Cristo es la humanidad del Verbo encarnado, y "es sagrada, si algo lo es en el mundo. Es la sacralidad constitutiva". Además, las vicisitudes humanas de Cristo eran "signos de la voluntad del Padre" (311). Los dos elementos: la *sacralidad constitutiva* y los *signos* de la voluntad del Padre, componen el concepto zubiriano de Cristo como *sacramento subsistente* (312). Como sacramento, Cristo es el *signo* definitivo del *enigma* de la realidad que pide la adhesión personal.

Una interpretación adecuada permite comprender el concepto *sacramento subsistente* como la *actualidad del Misterio de Dios* en el mundo. Esta explicación corresponde a la probable interpretación de la Carta a los Colosenses, según la cual se identifica a Cristo con el mismo Misterio de Dios, cuando se exhorta a "conocer el misterio de Dios, Cristo, en el cual están ocultos todos los tesoros de la sabiduría y de la ciencia" (*Col* 2,2b-3; cfr R. Penna, *Il "mysterion" paulino*, 63).

Cristo, por tanto, es la *religación filial*, la *revelación actual* y la *actualidad del Misterio de Dios*. A mi juicio, las tres cosas adquieren unidad a partir del concepto de religación a la realidad, en la madurez del pensamiento zubiriano. La religación es experiencia, manifestación y enigma

## La Encarnación. La realización humana de la Verdad de Dios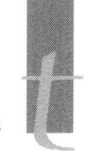

(HD 95-97), y Cristo habría vivido la religación como experiencia *filial*, en la que se *manifestaba* la voluntad del Padre, y reconocía el misterio de Dios, actual en Él, como la *respuesta al enigma* de la realidad.

La comprensión de la realización biográfica de Cristo permite entender que el secreto mesiánico no fue "una mera actitud pedagógica" ni "una especie de revelación progresiva" sino *"la condición interna de su propia biografía"*. Cristo ha ido construyendo su ser personal como ser mesiánico, ha ido configurando la figura de su Yo como Yo mesiánico; a lo largo de la configuración, ha ido reconociendo en qué consiste ser la actualidad en el mundo de la realidad del Hijo de Dios. Los tres conceptos expuestos: religación filial, revelación actual y actualidad del misterio de Dios, "constituyen el sentido último y radical de lo que fue la biografía de Cristo para Cristo mismo que la vivió, a saber: la experiencia teologal, humana y biográfica de su propia filiación divina" (312).

Cristo no solamente era Hijo de Dios, sino que fue experimentando en su vida lo que significaba ser Hijo de Dios humanamente, fue experimentando qué significaba necesitar de Dios y dirigirle una súplica, siendo él mismo el Hijo de Dios. Éste fue el sentido de la realización biográfica, que permite la comprensión del "crecimiento en sabiduría, edad y gracia" (cfr *Lc* 2,52). El *crecimiento* de Cristo era el enriquecimiento de su realización biográfica en las vicisitudes que le acontecían humanamente como Hijo de Dios. La encarnación del Verbo consiste precisamente en la progresiva realización, por experiencia interna, de la propia biografía en tanto que Hijo de Dios encarnado (312s).

La biografía vivida por Cristo constituyó el contenido misterioso y oculto "de la tradición viva que transmitió a sus discípulos inmediatos". Esta tradición transmitió "lo que él era" y, también, aquello que vivía como "vida interna en la intimidad del Padre". "La transmisión de esta vida fue justamente el orto del Cristianismo; es decir, la obra de Cristo" (313).

### III. La obra de Cristo

La teología clásica se ha planteado la cuestión de la obra de Cristo formulándola como pregunta por la razón de la encarnación. Zubiri se detiene en tres respuestas. Según la primera, la más clásica, la razón de la encarnación es la redención de la humanidad pecadora. Otra respuesta contempla como razón de la encarnación la perfección propia de Verbo encarnado. La tercera une las dos anteriores afirmando que la encarnación ha sucedido por la perfección intrínseca del Hijo de Dios hecho carne, pero tiene en cuenta que la humanidad a la que Cristo va a pertenecer, es una humanidad pecadora (314).

Las tres respuestas serían insuficientes y es posible una alternativa. Según Zubiri, el Verbo se ha encarnado ciertamente para el bien de la humanidad, pero no necesariamente porque sea una humanidad pecadora necesitada de redención; "el destino de los hombres estaba incluido en la razón formal de la encarnación, pero de los hombre en tanto que *deiformes*, no en tanto que pecadores". Hemos visto anteriormente la definición de la creación como donación de la vida trinitaria *ad extra*, "fuera de Dios"; por ello el hombre es una creatura *deiforme*. El pecado y la necesidad de redención son cosas "posteriores", que se integran, obviamente, en la razón de la encarnación.

Ahora bien, lo que acontece en la encarnación es la donación de la misma realidad de Dios. En consecuencia, la deiformación del hombre adquirirá una nueva dimensión; no consistirá sólo en el carácter trinitario de su vida, sino que su religación a la realidad quedará *plasmada* según la religación filial del Verbo encarnado. La razón de la encarnación es la aparición sobre la tierra del Verbo encarnado para *deiformar* al hombre mediante la *plasmación* y la configuración de su religación (315).

Cristo es el fundamento de la plasmación de la religación humana y esto es idéntico a "la fundación de una religión". Desde esta perspectiva hemos de decir que Cristo es el fundador de una religión. La exposición tiene dos pasos: A. ¿Qué se entiende por fundar? y B. ¿Cómo se realiza la acción de fundar? (315).

Estos pasos serán completados por los capítulos siguientes que tratan de los sacramentos y de la Iglesia.

### A. ¿Qué se entiende por fundar?

Hemos visto anteriormente que el saber de Cristo *creció* a partir de su reflexión humana sobre las vicisitudes que vivía, reflexión hecha a la luz de la voluntad del Padre, que se le manifestaba en la realidad de las cosas. El saber así adquirido corresponde al concepto clásico del saber *infuso* de Cristo, dice Zubiri, y precisa que es *infuso* porque se fue formando "en la única y excepcional intimidad que Cristo tuvo con su Padre, en la intimidad de su experiencia de la filiación divina". En el proceso de este saber, Cristo se supo fundador de una religión. Él fundó el Cristianismo y el acto de fundar fue una de las acciones de su vida (318).

La fundación de una religión puede consistir en la transmisión de una serie de enseñanzas, preceptos y ritos. Pero el acto fundador de Cristo no fue así: "Cristo no instituye el Cristianismo, sino que hace de los hombres que le rodean cristianos". En este caso, fundar significa *hacer cristianos*, es decir, plasmar y configurar la figura del Yo de los hombres según la figura del propio Yo, que estaba religado *filialmente* a la realidad. La acción personal por la cual el Hijo encarnado fundó el Cristianismo, consistió "en hacer real y efectivamente hijos del mismo Padre a los hombres", haciéndolos cristianos al transformar su religación a la realidad en una religación filial semejante a la suya. Se trata de la acción efectiva de transformar al hombre. ¿Cómo se realizó esta acción? (318s).

### B. La acción de fundar el cristianismo

Fundar el Cristianismo fue una acción personal de Cristo, pero no fue una acción más entre las demás. Cristo "hizo cristianos" con las propias acciones de su vida, que configuraban a quienes le acompañaban y estaban cerca de él. Esas acciones no han transformado la realidad sustantiva del hombre, no han actuado sobre la estructura de su realidad psicosomática. Lo que estas acciones hacían era transformar la actualidad del hombre configurando la figura de su Yo, y lo hacían por *incorporación*. Ciertamente, el Verbo se integra a la humanidad por la encarnación. Pero lo que sucede de veras es la incorporación de los hombres a Cristo, quien, en sus acciones, manifestaba su integración en la humanidad e *incorporaba* a los hombres a su realidad de Verbo encarnado, transformando su religación y la figura del Yo (320).

Zubiri explicita su pensamiento concentrando la atención en las acciones supremas de la vida de Cristo: la muerte y la resurrección. Advierte que dice cosas que ya se saben, pero pretende expresarlas con una conceptuación que facilite la comprensión de la obra de Cristo como origen del Cristianismo (320).

## 1. La muerte de Cristo

La muerte de Cristo, en cuanto acción personal suya, consistió en un acto de obediencia (cfr *Flp* 2,8). Pero fue la religación filial a la realidad, en la que se le manifestaba la voluntad del Padre, lo que le llevó al acto supremo de obediencia (321).

Esta muerte tiene dos aspectos. En primer lugar es algo que sucede a la realidad sustantiva y significa la "desanimación de su organismo" o la "descorporación de su ánima" (según Zubiri el alma no es una substancia separable del cuerpo; cfr HD 40s). Pero la muerte tiene un significado más profundo, que se refiere al proceso de configuración y a la figura del Yo. También la vida de Cristo se realizó en un proceso de configuración, que tuvo en cada momento su figura concreta, definitoria y provisional. Cuando llegó la muerte se concluyó el proceso de configuración con la obtención de la figura definitoria y *definitiva* (que lleva consigo su propia *sanción*) (SH 664-666; cfr 418s). La figura del crucificado es la figura definitiva y definitoria de Cristo. Ciertamente es inseparable del mensaje de la resurrección. Pero la encarnación biográfica del Verbo se concluye y resume en la figura del crucificado (C 321).

*El significado de la muerte para Cristo.* Cristo vivió su vida incorporado a una humanidad que era pecadora no sólo porque los hombres pecan, sino porque en ella dominaba el poder del pecado. Al inicio de la Pasión, Jesús dijo a los que se acercaban para apresarle: Ésta es "la hora del poder de las tinieblas" (*Lc* 22,53). Había llegado el momento de una particular manifestación del poder del pecado (322).

Hay una relación entre el pecado personal y el poder del pecado. Los pecados del individuo dañan la propia realidad y la convivencia humana, y son momentos de la constitución del pecado como un poder; éste, sin anular la libertad, orienta al hombre hacia acciones cuyo sentido consiste en *aversión* contra Dios. Pues bien, Cristo se incorporó a una humanidad pecadora y sometida al poder del pecado. En su vida

La Encarnación. La realización humana de la Verdad de Dios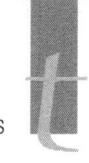

no hubo pecado, pero sufrió las consecuencias de la fuerza destructora del pecado. El resultado fue su muerte, la destrucción de su realidad humana. Pero su realidad filial quedó indemne. El poder del pecado dejó incólume su condición de Hijo de Dios y el ofrecimiento al Padre de su vida en el mundo (324).

El ofrecimiento que Cristo hace de su vida tiene un triple carácter. En primer lugar, es una manifestación de la *religación filial* y de la obediencia. Aparece, además, una dimensión de *mediación* a favor de los hombres; Jesús dice cuando le crucificaban: "Padre, perdónales, porque no saben lo que hacen" (*Lc* 23,34). Finalmente, se pone de manifiesto una acción de *expiación* de los pecados, cuyo significado concreto es la introducción, en el ámbito de la humanidad pecadora, del poder de Dios y de la posibilidad efectiva de superar el poder del pecado. La figura del crucificado es el signo de la victoria del poder de Dios sobre el poder del pecado. El acto supremo de la actividad religiosa de Cristo en tanto que Hijo fue su muerte (325).

*El significado de la muerte de Cristo para los demás*. El hombre es pecador porque comete pecados y porque vive su vida en un ámbito determinado por el poder del pecado. Hay una mutua relación entre el pecado personal y el poder del pecado. Éste influye en el individuo que peca, y el pecado personal refuerza y consolida el poder del pecado.

Según la Escritura, el origen de la situación humana, determinada por el pecado, ha sido la libre decisión del hombre contraria al plan de Dios. Esto fue el *pecado original* (cfr *Gn* 3), por el que "entró el pecado en el mundo" y tuvo inicio el dominio del poder del pecado (*Rm* 5,12). Zubiri no cree que el pecado original sea originante porque sea hereditario, y está convencido de que "la idea de un pecado hereditario es algo completamente extraño para san Pablo". El pecado original tiene efectividad originante porque ha sido el primer pecado de la humanidad y por él se ha establecido en la tierra el pecado como un poder. El mundo es la sede del poder del pecado, y el individuo no tiene, desde sí mismo, la posibilidad moral de evitar su influencia. "El pecado original es una realidad de orden moral" y no algo que se reciba por herencia (326).

El hombre, por tanto, pertenece a un mundo en el que el *poder del pecado* es real y tiene su dominio. Esto no quiere decir que las acciones humanas tengan siempre el sentido de ser contrarias a la voluntad de Dios. Lo que sucede es que "antes de vivir aversivamente en un pecado personal cada hombre vive privativamente respecto de Dios". Por el dominio del pecado, las acciones del hombre no serán siempre pecaminosas, pero han quedado como *privadas* de sentido positivo respecto de Dios. Por ello, el hombre, en su realidad más interna, está sometido al poder del pecado; esto significa que está intrínsecamente necesitado de una redención, que no sea sólo la superación de las acciones pecaminosas, sino también la transformación de una situación humana, de algún modo *privada* de sentido positivo respecto de Dios (327).

La *redención* que el hombre necesita no consiste sólo en el olvido de la mala acción y el perdón moral. "Para que el perdón tenga un sentido real y efectivo tiene que producir una transformación interna en aquel que es perdonado", y "sólo Cristo es capaz de transformar intrínsecamente a la humanidad". No se trata de transformar el sistema de la realidad sustantiva, quitando o añadiendo elementos o cualidades; se trata de transformar la actualidad del hombre en el mundo, su ser, es decir, la figura del Yo que el hombre va construyendo a lo largo de su vida. "Esa transformación consiste en que el poder del pecado va quedando supeditado al poder de Dios"; en esto consiste la redención. El poder de Dios se introduce en la humanidad a favor del hombre, y producirá sus efectos cuando se vayan ejecutando las acciones humanas (328).

La entera vida de Cristo ha efectuado la transformación redentora, y en su muerte se puso de manifiesto la "identidad numérica entre la vida personal de Cristo y la transformación del hombre". El hombre ha quedado plasmado como una realidad situada bajo el poder de Dios, precisamente, en el acto en el que Cristo entregó su vida en la cruz. En este acto supremo, Cristo plasma el ser de la realidad del hombre, colocándolo en la órbita del poder de Dios y liberándolo de la irremediable dominación del poder del pecado (328s). La muerte de Cristo ha *justificado* al hombre y lo ha *reconciliado* con Dios (*Rm* 5,6-11).

## 2. La resurrección de Cristo

En sí misma la resurrección de Cristo no fue la reanimación de un cadáver y la vuelta a la vida en el mundo, como sucedió en la resurrección de Lázaro. La resurrección de Cristo fue el *paso* a la vida en Dios. El resucitado está vivo *para siempre*, con una vida en plenitud de poder (330).

Según los relatos del Nuevo Testamento, el resucitado posee una dimensión *corporal*. Ciertamente, es un cuerpo distinto del cuerpo terreno; es un cuerpo *espiritual* cuya condición, en definitiva, "es la condición de un cuerpo glorificado" (cfr 1 Co 15,44). No es un cuerpo para volver a este mundo, pues "el lugar que le compete a Cristo resucitado es justamente el centro de la creación y de la historia". Pero, según el relato de las *apariciones* a los discípulos el resucitado tiene un cuerpo (330s).

Según Zubiri, en el cuerpo humano se deben distinguir *tres momentos*: el cuerpo es un conjunto de órganos, el conjunto de órganos posee una solidaridad que hace de él un organismo, el cuerpo es el principio formal de la actualidad del hombre (HD 39s); pues bien, el cuerpo del resucitado ni tiene órganos ni es organismo en el sentido dicho, pero constituye el principio formal de su actualidad: "el cuerpo glorioso no será un organismo ni una configuración, sino que a mi modo de ver será, pura y simplemente, principio de actualidad en Cristo y en los demás glorificados" (C 413). Por tanto, el resucitado posee un cuerpo, principio formal de su actualidad, y por él se manifestó en el mundo, "fue visto", "se hizo ver" (1 Co 15,5-8).

El encuentro de los discípulos con el resucitado no fue una ilusión, pero el reconocimiento no fue fácil. Las *apariciones* no fueron prodigios que querían imponerse a los presentes. Reconocer al resucitado supuso un proceso, que llevó a los discípulos a la certeza de la victoria de Jesús sobre la muerte y se completó con la misión de propagar el Cristianismo sobre la tierra (334).

*El significado de la resurrección de Cristo para los hombres*. El significado de la resurrección de Cristo va unido al significado de su muerte, pues son dos cosas inseparables; muerte y resurrección son como dos momentos de un único acto, que se identifica con la "plasmación del Cristianismo" en los hombres. Según la teología paulina del bautismo, muriendo y resucitando con Cristo se muere al pecado y se pasa a "una vida distinta y superior" (cfr *Rm* 6,3-11). Cristo *ha pasado* de la tierra a la "derecha del Padre" por su muerte y resurrección, y por ellas plasma este *paso* en el ser del hombre. Esta plasmación no transforma la realidad sustantiva sino el ser, la actualidad en el mundo, la figura del Yo. El hombre tenía una orientación contraria a Dios, era "aversivo a Dios"; por la plasmación del acto de Cristo pasa a ser "conversivo hacia Dios", según una configuración filial de su actualidad en el mundo (334). Esta plasmación y configuración corresponden al tema paulino de la "nueva creación" (2 *Co* 5,17), del "hombre nuevo" (*Ef* 2,24; *Col* 3,19) y del "revestirse de Cristo" (cfr *Rm* 13,14). El "revestirse de Cristo" sucede por la *incorporación* a Cristo, quien por la resurrección tiene un cuerpo *espiritual* y *vivificante* (1 *Co* 15,44s) (334).

La *incorporación* vivifica al hombre, destinándolo a alcanzar en la resurrección de los muertos la condición espiritual del cuerpo de Cristo, y otorgándole el don del Espíritu como inicio real pero oculto, de la consumación escatológica (cfr 2 *Co* 1,22; 5,5; *Col* 3,3). La plasmación y configuración cristiana del hombre suceden en un evento que san Pablo llama *regeneración* cuando se refiere a la salvación "por medio del baño de regeneración y de renovación del Espíritu Santo" (Tt 3,5) (335).

La *regeneración* consiste en situar bajo el poder de Dios al hombre, que por creación es deiforme, pues Dios ha plasmado en él la vida trinitaria *ad extra*. El hombre estaba sometido al poder del pecado y por la *regeneración* queda situado en el ámbito del poder de Dios. La muerte y la resurrección de Cristo plasman el Cristianismo en el hombre, colocándolo bajo el poder de Dios. Desde esta perspectiva, el poder de Dios en el hombre "es lo que merece llamarse *charis*, gracia" (335s).

*La gracia*. No se debe entender la *gracia* como si fuera algo que viene de fuera, o como la "cualidad de una substancia". La gracia "es el poder de Dios en la vida efectiva y real del hombre, el poder con el que el hombre va haciendo el ser de su sustantividad", y va construyendo la figura de su Yo, su actualidad en el mundo. "El poder de Dios en nosotros nos hace ser *deiformes*"; pero no se trata de algo que venga de fuera, "sino que la resurrección de Cristo ha plasmado en el seno del

La Encarnación. La realización humana de la Verdad de Dios

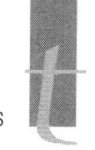

espíritu del hombre, de manera espiritual, la presencia de la Trinidad como fuente del poder de Dios en cada uno de nosotros". Por creación, la realidad del hombre es una plasmación de la vida trinitaria *ad extra*, fuera de Dios. Por la resurrección y la gracia, Cristo plasma en la realidad del hombre la presencia de la Trinidad, fuente del poder de Dios en el hombre. Por ello puede ser llamado en verdad *hijo* de Dios (336).

La vida de la gracia no es una experiencia psicológica, pues la gracia no es un "hábito escondido" o la cualidad de una substancia. La experiencia de la gracia "es una experiencia moral vivida a la luz de la fe"; es una experiencia teologal que el hombre tiene a lo largo de su vida o, por lo menos, durante períodos de ella (337).

### 3. *La fundación del Cristianismo*

Cristo funda el Cristianismo por los actos de su vida personal y, en particular, por el acto supremo: muerte y resurrección, que culmina y resume su vida. Cuando el Nuevo Testamento habla de la redención del hombre por la muerte y la resurrección de Cristo, no hay que entenderlo como una referencia a dos actos distintos. En este caso el sentido de la conjunción "y" no es copulativo, pues quiere expresar "la unidad intrínseca entre dos actos aparentemente tan distintos como son la muerte por crucifixión y la resurrección" (337).

Muerte y resurrección de Cristo constituyen, en verdad, un solo acto, por el cual acontece la liberación del poder del pecado y la colocación del hombre bajo el poder de Dios. No se trata de una expresión con sentido meramente simbólico, sino de la afirmación de un acontecimiento real en el ser o actualidad del hombre. Por la incorporación a Cristo, su muerte en cruz es muerte del hombre al pecado, y la resurrección, o paso a la vida de Dios, es verdadera *regeneración* del hombre (338).

Cristo funda el Cristianismo en el acto supremo que resume su vida. Este acto plasma el ser o actualidad del hombre, *configurándolo* según la figura de Cristo. Acontece una transformación, por la cual el hombre puede vivir la religación a la realidad como una experiencia *filial*, percibiendo en las cosas la voluntad de Dios y reconociendo el misterio del Dios trinitario como la respuesta al enigma de la realidad. Fundar el Cristianismo consiste en plasmar la figura del Yo del hombre según la figura de Cristo.

En este momento surge la cuestión de la *permanencia* de las acciones, por las cuales Cristo funda el Cristianismo y transforma al hombre. Según Zubiri, estas acciones "permanecen" y "se repiten" en los sacramentos. Este es el tema del próximo capítulo (338).

CAPÍTULO 9

# LOS SACRAMENTOS
# LA TRANSFORMACIÓN DEL HOMBRE

La exposición de la Encarnación, en el capítulo anterior, se ha concluido tratando el tema de la obra de Cristo. Ésta constituiría la razón de la Encarnación. Zubiri afirma que la obra de Cristo es la *transformación* del hombre. El hombre es *deiforme* por creación; pero, por el pecado, su religación a la realidad ha quedado determinada por el poder del pecado, que da a la religación un sentido *aversivo* o *privativo* respecto de Dios. La obra de Cristo consiste en la plasmación o configuración de la religación humana, haciendo de ella una religación *filial* semejante a la de Cristo, cuya prioridad sea el acatamiento de la voluntad de Dios que se manifiesta en la realidad. Ello sucede en el pleno respeto a la libertad del hombre.

Según Zubiri, la plasmación o configuración de la religación es un acontecimiento que se identifica con la fundación de una religión, entendiendo por tal no la institución de una organización sino la plasmación de la religación. En este sentido, Cristo es el fundador de una religión: el Cristianismo; y la fundación ha consistido en su acción de transformar al hombre, configurando la religación según su propia religación *filial*. La transformación es realizada por las acciones de Cristo, y sólo por ellas puede ser realizada. Ello nos sitúa ante la cuestión de la *permanencia* de las acciones de Cristo en la transmisión del Cristianismo. La cuestión nos conducirá al tema de los sacramentos.

### A. La permanencia de las acciones de Cristo

La *permanencia* de las acciones de Cristo después de Pascua es necesaria, porque la fundación del Cristianismo no fue, en primer lugar, la institución de normas, enseñanzas y ritos, que debieran ser transmitidos. La fundación fue obra de Cristo y consistió en "hacer cristianos", mediante la "plasmación" del ser del hombre. Se inició así una dinámica del "hacer cristianos unos a otros", que sucede por plasmación, transformación y configuración, y sólo puede ser realizada por el mismo Cristo. Por ello sus acciones deben *permanecer*; sólo ellas pueden dar "unidad vital e histórica" al Cristianismo a lo largo del tiempo. La permanencia fue necesaria en los primeros discípulos y lo sigue siendo para la transmisión del ser cristiano (340ss).

Las acciones de la vida de Cristo "hicieron los primeros cristianos", y este "hacer cristianos" consistió en plasmar el ser de los discípulos, configurándolo según la figura de Cristo. ¿En qué consistió esta plasmación?

Hemos visto anteriormente que Cristo se realizó humanamente por su religación a la realidad como todos los hombres. La religación fue para Él experiencia, manifestación y enigma. En efecto, fue la *experiencia* de la religación filial propia del Hijo encarnado, fue la *manifestación* de la voluntad de Padre en las cosas que vivía, y fue también la *vivencia personal* de que el misterio de Dios, respuesta al enigma de la realidad, se hacia actual en su vida en el mundo. Pues bien, "hacer cristianos" consistió precisamente en *transformar* al hombre configurando la figura del Yo personal y su religación a la realidad, según la figura y la religación de Cristo. Por tanto, el cristiano ha de vivir la religación a la realidad como una experiencia *filial*, descubriendo la voluntad de Dios en las cosas que vive, y reconociendo el misterio de Dios, revelado en Cristo, como la respuesta al enigma de la realidad. Esto sucedió por una plasmación y configuración, que fue obrada por Cristo en los que le acompañaban.

La transformación realizada en los primeros cristianos consistió en una participación en las acciones de Cristo, y en particular, en su acción suprema: muerte y resurrección; por esa participación el cristiano "moría" al pecado y tenía acceso a una novedad de vida, propia de los "hijos de Dios". La *acción suprema* de Cristo debe tener, por tanto, una permanencia que permita la participación gradual del cristiano en ella; sólo así es posible el "carácter progrediente y vital de las acciones" del cristiano, según un progreso y una gradualidad que "tienen un nombre absolutamente específico, que es justamente la *santidad*" (342s).

Notemos que la cuestión de la permanencia de las acciones de Cristo se puede concentrar en la permanencia del acto supremo, en sus dos momentos: muerte y resurrección. La muerte resume su vida entera, y por la resurrección, las acciones de su vida tienen actualidad en la transmisión del "ser cristiano".

El Cristianismo se transmite cuando "unos cristianos van haciendo cristianos a otros". No se trata, en primer lugar, de la comunicación de una doctrina y unas normas; lo que ante todo se ha de transmitir son las acciones de Cristo, especialmente su acto supremo, en el que ha de participar el cristiano. Esta transmisión debe acontecer en las acciones de los cristianos y, en especial, en la celebración de los *sacramentos* (cfr 343-345).

### B. La teología de los sacramentos

Zubiri recuerda y resume la comprensión tradicional, según la cual un sacramento es un *signo sensible y eficaz* que confiere la gracia para la santificación del hombre. Él está de acuerdo con el concepto, pero lo considera insuficiente. Una conceptuación adecuada de los sacramentos requiere "explicitar temáticamente (no basta decir que está implícito) los tres momentos que constituyen la esencia" de la acción sacramental, a saber: son acciones de Cristo, son las mismas acciones que ejecutó durante su vida, son acciones que tienen una permanencia después de su muerte: "sólo la unidad de estos tres momentos es lo que constituye la esencia misma de un sacramento". Además, el sacramento se celebra para ser *recibido*, y la recepción requiere "fe y conversión del corazón". Los dos momentos que constituyen la acción personal de la celebración sacramental son la *acción* de Cristo y la *recepción* con fe y conversión (corresponderían al *ex opere operato* y al *ex opere aperantis* de la teología clásica) (345s).

En la acción sacramental acontece la *transformación* del hombre por la plasmación en él de la muerte y resurrección de Cristo. En relación con ello aparece en el discurso zubiriano la consideración de la *causalidad*, estrechamente ligada a la comprensión tradicional de los sacramentos. La teología clásica ha empleado el concepto de causa para explicar la eficacia de los sacramentos; éstos son signos *eficaces* y *causa eficiente instrumental* de la gracia. Ahora bien, el Concilio de Trento no ha dicho que "los sacramentos sean causa de la gracia", si bien la idea está presente cuando afirma que contienen la gracia y la confieren efectivamente (cfr DS 1600-1613). Según Zubiri la donación de la gracia y la transformación del hombre en la acción sacramental "no es un problema de causalidad sino de *dominancia*"; en este caso se trata de la *dominancia* del poder de Dios. Lo que transforma al hombre es la actualidad del poder de Cristo en la acción sacramental, que "va *deiformando* al hombre sobre quien se ejerce este poder" (348).

En la celebración sacramental se actualizan las mismas acciones de Cristo, que se completaron y resumieron en su acción suprema, y que de una manera mediata, pero real, transforman el ser del hombre, configurando la figura de su Yo. Por ello debemos reconocer tres momentos en la acción sacramental: la acción humana de administrar un sacramento, en la que se hace actual una acción de Cristo, que tiene el poder de transformar al hombre (348).

La *transformación* sacramental no consiste en cambios que sucedan en la realidad sustantiva del hombre sino en la transformación de su ser, que no es otra cosa que la misma actualidad del hombre en el mundo (347). Por tanto, la actualidad del poder de Dios en la acción sacramental *transforma* al hombre configurando la figura de su Yo, su ser, según la figura de Cristo, y capacitándolo para *vivir filialmente su religación*, en obediencia a la voluntad del Padre que se le manifiesta en la realidad. Quien recibe un sacramento obtiene una configuración *crística* (349).

1. *Elementos de Sacramentaria fundamental*

Zubiri no ha desarrollado una Teología general de los sacramentos, pero su exposición contiene los elementos esenciales para estructurar una *Sacramentaria fundamental*. Podemos constatar los siguientes:

a. El punto de partida es la obra de Cristo por la cual funda el Cristianismo *haciendo cristianos* a los discípulos mediante las acciones de su vida, que culminaron en su acción suprema: la muerte y la resurrección. Cristo queda plenamente integrado por su muerte en la humanidad pe-

Los Sacramentos. La transformación del hombre

cadora como el Nuevo Adán, pero precisamente por ello la redime; su muerte es la victoria del poder de Dios sobre el pecado. Fundar el Cristianismo es "hacer cristianos", y esto consiste en configurar el ser del hombre según la muerte y resurrección de Cristo, dando a la religación a la realidad una configuración similar a la *religación filial* de Cristo.

b. La *acción suprema* de la vida de Cristo: su muerte y su resurrección, se actualiza en la acción de la Iglesia cuando celebra los sacramentos.

c. En el bautismo se hace actual una *acción específica* de Cristo: la *incorporación* a Cristo del bautizado. El esquema se debe aplicar también a los demás sacramentos y permite afirmar que en la celebración sacramental acontece la actualidad de la *acción suprema* de Cristo y de una *acción específica* suya, propia de cada sacramento (da el Espíritu, perdona los pecados, está particularmente próximo a los cristianos gravemente enfermos, elige a quienes quiere confiar una particular autoridad en la Iglesia, une al hombre y a la mujer cristianos en el matrimonio [cfr *Mt* 19]).

d. En la eucaristía no se trata sólo de la actualidad de una acción, sino de la presencia real y sacramental de Cristo por la *actualidad de su realidad personal*. Zubiri denomina *transactualización* al misterio de la presencia de Cristo en la eucaristía.

e. La actualidad de la acción de Cristo en la acción de la Iglesia lleva consigo la actualidad de su poder que puede transformar al hombre. Zubiri conceptúa la eficacia sacramental a partir de la *dominancia* del poder de Dios, que configura el ser del hombre, cristifica su religación a la realidad y por ello transforma la vida entera de quien recibe los sacramentos (C 341-351).

2. *El concepto de sacramento*

Debemos constatar una correspondencia entre la concepción zubiriana de los sacramentos y la teología sacramental clásica. Según el concepto clásico, los sacramentos son *signos eficaces de la gracia*. Zubiri también llama *signos* a los sacramentos, pero es posible desarrollar la idea diciendo que los sacramentos son *celebraciones litúrgicas* con sus elementos constitutivos o esenciales. Según esto, podemos establecer la siguiente correspondencia entra la concepción clásica y la comprensión zubiriana. El concepto clásico de sacramento tiene tres elementos: signo sensible, causa eficiente, gracia. La comprensión de los sacramentos fundada en la concepción zubiriana tiene también tres elementos: *celebración litúrgica* (con sus elementos constitutivos), *actualidad* de una acción de Cristo, *transformación* del hombre.

Es fácilmente comprobable la correspondencia entre las dos concepciones de los sacramentos: la tradicional y la zubiriana. Se puede constatar también que la concepción de Zubiri mantiene la riqueza de contenido de la teología clásica, expresa con fidelidad los datos de la fe cristiana y ofrece una notable novedad en su conceptuación. La novedad se percibe fácilmente, y se puede resumir en la centralidad de un dato revelado: la actualidad de la vida de Cristo en la vida de la Iglesia.

*3. El concepto de actualidad aplicado a los sacramentos*

Es una convicción de los que estudian a Zubiri que la correcta comprensión de sus escritos debe partir de *Inteligencia sentiente*, la última obra que publicó antes de su muerte. En ella aparece el concepto fundamental de la *actualidad* de la realidad: la cosa real tiene su actualidad en el mundo, y se hace *actual* en la inteligencia desde sí misma porque es real. Por ello es importante notar que la correcta comprensión de lo que Zubiri dice sobre los sacramentos requiere entender de un modo adecuado su concepto de actualidad. La aplicación de este concepto a la teología de los sacramentos se puede resumir del modo siguiente: en la acción sacramental se hace *actual* la misma Iglesia, en la cual tienen su *actualidad* las acciones de Cristo. El concepto de actualidad ayuda, también, a la comprensión de la sacramentalidad de la Iglesia. En efecto, san Pablo dice que la Iglesia es el cuerpo de Cristo, y según la filosofía zubiriana el cuerpo es el principio formal de actualidad de la realidad humana. Por tanto, la Iglesia, cuerpo de Cristo, es principio de actualidad de Cristo en el mundo, en cuanto en ella está viva la vida de Cristo, y perdura en los cristianos la vida que Cristo comunicó a los discípulos cuando los "hizo cristianos" (cfr 351).

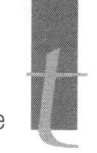

Cristo hizo cristianos a los primeros discípulos que iban con Él. Estos, a su vez, hicieron cristianos a otros, en acciones en las que se actualizaban las mismas acciones de Cristo; sólo éstas pueden hacer verdaderamente cristianos a los hombres. "La esencia del Cristianismo consiste pura y simplemente en ser cristianos", es decir, realizarse en el mundo según una religación a la realidad semejante a la religación del Hijo encarnado. Ello lleva consigo la obediencia a la voluntad del Padre, que se manifiesta en las vicisitudes de la vida, y el reconocimiento del misterio de Dios, revelado en Cristo, como respuesta al enigma de la realidad.

Ser cristiano atañe a la entera vida del hombre, a su configuración y a su realización en el mundo. Zubiri se detiene en el análisis de dos momentos: la *iniciación* y la *plenitud*, que corresponden respectivamente al Bautismo y a la Eucaristía (351).

### C. La iniciación: el Bautismo

Los elementos esenciales del rito bautismal son el agua y la invocación de la Trinidad, y quien lo recibe con fe y conversión participa en el acto supremo de Cristo: la muerte y la resurrección, que se actualizan en la celebración. Muriendo y resucitando con Cristo se tiene acceso a una novedad de vida; en efecto, el bautismo es llamado "baño de regeneración" (*Tt* 3,5), y en él tiene lugar la iniciación a la vida cristiana. Pero: ¿Qué se entiende aquí por iniciación? (351s).

El bautizado inicia una nueva forma de vida. Ahora bien, lo más radical y profundo del Bautismo es el *inicio* de otro "modo de ser"; no se trata de un cambio o transformación en la realidad sustantiva psicosomática, sino de un nuevo modo de ser, de una novedad en la figura del Yo, por la cual el hombre se hace actual en el mundo. "Iniciación, en este sentido, es el acto formal de mi incorporación a Cristo", de la incorporación a su "realidad muerta y resucitada". El bautizado recibe una *nueva* figura de su Yo, "que adquiere consistencia en Cristo" (352s).

En la acción bautismal se constata una *estructura* con cuatro momentos: la incorporación, el perdón de los pecados, la gracia, un nuevo modo de vida.

## 1. La incorporación a Cristo

El *primer momento* de la estructura de la iniciación es la *incorporación a Cristo*. Zubiri distingue entre la incorporación referida a la entera acción bautismal, y la incorporación considerada "formalmente en tanto que incorporación" (353), es decir, la incorporación en cuanto tal; ésta, una vez efectuada, no se puede perder y corresponde, según nuestro autor, al *carácter indeleble* de la teología clásica, que una vez recibido en la celebración no se puede cancelar.

El origen del tema del *carácter* se encuentra en las afirmaciones paulinas sobre el *sello* del Espíritu que reciben los cristianos. La cuestión se reafirma y clarifica cuando se adquiere la convicción de que el bautismo es irrepetible, aunque haya sido administrado por quien no está en comunión con la Iglesia; el bautismo produce un signo indeleble y no puede ser reiterado si ha sido recibido válidamente. La teología llamó *carácter* al signo indeleble y Trento afirmó que los sacramentos que *imprimen carácter* no se pueden repetir. El Magisterio afirma la existencia del carácter, pero no dice con precisión en qué consiste, y es lógico plantearse la cuestión. Una línea de respuesta comprende el carácter como una participación en el sacerdocio de Cristo (santo Tomás). Zubiri no excluye las explicaciones dadas previamente, pero tiene una comprensión propia de la cuestión; dice, en efecto, que el carácter recibido en el bautismo "es pura y simplemente el hecho de la incorporación a Cristo" (354).

Cristo es el *consagrado* por excelencia, totalmente entregado a cumplir la voluntad del Padre. También el bautizado es un consagrado, en cuanto está incorporado a Cristo. Esta incorporación determina la actualidad del hombre en el mundo, haciéndola semejante a la actualidad del Hijo encarnado; por ella va haciéndose a sí mismo y va construyendo la figura de su Yo, teniendo siempre como fundamento la realidad, a la que está religado. Según Zubiri, el carácter indeleble recibido en el Bautismo consiste en la configuración de la religación del bautizado según la religación de Cristo; es algo que no se puede perder una vez celebrado válidamente el sacramento (355).

## 2. El perdón

El *segundo momento* de la iniciación es el *perdón* de los pecados. El perdón, referido al bautismo, tiene un sentido particular. No se refiere, en primer lugar, a las acciones pecaminosas cometidas por quien se bautiza, sino a la liberación del poder del pecado que determina inevitablemente la vida del hombre. Se puede pecar después del bautismo y obtener el perdón por el sacramento de la reconciliación. Pero "el perdón por excelencia, radical y primero, la liberación del poder del pecado, acontece en el bautismo". Por ello los primeros autores cristianos llamaron "penitencia segunda" a la Penitencia, el sacramento del perdón del cristiano pecador, para subrayar que el perdón primero, radical e irrepetible, era el bautismo. El perdón bautismal libera del dominio prevalente del poder del pecado y abre el acceso al ámbito del poder de Dios. Ello significa una transformación del ser del hombre (355s).

## 3. La gracia

El *tercer momento* de la acción bautismal es la *gracia* de la transformación del hombre, consecutiva a la liberación del poder del pecado. La transformación es debida a la presencia del poder de Dios. Esta presencia significa precisamente la presencia trinitaria en el bautizado, y ha sido llamada *gracia increada* por la teología clásica. Por la gracia podemos afirmar la presencia de la vida de Cristo en el cristiano (cfr *Gal* 2,20), y con ella, la presencia de la Trinidad (cfr *Jn* 14,23) (356).

## 4. La regeneración

El *cuarto momento* es la implantación en un nuevo modo de vida. El bautizado, unido a Cristo, adquiere una religación *filial* a la realidad, en la que descubre la voluntad del Padre, y reconoce en el misterio de Dios revelado en Cristo la respuesta al enigma de la realidad. San Pablo llama *nueva creación* al nuevo modo de vida (cfr 2 *Co* 5,17), lo cual tiene una correspondencia con la comprensión del bautismo como una *regeneración* (*Tt* 3,5) (356).

El acontecimiento de la iniciación consiste en la unidad de los cuatro momentos, cada uno fundado en el anterior: incorporación, perdón, gracia, nuevo modo de vida (356s). El bautismo es el inicio de la unión a Cristo por la permanencia de su vida en el bautizado. Pero se trata sólo de un inicio que está orientado hacia una plenitud que consiste en llegar "a tener en sí mismo, no la vida entera de Cristo, sino su persona real, de quien esa vida es vida". El bautismo conduce constitutivamente hacia la eucaristía (357).

### D. La plenitud: la Eucaristía

La eucaristía es la plenitud de la vida cristiana, pues en ella acontece la donación de la misma persona de Cristo, muerto y resucitado. El bautismo, intrínsecamente ordenado a la eucaristía, alcanza en ella la plenitud. La exposición zubiriana tiene tres partes: la institución, la fe de la Iglesia y la conceptuación teológica (357). Las dos primeras serán expuestas en esta sección (D); la conceptuación teológica será desarrollada en la sección siguiente (E).

*1. La institución de la eucaristía*

Según los Evangelios Sinópticos, la última Cena fue la cena pascual, y esto supone que la fiesta de Pascua era el viernes. Según el Evangelio de Juan, el viernes era el día de la *preparación* y la Pascua fue el sábado. Zubiri se refiere al problema cronológico que se plantea, pero dice que lo decisivo es que, "sea o no estrictamente la propia cena pascual, Cristo celebró aquella cena con un rito pascual" (358).

El rito pascual tenía diversos momentos, que se pueden detectar en las narraciones evangélicas. Los participantes se situaban en un cierto orden, presididos por el padre de familia. Jesús presidió aquella Cena, y al lavar los pies a los discípulos proclamó el sentido que debían tener los puestos de autoridad en la Pascua que Él iba a instaurar. La cena iniciaba con la bendición de la primera copa de vino y la alabanza a Dios por las cosas que había hecho a favor de su pueblo, en particular, por el Éxodo y la Alianza. El recuerdo de las acciones de Dios no era una simple referencia a cosas pasadas; se confesaba y se reconocía la fidelidad de Dios y la vigencia del Pacto con su pueblo, que incluía la promesa de protección, si Israel se mantenía fiel a Yahvé (359s).

Los Sacramentos. La transformación del hombre

A continuación se servía el cordero y las verduras amargas, y se bendecía una segunda copa de vino, rezando salmos de alabanza (*ps* 113-114). "Después de comer el cordero es cuando Cristo inserta la consagración del pan". Lo tomó y dijo: "Esto es mi cuerpo entregado por vosotros" (*Lc* 22,19). Zubiri nota el fuerte realismo que la frase tuvo en la lengua aramea original, pues debió ser una frase nominal sin el verbo ser, utilizando un substantivo cuyo significado era *carne*, en manifiesta correspondencia con el "comer la carne del Hijo del Hombre" del capítulo sexto del Evangelio de Juan. Todo ello indica el fuerte sentido realista de la frase pronunciada por Jesús sobre el pan (361).

El momento siguiente de la cena consistía en la bendición de una tercera copa de vino, acompañada por la acción de Gracias a Dios por los bienes con que enriquecía a su pueblo. "Ahí es donde Cristo inserta la consagración del vino, con una misma fórmula nominal: *esto, mi sangre*". La intensidad del realismo de la fórmula se completa con el realismo de las palabras sobre el pan, adquiriendo la fuerza simbólica de la separación del cuerpo y de la sangre en el pan y el vino. Para la mentalidad semítica el cuerpo era el hombre entero, y en la sangre estaba su principio vital. La separación de cuerpo y sangre en el pan y el vino constituye un fuerte símbolo de la muerte: el hombre entero privado de su principio vital (361s). Pero la cosa más fundamental, que expresa la separación del cuerpo y la sangre en el pan y el vino, es la unión de la Nueva Alianza con la muerte de Cristo; su sangre sella la Nueva Alianza de Dios con su pueblo (cfr 1 *Co* 11, 25; *Lc* 22, 20).

Después de la alabanza y de la acción de gracias, tenía lugar "una larga conversación del padre de familia con los comensales, donde se comentaba el carácter de la Pascua". Éste debió ser el contexto en el que hay que situar los capítulos 13 a 16 del Evangelio de Juan (362).

La celebración se concluía con el rezo de salmos de alabanza (*ps* 115-118). En este momento se debe situar la oración sacerdotal de Jesús (*Jn* 17), en la que pide al Padre por sí mismo, por los *suyos*, sus Apóstoles, y por los que por ellos van a creer. La idea de "hacer cristianos unos a otros" aparece en la oración de Jesús que concluyó la Cena (362s).

La última Cena de Jesús con sus discípulos se celebró según un rito pascual, en el que instituyó la eucaristía. La estructura de la celebración "tiene tres elementos indisolublemente unidos". Se recuerda la acción de Dios: Éxodo y Alianza, y se da gracias por ello; el recuerdo no es sólo una referencia al pasado, pues en él se hace actual la Alianza recordada y una promesa de bendición para la firmeza del Pacto en el futuro. Los tres elementos están presentes en la celebración del Pacto de Yahvé con Israel, y están también presentes en la institución de la Nueva Alianza de Dios con la humanidad, sellada con la sangre de Cristo. La memoria del pasado, la actualidad en el presente y la promesa de bendición futura, escatológica, son tres elementos de la Nueva Alianza cuya unidad constituye "la esencia misma de la presencia eucarística" (363).

## 2. *La fe de la Iglesia en la Eucaristía*

La Eucaristía no es simplemente el recuerdo de la última Cena de Jesús con sus discípulos, que fue una *anticipación* de su muerte en cruz. En la Eucaristía acontece la actualidad de la Nueva Alianza de Dios con la humanidad mediante la muerte de Cristo, y sucede precisamente al cumplirse el mandato de Cristo: "Tomad y comed", "tomad y bebed", "el que come de mi carne y bebe de mi sangre, tiene vida eterna" (*Jn* 6,54). El pan y el vino se han transformado en *alimento espiritual* para el bautizado, pues, según San Pablo, el cuerpo del resucitado es un cuerpo *espiritual* (1 *Co* 15); es el cuerpo del que ha sido crucificado y, por tanto, pertenece a este mundo, pero se ha transformado en cuerpo *espiritual* por la resurrección (365).

El cuerpo de Cristo, actualizado en el pan consagrado, se convierte en alimento espiritual para el cristiano, pero de un modo particular: el alimento espiritual produce en quien lo recibe la presencia de Cristo, muerto y resucitado; el pan es el "cuerpo entregado en sacrificio" y el vino es la "sangre derramada". Por ello, precisamente, en la eucaristía el sacramento es inseparable del sacrificio; separar sacramento y sacrificio sería artificioso. En la celebración "lo único que se hace es hacer actual el sacrificio de la cruz, sacramentalmente presente". El realismo en la Eucaristía es el realismo de la presencia del cuerpo de Cristo como alimento espiritual y de la presencia sacramental de su muerte y resurrección (365).

La comprensión del realismo eucarístico ha pasado por diversas vicisitudes, suscitadas por la posibilidad de comprender el cuerpo de Cristo como cuerpo *somático* o como cuerpo *carnal* (366).

## 3. La controversia eucarística

En el siglo IX, Ratramno distinguía el cuerpo espiritual de Cristo en la eucaristía de su cuerpo histórico, que vivió y murió en Palestina; él entendía el cuerpo espiritual como una *virtus divina*, como una fuerza o energía espiritual, comunicada para la salvación del hombre. Esta comprensión dinámica de la presencia eucarística provocó la reacción de Pascasio Radberto, quien decía que no se trataba de una mera *virtus divina*, sino de la realidad del cuerpo de Cristo, entendida como "la realidad carnal del cuerpo de Cristo" (366).

Dos siglos más tarde, Berengario de Tours "rehabilitó la idea dinámica de la presencia eucarística de Ratramno", lo cual volvió a suscitar polémicas y el Papa Nicolás II tuvo que intervenir. El año 1059 el Papa impuso a Berengario una profesión de fe, cuyo extremo realismo fue más tarde suavizado e incluso corregido por san Buenaventura y santo Tomás (367).

Zubiri está convencido de que la controversia se debió a una deficiente concepción del cuerpo humano. En efecto, si se identificaba el cuerpo con la carne se comprendía el cuerpo como *cuerpo carnal*; si se hablaba, en cambio, de *cuerpo espiritual*, se estaba pensando en una especie de fuerza o energía, comunicada para la santificación del hombre, sin tener en cuenta de modo adecuado el realismo paulino del *cuerpo espiritual* del resucitado, tal como aparece en el capítulo quince de la Primera carta a los Corintios (368).

## 4. La doctrina del Concilio de Trento

El Concilio de Trento quiso precisar la expresión de la fe de la Iglesia y definió que por la consagración eucarística las sustancias del pan y del vino no permanecen porque se convierten en las sustancias del cuerpo y de la sangre de Cristo. Lo que permanece después de la consagración son las *especies* del pan y del vino; sucede una transformación que la Iglesia llama "aptísimamente" transubstanciación (DS 1652). La definición de Trento afirma la presencia real y física de Cristo, obtenida por la conversión de las substancias y la permanencia inalterable de las *especies*; es la presencia real "en forma de sustancia" (368).

La definición conciliar parece muy precisa, pero Zubiri hace algunas consideraciones. El Concilio afirma que se conservan las *especies*, pero el magisterio "jamás ha dicho que es eso de las especies eucarísticas". Sucede algo similar al caso del "carácter indeleble"; es de fe que se recibe el carácter en la recepción de algunos sacramentos, pero no se dice "qué es el carácter; se dice solamente que es indeleble" (368).

Trento afirma la presencia física y real para oponerse a la concepción meramente dinámica de la presencia del cuerpo de Cristo, como si fuera sólo una energía o *virtus*. El Concilio declara, además, que sucede una conversión: el pan deja de ser un alimento natural para el hombre aunque no haya cambiado su estructura molecular. Se dice, finalmente, que se trata de presencia de la sustancia y, por tanto, la conversión consiste en una transubstanciación. Con ello se quiere indicar que la presencia y la conversión son reales y efectivas. Pero el Concilio de Trento no ha definido "que la realidad sea sustancia en el sentido aristotélico de la palabra", pues dice únicamente que el modo de presencia "aptísimamente (*aptissime*) se llama sustancia". El Concilio no ha canonizado la concepción aristotélica de la sustancia, pero la emplea para expresar la realidad de la conversión del pan en alimento espiritual "por la presencia real del cuerpo de Cristo", presente "no dinámicamente sino en su realidad" (369).

Zubiri observa que en el caso de la Eucaristía aparece de nuevo una tensión entre la formulación de los dogmas, que emplea elementos filosóficos determinados, y el dato revelado. Recuerda, en efecto, que para definir la fe en la Trinidad: un solo Dios en tres personas, el Concilio de Nicea empleó el término *consustancial* para afirmar la identidad de naturaleza entre el Padre y el Hijo; pero no fue la intención del Concilio canonizar el concepto de sustancia. Cuando, más adelante, el Concilio de Calcedonia quiso definir que Cristo es verdadero Dios y verdadero hombre, afirmó la *unión hipostática*: en Cristo hay una sola persona (*hipostasis*) y dos naturalezas (*fisis*); pero el Concilio no pretendía canonizar los conceptos filosóficos de persona y naturaleza. Por tanto, hacer una crítica de los conceptos filosóficos empleados en las definiciones dogmáticas no significa poner en crisis el dogma, en cuanto expresa el dato revelado (370).

Por consiguiente, someter a una crítica la concepción aristotélica de la realidad como sustancia no significa poner en duda la fe cristiana

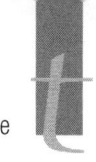

Los Sacramentos. La transformación del hombre

en la presencia real de Cristo en la Eucaristía. Para evitar el realismo exagerado y la comprensión meramente dinámica, el Concilio de Trento empleó el concepto aristotélico de sustancia y comprendió la conversión del pan, en la consagración, como transustanciación. Pero lo que es de fe es la presencia real de Cristo "independientemente de la teoría que se tenga acerca de la realidad". Hemos visto anteriormente que el pensamiento zubiriano difiere de la filosofía aristotélica en puntos fundamentales de la comprensión de la realidad. Por ello, resulta comprensible que Zubiri, creyente convencido, haya sometido a crítica desde su filosofía los conceptos aristotélicos empleados en las afirmaciones de Trento sobre la Eucaristía. Él está persuadido de la existencia de una verdadera libertad en la "conceptuación teológica de la presencia real de Cristo en la eucaristía y de la realidad entera de la eucaristía", siempre que se mantenga plenamente el contenido del dogma (371).

### E. La conceptuación teológica de la eucaristía

"La eucaristía es la forma suprema de la vida de Cristo en cada uno de nosotros". Es un misterio y no se puede explicar. Pero se puede tratar conceptualmente "para precisar cuál es el punto radical en que se halla lo misterioso del misterio"; una cosa es el misterio creído por la fe y otra distinta la conceptuación que de él hace la teología (397). Con sus conceptos Zubiri ofrece una interesante y valiosa novedad en la conceptuación teológica de la eucaristía, manteniendo con rigor el dato revelado y el dogma definido.

La conceptuación zubiriana parte de la comprensión de la Eucaristía como el alimento espiritual consistente en "la donación de la persona misma de Cristo". La incorporación a Cristo, iniciada en el bautismo, llega a su plenitud en la Eucaristía, en la que está presente su acto supremo, y en la que Él mismo se da como alimento en el pan y el vino consagrados. Por la acción de Cristo, el momento supremo de su vida estuvo presente como *anticipación* en la Última Cena, y *permanece* y se hace actual en la celebración eucarística para comunicar vida eterna al hombre, a quien da su propia realidad en el pan y el vino (371s).

La atención de Zubiri se concentra en la conceptuación de la *conversión* del alimento natural en alimento espiritual, que se efectúa en pasos sucesivos.

## 1. La conversión del alimento natural en alimento espiritual

El pan y el vino formaban parte de los alimentos consumidos en la Cena pascual, que recordaba y hacia actual el Pacto de Yahvé con Israel. En la última Cena la *transformación* efectuada por Cristo convierte el pan y el vino en elementos que transmiten una Nueva Alianza, en la que se cumple una unión física y real entre quienes la contraen. El alimento natural nutre la vida natural. De modo similar, el alimento espiritual comunica y mantiene la vida espiritual del cristiano, iniciada en el bautismo y dotada de la promesa de ser *vida eterna* (cfr *Jn* 6,27.54). Es más. El pan transformado en alimento espiritual se convierte en el centro de una *comida fraterna* que une a los participantes entre sí y con Cristo: "en este ágape se realiza la incorporación formal de todos los que reciben ese alimento, al cuerpo de Cristo" (373-375).

No basta decir que el pan, alimento natural, ha adquirido el *sentido* de ser alimento espiritual por la conversión eucarística. Ciertamente, la estructura molecular del pan se mantiene con todas sus propiedades y se convierte en el *signo* del alimento espiritual. Pero para que el pan, alimento natural, se convierta realmente en alimento espiritual para el hombre, la acción de Cristo debe "alterar la realidad misma del pan" (378).

## 2. La transformación de la realidad en la Eucaristía

La filosofía zubiriana de la realidad ofrece la posibilidad de conceptuar la transformación eucarística de la realidad del pan de un modo nuevo. Recordemos que "la filosofía clásica ha entendido que la realidad es radical y fundamentalmente sustancia"; a partir de nociones aristotélicas se ha comprendido la realidad dividida en dos regiones: "la región de la sustancia y la región de los accidentes"; los accidentes se apoyan en la sustancia y emergen de ella, constituyendo "la parte más externa de la realidad" (379s). Ahora bien, según Zubiri la realidad en sí misma es una *substantividad*, que consiste en un *sistema de notas con suficiencia constitucional*. La substantividad está constituida por todos los elementos o notas de la cosa real, que forman un todo coherente, forman un sistema con unidad constitucional suficiente; en el sistema cada nota es una "nota-del" sistema (cfr 380-384).

Si la realidad fuera sustancia, la transformación eucarística de la realidad sería transustanciación. Pero si la realidad no es sustancia sino sustantividad, la transformación eucarística deberá ser *transustantivación*. ¿En qué consiste la transustantivación? La respuesta tiene en cuenta que trata de conceptuar un misterio de fe y el punto de partida ha de ser el dato revelado (384).

La narración de la institución de la eucaristía dice que Jesús "tomó el pan". Zubiri observa que, en este caso, el "tomar" no es simplemente un tomar el pan para distribuirlo entre los comensales, pues Jesús tomó el pan en sus manos *para sí*, para pronunciar sobre él las palabras de la consagración: "Esto es mi cuerpo" (1 *Co* 11,24). Según la mentalidad semítica, el término "cuerpo" designa al hombre entero; en consecuencia, "esto es mi cuerpo" significa "esto soy yo mismo". Además, la forma original en arameo era con toda probabilidad una frase nominal sin el verbo ser, cuya traducción literal sería: "esto yo mismo"; "la frase nominal expresa la realidad con mucha más fuerza que la frase verbal copulativa" y, por tanto, Cristo está afirmando su presencia en el pan consagrado (398s).

El pan, alimento natural, se ha convertido en alimento espiritual, es decir, en "pan de vida, pan vivo, pan vivificante". "La presencia en el alimento significa que Cristo es principio de vida", en correspondencia con las palabras de despedida en el Evangelio de Juan: "Yo soy la vid y vosotros los sarmientos" (15,5) (400).

Ahora bien, si la presencia de Cristo es real, ¿qué sucede con el pan después de la consagración?

El pan no puede ser alimento espiritual, pero la presencia de Cristo, dejando intactas las propiedades de la realidad del pan, confiere a éste una condición y una capacidad nuevas. Al tomar el pan y hacerlo suyo, Cristo integra la realidad del pan en su realidad divina. La unidad de la substantividad del pan, alimento natural, ha quedado *abierta* a la unidad de la realidad substantiva de Cristo: "La substantividad del pan consagrado es así la substantividad divina de Cristo mismo". No hay cambios en los elementos naturales del pan, pero por la consagración han quedado integrados en la realidad de Cristo. El pan ha perdido su substantividad, pues por la consagración Cristo y el pan constituyen una sola substantividad: "La conversión del pan consagrado no es *transustanciación* sino *transubstantivación*"; no se trata de conversión de la sustancia sino de conversión de la substantividad. El pan puede ser alimento espiritual porque su realidad ha quedado integrada en la realidad de Cristo como algo suyo, como su *cuerpo* (406).

3. *El modo de la presencia real*

"El modo de presencia del cuerpo de Cristo en el pan consagrado por transubstantivación es *actualidad*" (408). Para seguir el hilo del discurso se requiere prestar atención a dos conceptos: actualidad y cuerpo humano.

La *actualidad*. "No es lo mismo estar en acto y ser actual". La cosa que está en acto se hace actual, es decir, adquiere *actualidad* en su estar presente en el mundo, en su presentarse a la inteligencia. Además, la cosa real se hace actual "desde sí misma" y "por sí misma" por ser real; toda realidad tiene su propia actualidad (408s).

La actualidad es un momento real y físico, que admite un devenir sin que haya cambios en las propiedades de la realidad que se actualiza. Un ejemplo teológico lo ofrece la actualidad de Dios en la encarnación y en el hombre justo. "Dios tiene un estricto devenir en la línea de la actualidad": se hace actual en el hombre justo y, de un modo especial, en la realidad humana de Jesús de Nazaret; pero ello sucede sin que haya cambios en las propiedades de la realidad divina (410).

El *cuerpo humano*. El cuerpo no es una parte de la realidad del hombre. Propiamente, el ser humano no tiene cuerpo sino que *es corpóreo* (411). Se deben distinguir tres funciones en el cuerpo humano. El cuerpo es un conjunto de órganos que constituyen un *organismo* o estructura organizada. Ésta organización no consiste sólo en yuxtaposición de elementos, pues existe una *solidaridad* entre los órganos que confiere al cuerpo una propia *configuración*. Por su organización y su configuración, el cuerpo determina la presencia real y física del hombre en la realidad: es la *corporeidad* del cuerpo, es decir, el "principio formal de la actualidad humana" en el mundo (412).

*La presencia de Cristo en el pan*. Cristo ha tomado el pan y lo ha hecho suyo, integrándolo en su realidad sustantiva. "Esto es mi cuerpo" se debe entender como: "Esto soy yo mismo". Pero el pan es integrado

Los Sacramentos. La transformación del hombre

como "su cuerpo" y, por tanto, se convierte en el principio formal de su actualidad: Cristo se hace actual en el pan consagrado que es su cuerpo. No está localizado sino actualizado en el pan. "No es cuestión de sustancia y accidentes (esto sería *acto*), sino de actualización". La actualidad de Cristo en la Eucaristía es un momento de su realidad misma, "sin que ello implique modificación ninguna en sus propiedades"; está actualizado en el pan porque el pan es "cuerpo de Cristo", el pan consagrado es Él mismo (413).

Cristo ha integrado el pan en su realidad: es la *transubstantivación*. Y lo ha integrado como su cuerpo, es decir, como el principio de su actualidad. Por tanto, en la actualidad del pan se hace realmente actual el mismo Cristo: es la *transactualización*. Los dos conceptos: transubstantivación y transactualización, forman la propuesta de Zubiri de conceptuación teológica de la presencia *real* de Cristo en la Eucaristía (415s).

Ciertamente, la propuesta tiene su complejidad y requiere una comprensión suficiente de los conceptos zubirianos. Pero en ella tenemos una posibilidad de conceptuación teológica actual, cuando resulta difícilmente sostenible la comprensión de la realidad como compuesta de substancia y accidentes.

4. *La razón formal de la eucaristía*

Sin la presencia real no habría eucaristía, "pero la sola presencia real no es la razón formal de la eucaristía" (416). Según el dato revelado, Cristo se ha hecho alimento espiritual y principio de vida, y "tomar y comer" es un imperativo para el cristiano (cfr *Jn* 6,53-54 y *Mt* 26,26). Por tanto, debemos decir que la razón formal de la eucaristía es la celebración de un banquete, en el que se comparte un *alimento espiritual* para dar gracias por un acontecimiento. El evento que se conmemora es la muerte y la resurrección de Cristo: su sacrificio que redime a la humanidad, la reconcilia con Dios y establece la Nueva Alianza. El alimento que se comparte es el Cuerpo de Cristo, es decir, Él mismo hecho alimento que da la vida eterna. La celebración de la eucaristía une a cada uno de los participantes con Cristo, y une también a todos ellos entre sí, por ser miembros del mismo Cuerpo de Cristo (420). La eucaristía es un misterio de unidad, la unidad propia del cristianismo fundado por Cristo; esta unidad consiste "en la incorporación a Él por el bautismo y la eucaristía (que son en definitiva una sola cosa) en virtud de la acción del Espíritu Santo, para sumergirnos en el Padre" (396).

### F. Otros sacramentos

Zubiri se ha detenido en la exposición del Bautismo y la Eucaristía y ha propuesto una nueva conceptuación del punto central del misterio eucarístico. En sus escritos encontramos alusiones a otros sacramentos que presentamos en esta sección conclusiva del capítulo.

Hablando sobre el origen de la Iglesia, nuestro autor afirma que el acontecimiento pascual "completo" está constituido por tres momentos: muerte, resurrección y efusión del Espíritu en Pentecostés. En ello se puede ver una comprensión que implícitamente incluye una referencia a la Confirmación como sacramento estrechamente relacionado con el Bautismo. El Bautismo es el sacramento que une a la muerte y resurrección de Cristo. La Confirmación es el sacramento de la efusión del Espíritu (C 429).

También se alude al sacramento de la Reconciliación. En efecto, hablando del Bautismo como perdón de los pecados, se distingue el perdón bautismal de la *poenitentia secunda*; así era denominado el perdón sacramental del cristiano gravemente pecador en los primeros siglos (356). La autoridad para otorgar ese perdón se concede en la celebración del sacramento del Orden (cfr 444).

En el texto aparece el sacramento del Orden en relación con dos temas: la presencia procesual del Reino en la Iglesia y la obra de Cristo.

Veremos más adelante la clara distinción entre la Iglesia y el Reino de Dios, entendido como la consumación escatológica de la historia de la humanidad. La Iglesia no es el Reino, pero el Reino está presente en la Iglesia como proceso que afecta a todos los hombres. Pues bien, tiene su lógica que Cristo haya instituido un ministerio al que ha encomendado "las llaves del Reino de los cielos". La imagen indica que ese ministerio tiene la misión de indicar y abrir accesos al Reino, señalar las vías que conducen a él, y advertir que hay orientaciones equivocadas; ha recibido, además, la autoridad para enmendar las consecuencias de las opciones erróneas: "a quien perdonéis los pecados le serán perdo-

## Los Sacramentos. La transformación del hombre

nados". Por tanto, la finalidad de este ministerio es dirigir a los hombres hacia al Reino de Dios. Cristo lo ha establecido al instituir el sacramento del Orden otorgando el "poder de las llaves" y la autoridad de "perdonar los pecados". Estas cosas están dichas en los Evangelios a Pedro y a los Apóstoles, y Zubiri interpreta, de acuerdo con la Tradición, que los destinatarios son también aquellos que han recibido el sacramento del Orden. Este sacramento, por tanto, es entendido como dotado de un fuerte sentido escatológico, con la misión de guiar a los hombres por caminos que conducen a la Salvación y a la participación en el Reino de Dios (443s).

Otro contexto en el que aparece el sacramento del Orden es la exposición de la obra de Cristo: la fundación del Cristianismo, entendida como la acción de Cristo por la cual "fundó el cristianismo haciendo cristianos", y haciendo que estos hicieran cristianos a otros. El "hacer cristianos" es una apremiante exigencia que tiene una imperiosa expresión en dos fórmulas evangélicas. La primera se encuentra en las últimas palabras de Cristo en el Evangelio de Mateo: "Id y haced discípulos a todas las gentes bautizándolas en el nombre del Padre y del Hijo y del Espíritu Santo" (*Mt* 28,19). La segunda fórmula constituye el mandato que completa la institución de la Eucaristía: "Haced esto en memoria mía" (*Lc* 22,19; 1 *Co* 11,25-25). Zubiri dice que la primera expresa la exigencia, dirigida a los discípulos, de "hacer cristianos", y por la segunda Cristo "instituyó el sacramento del Orden". En virtud de la realidad sacramental constituida por Cristo: bautismo, orden y eucaristía, "ha quedado fundada una unidad coherencial entre todos los hombres, esa unidad que llamamos Iglesia" (396).

CAPÍTULO 10

# LA IGLESIA, ACTUALIDAD DE CRISTO EN EL MUNDO

En todas las religiones se encuentra una idea de Dios, una visión del mundo, un modo de entender la unidad de todos los creyentes, y, finalmente, una idea acerca del destino último de todos los hombres. Hasta este momento hemos visto la manera cristiana de entender los dos primeros puntos: la idea de Dios y del mundo, cuyo fundamento es Dios. En el cristianismo, la comprensión de Dios se concreta en la idea de la Trinidad, y se concibe el mundo como término de una proyección "hacia fuera" de la vida trinitaria. Esta proyección puede tener grados; el término puede ser un modo finito de vivir la vida divina por creación, y puede ser, también, la donación de la realidad misma de Dios en la persona de Cristo. Zubiri resume lo dicho sobre la Creación y la Encarnación en una sola palabra: *deiformidad*, que tiene grados y formas muy distintas: el mundo material, el hombre y la libertad, Cristo. Queda por tratar la comprensión cristiana de la unidad de los creyentes y del destino de todos los hombres, cosas que constituyen la *eclesiología* y la *escatología*. La visión cristiana de la unidad de los creyentes la hemos empezado a ver en la exposición anterior sobre la obra de Cristo y los sacramentos. Ahora dirigimos la atención al tema de la Iglesia (C 423-425).

La obra de Cristo fue fundar el Cristianismo haciendo cristianos a sus discípulos mediante las acciones de su vida, que culminaron en la acción suprema de su muerte y resurrección. Hemos visto anteriormente que hacer cristianos consiste en configurar la religación a la realidad según la religación *filial* de Cristo, y configurarla de tal modo que la realidad manifieste al hombre la voluntad de Dios. Los discípulos debían continuar la acción de Cristo "haciendo cristianos los unos a los otros".

Ahora bien, "¿qué es esto de los unos a los otros?"; ¿cuál es su significado? (423).

La respuesta tiene dos tiempos. El primero trata del *fundamento* de "la versión de los unos a los otros" en la Iglesia, es decir, trata de la unidad de la Iglesia (A). El segundo consiste en un análisis de la *índole* propia de esa "versión" de los unos a los otros (B).

### A. El fundamento de la unidad en la Iglesia

La fórmula zubiriana "versión de los unos a los otros", empleada en este contexto, quiere ser la expresión de un acontecimiento: el "hacerse cristianos los unos a los otros". La fórmula se refiere a un dinamismo en el seno de la Iglesia, en el que acontece una *deiformación*, y, más concretamente, una *cristianización*. Ello implica y constituye una cierta *unidad* que es necesario precisar (426).

Zubiri constata como raíz de la unidad de la Iglesia, es decir, de la versión de los unos a los otros, los relatos evangélicos de la institución de tres sacramentos. El primero, la encomienda de la misión de predicar y bautizar: "Proclamad la buena noticia a toda la creación; el que crea y se bautice, se salvará" (*Mc* 16,15-16). El segundo, la institución de la eucaristía: "Tomad y comed, esto es mi cuerpo", "tomad y bebed, ésta es mi sangre". El tercero, el texto en el que, según la interpretación tradicional, se instituye el sacramento del Orden, comunicando autoridad para presidir la celebración eucarística: "Haced esto en memoria mía" (1 *Co* 11,24s; *Lc* 22,19). En estos textos reside el origen y fundamento de la unidad de la Iglesia, del hacerse cristianos los unos a los otros. Por tanto, la raíz de la unidad de la Iglesia es la *sacramentalidad* (426).

*1. La sacramentalidad de la Iglesia*

La sacramentalidad es el origen y fundamento de la unidad en la Iglesia si se comprenden los sacramentos como una acción personal de Cristo, que coincide con sus acciones durante la vida terrena, las cuales permanecen en las acciones de la vida de la Iglesia. Esta permanencia se cumple a partir del momento en que Cristo comunica la misión de predicar y bautizar, manda celebrar la eucaristía y otorga la autoridad para ello (426s).

La Iglesia. La actualidad de Cristo en el mundo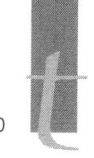

En este momento del discurso aparece la pregunta sobre la raíz de la sacramentalidad. Zubiri manifiesta su desacuerdo con la respuesta, según la cual la sacramentalidad estaría radicada en la misma Iglesia, que sería el sacramento radical. Esto, dice, sólo se podría aceptar si se entiende que la Iglesia es sacramento radical porque en ella se hace actual la misma vida de Cristo. Según nuestro autor, Cristo es el verdadero sacramento radical porque es el "sacramento subsistente": su humanidad "es sagrada, si algo lo es en el mundo" (311s). La expresión zubiriana "sacramento subsistente" parece poco clara; él mismo reconoce que los conceptos de subsistencia y subsistente son problemáticos, y sólo los acepta aplicados a realidades personales (cfr SH 115). A mi juicio, desde la madurez de su pensamiento, es decir, desde *Inteligencia sentiente,* se puede decir lo siguiente: la expresión "sacramento subsistente", referida a Cristo, se debe entender como una manera de expresar que Cristo es la misma *actualidad* en el mundo del misterio de Dios (cfr *Col* 2,2). En todo caso, la Iglesia es sacramento en cuanto en sus acciones: la predicación y los sacramentos, se hacen actuales las acciones del mismo Cristo (C 427).

## 2. *La actualidad de Cristo en la Iglesia*

La vida de Cristo *permanece* en la vida de la Iglesia y cabe preguntarse por el modo concreto de esa permanencia. Ante todo, la fundación de la Iglesia, su origen, reside de modo formal y radical en la concreta vida de Cristo en el mundo. Pero, ¿en qué consistió la vida personal de Cristo?

La vida de Cristo, como una verdadera vida humana, consistía en la constitución y configuración de su Yo, un Yo humano-divino que constituía la figura concreta en el mundo de su persona. La figura del Yo de Cristo era la *actualidad* en el mundo de su *realidad* humano-divina, y la actualidad, por el momento de *intimidad,* retornaba, o refluía, hacia la misma realidad. Esto acontecía según los tres componentes de la vida personal humana como imagen de la Trinidad: realidad sustantiva, actualidad o verdad real, intimidad (427).

El momento de intimidad, o de retorno de la actualidad hacia la realidad, tenía en Cristo un carácter único y radical. En su intimidad, Cristo vivía la verdad de su realidad humana, y, al mismo tiempo, vivía la verdad de su relación con el Padre, con el cual estaba en la identidad de la única realidad divina, que Cristo, el Hijo, ha recibido del Padre. Como hemos visto anteriormente, la ratificación de la identidad entre el Padre y el Hijo la realiza el Espíritu de la Verdad, quien constituye la intimidad, o retorno, del Hijo al Padre. Por tanto, la vida personal del Verbo encarnado, sea en el seno de la vida trinitaria, sea en su figura concreta en el mundo, tenía una intimidad: el Espíritu Santo, el Espíritu de la Verdad (427). Por todo ello, el hecho de que en la vida de la Iglesia permanezca la vida misma de Cristo, significa que la *sacramentalidad* de la Iglesia queda constituida por "la efusión del Espíritu de la Verdad en que consiste la intimidad de Cristo". Esta efusión del Espíritu es constitutiva de la Iglesia; es dinámica, y tiene una concreción precisa: la fiesta de Pentecostés (428).

### 3. *La efusión del Espíritu en Pentecostés*

En la fiesta de Pentecostés, el pueblo se presentaba en el lugar donde Yahvé hacia habitar su nombre. Era una de las tres celebraciones importantes del antiguo Israel, junto con la Pascua y la fiesta de los Tabernáculos. En el Cristianismo, y según los Hechos de los Apóstoles, en la fiesta de Pentecostés sucedió la efusión del Espíritu Santo sobre los apóstoles y discípulos. La narración emplea los elementos veterotestamentarios de una gran teofanía: un fuerte viento y la aparición de unas lenguas como de fuego (cfr *Hch* 2,1-13); con ello quiere comunicar un contenido preciso: "La efusión de la intimidad misma de Cristo, el Espíritu Santo, que es justamente el Espíritu de la verdad" (428).

El Espíritu venía ya constituyendo, desde el inicio, una nueva creación en una humanidad sometida a la influencia del pecado. Después de la Pascua de Cristo, va a seguir haciéndolo de un modo nuevo en la Iglesia. El Evangelio de Juan expresa esa novedad de un modo fuerte y paradójico, cuando dice que "no había Espíritu, pues todavía Jesús no había sido glorificado" (*Jn* 7,39). Es un modo radical de expresar que la novedad de la efusión del Espíritu, que será constitutiva de la Iglesia, está estrictamente unida a la Pascua cristiana. Cristo promete su permanencia con los discípulos "hasta la consumación de los siglos" (*Mt* 28,20); y hablar de su permanencia es lo mismo que afirmar la presencia del Espíritu, es decir, afirmar la efusión del Espíritu de la Verdad, que es la misma *intimidad* de Cristo (428s).

La Iglesia. La actualidad de Cristo en el mundo

El evento cristiano de Pentecostés tiene tres aspectos. En primer lugar, Pentecostés es la *culminación* de la Pascua de Cristo. La Pascua es el acto supremo de la vida de Cristo, en el que quedan integradas su vida entera que concluyó en la Cruz, la victoria sobre la muerte y la resurrección, y la efusión sobre los discípulos de su *intimidad*. Cristo va al Padre y su intimidad: el Espíritu Santo, no abandona a los discípulos y permanece con ellos por al acontecimiento de Pentecostés, que completa y culmina la Pascua de Cristo.

En segundo lugar, la efusión de Pentecostés es, también, la *constitución* de la unidad entre los discípulos, por la cual unos cristianos van haciendo cristianos a otros, asistidos por la presencia del Espíritu, que es la misma presencia de Cristo.

En tercer lugar, la efusión del Espíritu no sólo constituye unidad, sino que suscita el *dinamismo* correspondiente a la misión universal, sin límites geográficos, de hacerse cristianos unos a otros, asistidos por el Espíritu de Cristo. La misión se va concretando desde los orígenes. Empieza en Jerusalén. Continúa en Antioquía. Y llega luego a Roma, centro de aquel mundo antiguo. Zubiri observa que en esas etapas de crecimiento del Cristianismo, se va cumpliendo el "hacerse cristianos los unos a los otros", según la misión recibida de Cristo y con la asistencia permanente de su Espíritu (429).

### B. La índole interna de la unidad en la Iglesia

Hemos visto en la sección anterior el fundamento del "hacerse cristianos los unos a los otros", que funda también la *unidad* que resulta del hacerse cristianos. Nos preguntamos ahora en qué consiste esta *unidad*. Zubiri recuerda el texto evangélico en el que Cristo pide al Padre la unidad entre sus discípulos: "Que todos sean uno, como tú, Padre, en mi y yo en ti, que ellos también sean uno en nosotros" (*Jn* 17,21). La oración de Jesús pide que los que creen en Él formen una unidad. ¿Cuál es la índole de esta unidad? La respuesta encuentra la expresión adecuada en tres conceptos, cada uno de los cuales está fundado en el anterior: la mismidad (1), la comunidad (2), la corporalidad (3).

## Realidad y teología

### 1. La mismidad

La unidad que constituyen los cristianos no es, en primer lugar, la unidad de una comunidad eclesiástica, de algún modo instituida y organizada. El nivel fundamental y primario de la unidad en la Iglesia reside en el hecho de que los cristianos participan de una *misma* fe en sentido amplio, a saber, su fe tiene el *mismo* término, el *mismo* contenido, la *misma* práctica cristiana. Si llamamos *mismidad* a este hecho, se debe reconocer que todas las religiones tienen un cierto carácter de mismidad. En el Cristianismo, la *mismidad* adquiere una concreción propia, expresada de modo enérgico en la Carta a los Efesios: "Un solo Señor, una sola fe, un solo bautismo, un solo Dios y Padre de todos" (4,5s). Los cristianos tienen el mismo Señor, la misma fe, la misma iniciación en el Bautismo, el mismo Dios y Padre (430).

La mismidad cristiana tiene, por tanto, la *misma iniciación*. Pero tiene, también, la *misma plenitud*: la eucaristía. San Pablo dice que los cristianos, siendo muchos, participan de un mismo pan (cfr 1 *Co* 10,16s). Se trata, por tanto, "de una mismidad no sólo de iniciación, sino también de una mismidad de plenificación".

Por consiguiente, la unidad entre los cristianos, que "se van haciendo cristianos unos a otros", está fundada en una *mismidad* de elementos que son comunes y en los que todos coinciden. Pero no es una unidad estática, como si estuviera ya establecida y se pudiera participar o no en ella. La unidad fundamental en la Iglesia es dinámica, como indica la expresión zubiriana: "los cristianos se van haciendo efectivamente unos a otros"; en efecto, los cristianos se van transmitiendo una vida que se va desarrollando mediante una incesante y mutua comunicación.

Por tanto, la Iglesia consiste en una unidad cuyo primer carácter es la *mismidad* de vida que los creyentes viven al "hacerse cristianos unos a otros". De este modo los cristianos van constituyendo una unidad particular "porque tienen una mismidad en y por Cristo", que es dinámica porque es mismidad de vida (431).

### 2. La comunidad

La *religación* a la realidad es una dimensión constitutiva del hombre, y en todas las religiones sucede una cierta *plasmación* de la religación. En el Cristianismo, es Cristo mismo quien "hace cristianos", y al hacerlos, plasma y configura la religación del hombre, según la propia religación *filial* como Verbo encarnado (431).

La religación es una dimensión constitutiva de la realidad humana en cuanto ésta es realidad personal. Todo hombre está religado a la realidad, sea creyente o ateo. En el hombre religioso, la religación queda plasmada como *religión*; en este caso, la religación se convierte en el lugar de la *entrega* creyente a la realidad de Dios, reconocida en la fe como la respuesta convincente al enigma de la realidad.

La plasmación de la religación según una creencia religiosa determinada, da origen a una unidad entre creyentes, propia de la religión en cuestión. Como es natural la índole de esa unidad será diversa según los casos. Según Zubiri, podría tratarse de una unidad similar a la unidad de un "cuerpo objetivo", entendiendo por tal un cuerpo social, cuya unidad estuviera fundada en elementos no estrictamente personales; al ser compartidos constituirían el fundamento de una unidad que sería una "unidad objetiva" (432).

Otra cosa sucede cuando la unidad de un grupo humano tiene un carácter rigurosamente personal por estar fundada en un contenido intrínsecamente y formalmente personal. En este caso, la unidad constituye una *comunidad*. Ahora bien, en el contexto bíblico el término "comunidad" puede tener dos significados, según el elemento que funda su unidad. Una cosa sería la comunidad cuando su *unidad* está fundada en la Ley, elemento común e integrador que expresa la voluntad de Dios; es el caso del Pueblo de Israel. En el Cristianismo la unidad de la comunidad está fundada en un elemento personal; el fundamento es una persona, es el mismo Cristo (432s).

¿En qué consiste la Iglesia como comunidad fundada en Cristo? Zubiri responde exponiendo, primero, su concepto de comunión personal y aplicándolo, luego, a la Iglesia.

*La comunión personal.* En un cuerpo social cada uno de los integrantes, por el mero hecho de serlo, resulta afectado de alguna manera por los demás miembros del cuerpo; en el mismo grupo social cada uno es afectado por los *otros*. Pero, ¿quiénes son esos *otros* que me afectan, si estoy integrado en el cuerpo social?

Los *otros* me pueden afectar en tanto que son otros miembros del grupo que participan conmigo en los mismos intereses o actividades. Entonces el *otro* no afecta propiamente en cuanto es persona, sino simplemente en cuanto comparte unas mismas cosas, que afectan a todos los demás miembros del grupo. Este modo de relacionarse es el modo propio de la relación en un cuerpo social que consiste, primariamente, en ser una organización o una institución. En este sentido el cuerpo social es algo "radical y constitutivamente despersonalizado" (434).

Una cosa distinta es la relación entre los miembros de un cuerpo social cuando el mutuo afectarse los unos a los otros sucede porque se trata de realidades personales, que se relacionan precisamente en tanto que son personas. En este caso, el cuerpo social adquiere un carácter particular: se constituye como una *comunión* de personas, dice Zubiri; y se pregunta, acto seguido: ¿Qué es una comunión personal?

El afectarse los unos a los otros es una interacción esencial en un cuerpo social. Ésta puede llegar a consistir en una mutua determinación de unos a otros en cuanto son personas, y esto sucede cuando en esa mutua determinación acontece una *entrega* personal. "Así como el cuerpo objetivo está fundado en el sistema de organización y en una cierta solidaridad mayor o menor, la comunión personal está fundada en la dimensión de entrega" (435).

*La comunidad personal cristiana*. La comunidad formada por los cristianos debe poseer un carácter de comunión personal porque en ella ha de tener lugar una dimensión particular: una *entrega* personal cuyo fundamento sea la persona Cristo. La unidad de la comunidad cristiana no consiste sólo en tener una *mismidad* porque se comparten los *mismos* elementos esenciales. La comunidad cristiana tiene, además una unidad propia porque "es precisamente una *comunidad personal* en y por Cristo"; es una comunidad fundada en la concreta *entrega* de la vida de Cristo, que *permanece* justamente en la misma vida de la comunidad cristiana (436).

*Comunidad personal y sacramental*. La permanencia de la vida de Cristo en la vida de la Iglesia es sacramental, pues el sacramento cristiano consiste precisamente en la actualidad de las acciones de Cristo en las acciones de la Iglesia. Por esta razón, la comunión personal en la Iglesia es *sacramental*. La Iglesia tiene su *origen* en Cristo, que es el sacramento radical en cuanto en Él se hace actual en el mundo el mismo misterio de Dios, y tiene su *fundamento* en la permanencia sacramental de la vida de Cristo en la vida de la Iglesia (436).

En consecuencia, la unidad entre los cristianos no está fundada sólo en una *mismidad* porque comparten los *mismos* elementos, sino que, además, esa unidad consiste en una *comunión personal*, fundada en la permanencia en la Iglesia de la vida de Cristo. Esa permanencia se concreta en *signos* que actualizan las acciones y la vida de Cristo, y que la teología cristiana llama *sacramentos*. Por tanto, la unidad de la Iglesia es una comunión *personal*, que es, también, *sacramental*, pues vive de los signos que actualizan en ella la misma vida de Cristo. "Esto es lo esencial en la llamada comunidad cristiana" (436).

Zubiri tiene interés en subrayar que la unidad de la Iglesia no constituye, en primer lugar, una comunidad de carácter social. La comunidad cristiana es, primariamente, una comunión personal y sacramental, pues vive de los signos que actualizan en ella la vida de Cristo. Esto no quiere decir, naturalmente, que no tenga también un ineludible aspecto de organización e institución; pero todo lo que tenga de organización estará fundado en lo que es como comunión personal y sacramental. En efecto, con un carácter en cierto modo derivado, aparece en la comunidad cristiana el aspecto de organización e institución, que ciertamente se remonta al mismo Cristo. Él estableció un ministerio de dirección y presidencia entre sus discípulos, eligiendo a los *doce* y designando a Simón Pedro con una autoridad particular, que se mantiene en la Iglesia en el *ministerio petrino*.

Nuestro autor reconoce una fuerte significación en el hecho de que los elegidos por Cristo para un ministerio de presidencia, son elegidos entre los discípulos. Ello indica que lo fundamental y primario es ser discípulo, pertenecer a la comunidad cristiana y estar integrado en la comunión personal cuyo fundamento es la presencia sacramental de la vida de Cristo. En la comunidad cristiana se puede ser un *fiel* o un *pastor*, pero lo esencial es la pertenencia a la comunión personal, dotada de una *mismidad* de elementos que une, y fundada en la permanencia sacramental de Cristo (436).

Zubiri se detiene en el aspecto de organización de la comunidad cristiana. Está de acuerdo con la caracterización de la *autoridad* como *servicio* en la Iglesia y reconoce la importancia de tal concepción. Pero advierte que, en la Iglesia, la cosa esencial en la autoridad es que proviene de Cristo mismo, de sus acciones al elegir a los Apóstoles y confirmar su autoridad, y de la permanencia de estas acciones en el sacramento del Orden. El fundamento de la autoridad en la Iglesia, de la autoridad de los *doce* y de Pedro, de los obispos y del Papa, es sacramental, pues procede de las acciones de Cristo que permanecen en las acciones de la Iglesia, eligiendo, otorgando autoridad y encomendando una misión (437).

*Comunión personal y Pueblo de Dios.* La comunidad cristiana, comunión personal fundada en Cristo, es llamada con frecuencia "Pueblo de Dios". Zubiri dice que el sujeto de este Pueblo es la comunión de los cristianos, y considera idénticas las dos expresiones: comunión personal cristiana y Pueblo de Dios. Ciertamente, existe una continuidad entre el Pueblo de Israel y la comunidad cristiana como Pueblo de Dios; pero aparece también una novedad. El origen del Pueblo de Israel fue la Antigua Alianza con Yahvé, que tenía la Ley como elemento esencial. El Pueblo de Dios tiene su origen en la Nueva Alianza, establecida por Cristo, y se mantiene por la permanencia de Cristo en el seno de la Iglesia. Lo primario del Nuevo Pueblo de Dios no es que sea "pueblo de Dios", sino que "sea un pueblo crístico", es decir, una comunidad formada por aquellos que creen en Cristo y se van configurando según la figura de Cristo, reproduciendo su vida en la propia vida. Cristo es el fundamento eficiente de la vida cristiana de los cristianos y de la comunión entre ellos, y de la comunión de todos ellos con Cristo (437).

Zubiri está convencido de la conveniencia de introducir el concepto de *comunión personal* en la Eclesiología para poder colocar en el sitio adecuado "la organización jerárquica de la Iglesia". La dimensión jerárquica es necesaria e imprescindible, y se remonta al mismo Cristo. Pero es algo derivado de la comunión personal originada por Cristo y por la fe en Él. En la Iglesia lo primario es "la comunión personal de los cristianos entre sí y de todos con Cristo".

La unidad de las personas en la Iglesia no debe consistir, en primer lugar, en el hecho de que forman una sociedad o que obedecen a la misma Ley dada por Dios. La unidad en la Iglesia "es justamente una comunión personal con Cristo", en quien se hace actual en el mundo el misterio de Dios (438).

3. *La corporalidad*

Un tercer concepto completa la exposición zubiriana sobre la Iglesia y su interna unidad. Si el concepto de *mismidad* adquiere una profundización mediante el concepto de *comunión personal*, éste, a su vez, puede ser objeto de una mayor precisión.

*La Iglesia, cuerpo de Cristo*. La comunión personal, constitutiva de la unidad en la Iglesia, se realiza en la relación de los cristianos entre sí y con Cristo, y tiene, por tanto, dos dimensiones: la interpersonal y la cristológica, que están evidentemente relacionadas entre sí. La comunión personal en la Iglesia se cumple entre creyentes que se van configurando según la figura de Cristo y van transformando su vida según la vida de Cristo; la comunión entre ellos "no hace sino reproducir y ser numéricamente idéntica a la vida que tuvo el propio Cristo". Ésta es una idea que aparece con frecuencia en la exposición zubiriana y puede parecer alejada de la realidad; pero es una idea paulina, profundamente tradicional, que la vida del Hijo de Dios sobre la tierra permanece con un misterioso realismo en la vida del creyente y en la entera vida de la Iglesia. La vida de Cristo permanece en aquellos que están unidos porque participan de los *mismos* elementos: un Señor, una fe, un Bautismo (*mismidad*), y forman una comunidad que es *comunión personal*. De ello se sigue que la comunión personal entre cristianos pertenece a la realidad de Cristo, y esto tiene la expresión adecuada en el término *cuerpo*: la Iglesia es cuerpo de Cristo.

La unidad de la Iglesia, constituida por la participación de los cristianos en los *mismos* elementos y por la *comunión* entre ellos, a un nivel más profundo queda constituida por la *incorporación* a Cristo (la *corporeidad*): "La Iglesia es la incorporación de la humanidad entera a Cristo" (438).

La idea de la Iglesia como cuerpo de Cristo es paulina, pero Zubiri observa que el uso del término "cuerpo" en referencia a un grupo humano, se encuentra ya en la cultura griega para expresar la interna dependencia y cohesión de las personas en un grupo social. El término tiene, en este caso, un significado prevalentemente social y político. En cambio, la aplicación del término "cuerpo" a la Iglesia se refiere a algo más profundo, y su consideración requiere tener en cuenta dos cosas.

En primer lugar, se debe reconocer que desde una perspectiva hebrea, sin duda la que tenía san Pablo, el término "cuerpo" se refiere al hombre entero y no a una parte del mismo, que pudiera quedar separada de la entera realidad humana. Pero, desde la perspectiva hebrea, al designar al hombre entero como "cuerpo" se hace referencia a un aspecto muy concreto: el hombre es cuerpo en cuanto está presente en el mundo y entre los demás (439).

La segunda cosa a tener en cuenta es la concepción del cuerpo humano en la filosofía zubiriana del hombre. Ésta, en el período de madurez del filósofo, reconoce tres funciones en el cuerpo humano. En primer lugar, el cuerpo es un conjunto de órganos que forman un *organismo*; además, hay una interna solidaridad entre ellos: constituyen un *sistema solidario*; finalmente, el cuerpo es el *principio de actualidad* de la realidad humana en el mundo y entre los demás. Los tres momentos: organismo, solidaridad y actualidad, "es lo que constituye eso que llamamos cuerpo" (HD 40).

Esta comprensión del cuerpo humano, aplicada a la Iglesia como cuerpo de Cristo, resulta algo "rigurosamente exacto". Cristo es quien da a la Iglesia la consistencia de un organismo, cuyos elementos son solidarios entre sí; y la Iglesia, en cuanto es su cuerpo, es el principio de la actualidad de Cristo en el mundo: en la actualidad de la Iglesia se hace actual el mismo Cristo. Tiene sumo interés la exposición zubiriana cuando precisa que la *actualidad* de Cristo y de la Iglesia consiste en *santidad*, en una santidad poseída de manera propia en el caso de Cristo, y de manera participada en el caso de la Iglesia (C 439).

*El cuerpo personal de Cristo*. El tema del cuerpo de Cristo ha aparecido anteriormente cuando hemos tratado de la Encarnación. El Verbo encarnado tuvo un verdadero *cuerpo humano* durante su vida sobre la tierra y mantuvo una verdadera condición corporal después de la resurrección, como ponen de manifiesto los relatos evangélicos de las apariciones. San Pablo lo precisa diciendo que el resucitado tiene un *cuerpo espiritual*; no está sometido a las condiciones del espacio y del

## La Iglesia. La actualidad de Cristo en el mundo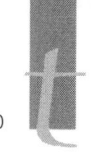

tiempo, y aparece y desaparece, pero es el cuerpo de Cristo, por el cual se hace actual ante los discípulos como el crucificado que ha resucitado. El cuerpo del resucitado conserva las huellas que han dejado la Pasión y la Cruz; son signos que delatan su identidad como el crucificado que ha vencido a la muerte. Pero no son heridas; el cuerpo del resucitado no las puede tener. El término "cuerpo" aplicado a Cristo se refiere, por tanto, al *cuerpo humano* del Verbo encarnado: cuerpo *terreno* durante su vida en el mundo y transformado en cuerpo *espiritual* después de la Resurrección (440).

Ahora bien, también la Iglesia es *cuerpo* de Cristo. Por consiguiente, nos encontramos ante dos conceptos de cuerpo, o ante dos sentidos del término; un sentido haría referencia al *cuerpo personal* de Cristo, es decir, a su cuerpo terreno transformado en espiritual, y el otro se referiría a la Iglesia como *cuerpo* de Cristo. Y podemos preguntarnos: ¿se trata de dos cosas distintas, relacionadas metafóricamente?

*El cuerpo eucarístico.* La respuesta de Zubiri a la cuestión es clara y escueta. Entre los dos sentidos o dimensiones del término *cuerpo* "hay una intrínseca, radical y profunda unidad, que está dada por el propio Cristo: es precisamente su cuerpo eucarístico". El cuerpo personal de Cristo, en cuanto está presente en la eucaristía, es el fundamento de la dimensión corporal de la Iglesia, por la cual es cuerpo de Cristo. "La eucaristía es formalmente un sacramento de unidad"; en ella están unidas de modo coherente y primario las dimensiones propias del cuerpo de Cristo: su cuerpo personal y la Iglesia como su cuerpo. La eucaristía, sacramento de unidad, confiere a la Iglesia la unidad de *mismidad,* de *comunión personal* y de *incorporación* a Cristo. En efecto, en la celebración eucarística la Iglesia queda referida al cuerpo de Cristo, y Cristo, en tanto que cuerpo eucarístico, es quien "confiere su unidad y su mismidad al cuerpo eclesial", constituido por miembros que tienen el *mismo* Señor, y participan de la *misma* fe y de los *mismos* sacramentos (440s).

El cuerpo eucarístico de Cristo confiere unidad y mismidad al cuerpo eclesial. Recíprocamente, el cuerpo eclesial constituye un "ámbito de posibilidades teologales" ("*sit venia verbo*", dice Zubiri), en el que Cristo se puede hacer actual en el mundo; el cuerpo de la Iglesia "es el sistema de posibilidades de que dispone Cristo, en tanto que corpóreo, para existir entre los hombres". El Cristo *corpóreo* adquiere actualidad entre los hombres en el ámbito de la Iglesia, su cuerpo. Ciertamente, esta conclusión no se debe entender como excluyente del principio fundamental cristiano de la acción universal del Espíritu; el testimonio del Espíritu de la Verdad alcanza a todos los hombres. También la realidad de Cristo, en su actualidad en la Iglesia, su cuerpo, tiene un poder vivificante para todos los hombres (441).

*La deiformidad en la Iglesia*. En la celebración eucarística, la *deiformidad* de Cristo se comunica a la Iglesia, que la puede recibir y adquirir, precisamente, por su incorporación a Cristo. "El cuerpo eucarístico expresa la deiformidad, en la que Cristo consiste y la deiformidad en la que la Iglesia existe por su incorporación a Cristo". Por ello la Iglesia puede consistir en la comunicación de unos a otros de la vida y la deiformidad de Cristo (441).

La unidad de la Iglesia está fundada en Cristo, y "es una unidad estricta y formalmente sacramental, por la efusión de su intimidad": el Espíritu Santo. Esta unidad queda adecuadamente expresada mediante los tres conceptos que hemos visto: la *mismidad* de los mismos elementos, en los que participan los cristianos, la *comunión* entre personas fundada en Cristo, la *corporeidad* por ser el cuerpo de Cristo. En resumen, "la Iglesia es pura y simplemente la deiformidad derivada de Cristo" (441).

La *deiformidad* que adquiere el cristiano se refiere, ante todo, a su Yo, es decir, al ser de su sustantividad, que es la actualidad concreta de su realidad. El cristiano vive por sus decisiones y acciones, sean activas o pasivas, y, viviendo como cristiano, va logrando la deiformidad de la *figura* de su Yo, por la cual tiene actualidad en el mundo. La deiformidad se va consiguiendo en el curso de la vida entera; es algo de orden vital que se va cumpliendo a lo largo del proceso de configuración en que consiste la vida humana.

La deiformidad, o transformación del hombre según la figura de Cristo, tiene un inicio y un incremento, puede disminuir y se puede también perder. Ahora bien, la deiformación es transformación de la *figura* del Yo, es decir, de la actualidad de la realidad humana. Hemos visto anteriormente que la vida del hombre consiste en una constante "interacción" entre la realidad, la actualidad y la intimidad. Pues bien,

por el momento de *intimidad*, la transformación de la figura del Yo (de su *actualidad* en el mundo), revierte a la *realidad* del hombre, actualizada en esa figura. Por esta razón, los aspectos de la deiformación, en cuanto consiste en transformación de la figura del Yo, afectan también a la realidad sustantiva. Por consiguiente, la deiformación significa la transformación de la misma realidad del hombre (442).

En resumen, la transformación cristiana acontece en el seno de la unidad existente entre quienes van haciéndose cristianos unos a otros, es decir, van participando de los *mismos* elementos y van formando una *comunión* personal en cuanto están fundados en Cristo, a quien quedan *incorporados* como miembros de la Iglesia.

Ahora bien, la transformación cristiana del hombre, a saber, su deificación, es algo ciertamente real; pero es algo que acontece necesariamente como un proceso que habrá de consumarse en el individuo y en la comunión personal. Precisamente, este *ser real* y, al mismo tiempo, este *haber de consumarse* "es lo que constituye la esencia de la escatología" (442).

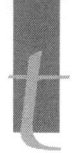

CAPÍTULO 11

# LA ESCATOLOGÍA.
# LA CONSUMACIÓN DE LA VIDA DEL HOMBRE

El proceso de *deificación* del cristiano es una transformación real del hombre, orientada y dirigida hacia una consumación definitiva. Es un proceso vital, que se va realizando en una vida que participa de una *mismidad* de elementos, forma una *comunión* personal y está fundada en su *incorporación* a Cristo. Este proceso tiene una relación evidente con un tema central de la predicación de Jesús: el Reino de Dios. En efecto, Jesús anuncia la llegada inminente del Reino y asegura que, de alguna manera, está ya presente entre quienes le escuchan.

El Reino de Dios se debe definir como "el dominio de Dios sobre el hombre"; por consiguiente, no se puede identificar con la Iglesia. Entre el Reino y la Iglesia "no hay una identidad formal": la Iglesia no es el Reino de Dios; pero en ella se va realizando el proceso que conduce hacia el Reino, "el proceso por el que se hace el Reino de Dios". Por tanto, el Reino está presente en la Iglesia, pero lo está como un proceso en marcha, que se va realizando en muchos individuos en cuanto está ya iniciado en ellos, y progresa hacia su consumación.

Se puede establecer un paralelismo entre la relación que tiene la Iglesia con el Cuerpo de Cristo y la que tiene con el Reino de Dios. La incorporación del cristiano al Cuerpo de Cristo tiene un inicio: el Bautismo, y una plenitud: la Eucaristía. De un modo similar, la presencia del Reino es real y está *iniciada* en la Iglesia, pero tiene un dinamismo orientado hacia una *plena* consumación.

Por tanto, la exposición del tema de la Iglesia y el Reino de Dios debe distinguir dos aspectos o momentos: la *presencia* real del Reino en la Iglesia, y su presencia como *proceso* que va hacia la consumación.

Según Zubiri, la unidad de estos dos momentos: presencia y proceso, está expresada en *puntos* precisos del Nuevo Testamento (443).

El primer punto indicado por nuestro autor, que expresa la presencia *procesual* del Reino en la Iglesia, es la institución del sacramento del Orden. La comunicación de la autoridad para celebrar y presidir la Eucaristía está referida, precisamente, a la celebración que expresa de modo privilegiado la presencia del Reino en su unidad de ser *real* y ser, al mismo tiempo, realidad *procesual*. Este primer punto incluye la entrega de "las llaves del Reino de los cielos" (*Mt* 16,19), con la concesión del poder de perdonar los pecados (cfr *Jn* 20,23; *Mt* 18,18). El poder de "las llaves", incluido en la autoridad comunicada por el sacramento del Orden, es también una expresión de la unidad entre la realidad del Reino en la Iglesia y el proceso orientado hacia su consumación definitiva. La Iglesia participa de una *mismidad* de elementos y forma una *comunión* personal *incorporada* a Cristo. Parece, pues, razonable que exista en ella una autoridad que vaya indicando los caminos que conducen a la constitución del Reino, y vaya también excluyendo aquellos, que serían vías equivocadas, no orientadas, en verdad, hacia la consumación del Reino de Dios. "Perdonar o retener los pecados" es un ejercicio del "poder de las llaves" que puede abrir accesos al Reino de los Cielos.

Otros textos que expresan la unidad real y procesual del Reino en la Iglesia, son textos sobre la Eucaristía. La participación en la celebración eucarística significa acoger y poseer la promesa de la *vida eterna*: "Cada vez que coméis este pan anunciáis la muerte del Señor hasta que venga" (1 *Co* 11,26); "el que come mi carne y bebe mi sangre tiene vida eterna" (*Jn* 6,54).

Zubiri ve en estos textos una expresión de la unidad entre la *real* presencia del Reino en la comunión personal y sacramental en la Iglesia, y su presencia *procesual*, en cuanto es un proceso que avanza hacia su plena realización. La relación entre la Iglesia y el Reino, presente en ella como proceso, pone de manifiesto una relevante consecuencia: "La realización efectiva y fáctica del Reino de Dios es una realización esencial y constitutivamente histórica". Podemos hablar de fases en esa realización (444).

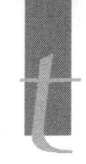

## A. Fases en la realización del Reino

La realización histórica del Reino de Dios tiene diversas fases. La primera es la *creación*, entendida como "la proyección de la vida trinitaria *ad extra*"; es el inicio de la constitución del Reino de Dios. La segunda fase es la aparición del *pecado* en la realización de la vida trinitaria en forma finita, fuera de Dios. Una tercera fase empieza al establecerse la *Alianza* entre Dios y el Pueblo de Israel, basada en la Ley; esta fase se prolonga a través de las vicisitudes, crisis y renovaciones acaecidas en la experiencia vivida por Israel. La cuarta fase significa, también, una Alianza del hombre con Dios, pero no consiste en una mera renovación de la primera, sino en una *Nueva Alianza* establecida con un nuevo fundamento: la vida de Cristo. Esta fase tiene su continuidad en la vida de la Iglesia, con el hacerse cristianos unos a otros de un pequeño grupo de discípulos, desarrollándose luego según la misión de alcance universal recibida de Cristo (444).

La creación es, por tanto, el primer acto histórico del proceso del Reino de Dios en la humanidad. Le ha seguido la aparición del pecado, la Alianza de Dios con Israel, la Nueva Alianza fundada en Cristo, y su continuación en la Iglesia como presencia real y *procesual* del Reino hacia su consumación.

## B. La estructura del proceso: sus dimensiones

### 1. *La dimensión eclesial*

El proceso hacia el Reino es un proceso histórico. Pero, ¿qué es la historia? Según Zubiri, la historia consiste en la aparición, obstrucción y destrucción de posibilidades; y la realidad humana tiene la capacidad de rechazar o apropiarse esas posibilidades según las preferencias correspondientes. Por ello "la historia no está *formalmente* constituida por hechos"; los hechos son la actualización de las capacidades que tienen los hombres de apropiarse las posibilidades de que disponen. La historia está constituida por sucesos o eventos, en los que se realizan o se echan a perder posibilidades. En este sentido, la historia "es constitutivamente sucesiva y eventual", la historia es una sucesión de eventos en los que se realizan o malogran posibilidades (445).

Zubiri aplica su concepción de la historia a la conceptuación del Reino de Dios y dice que "el carácter de unidad entre el Pueblo de Dios y el Reino de Dios es justamente lo que constituye la historicidad intrínseca de la Iglesia". La historia, y la misma dimensión histórica de la Iglesia, consisten en la sucesión de posibilidades que aparecen para ir realizando el Reino de Dios en el proceso hacia su consumación. Las posibilidades se presentan de modo oscilante, se incrementan y disminuyen, ofreciendo momentos de posible realización del Reino de Dios en el mundo; a veces serán ambiguos, pero son siempre momentos del proceso hacia la consumación del Reino, a saber, hacia la conclusión del proceso histórico y la llegada del *eschaton*, con su definitividad escatológica, una vez concluido el desarrollo histórico.

La historicidad de la Iglesia pone de manifiesto la primera dimensión de la escatología: "el Reino de Dios es la comunión en el cuerpo de Cristo". La comunión personal cristiana, fundada en su incorporación a Cristo, es intrínsecamente histórica y constituye la primera dimensión de la escatología como un proceso hacia su consumación: la dimensión *eclesial* del proceso. Zubiri formula de otra manera esa primera dimensión de la escatología, diciendo que implica "la deiformidad de *todos* los hombres en la unidad de Cristo", y subraya la palabra "todos" para indicar la universalidad del proceso hacia la consumación del Reino (445).

*2. La dimensión cristológica*

La universalidad del proceso escatológico queda puesta de manifiesto al decir que se trata de un proceso de deiformación de *todos* los hombres. Con esto no se pretende afirmar como si fuera una cosa cierta y decidida, que *todos* vayan a entrar en el Reino de Dios. La insistencia zubiriana en el *todos* quiere indicar que todos los hombre están llamados a entrar en el Reino, y que, por tanto, si algunos no entran, no será por el mero hecho de no estar bautizados. La afirmación: "Fuera de la Iglesia no hay salvación", no quiere decir que sólo se salvan los que han pertenecido explícitamente a la Iglesia (445). El significado adecuado de la frase es el siguiente: "Todos los que se salvan (pertenezcan o no a la Iglesia católica) se salvan gracias a que, en última instancia, como derivan de Cristo, derivan también de la Iglesia". En todo caso, la salvación del hombre, aunque no sea cristiano, tiene siempre una dimensión *cristológica*, depende siempre de la mediación de Cristo: "Toda salvación es crística". Por tanto, la estructura del proceso que va hacia la consumación del Reino tiene una dimensión *cristológica* universal, por la cual todos quedan incluidos en el proceso (446).

El Reino de Dios es, en primer lugar, el término escatológico hacia el cual tiende el *proceso* histórico del Pueblo de Dios. En segundo lugar, el Reino, como término escatológico de un proceso, tiene un carácter de unidad, que implica una universalidad: se trata de un proceso dirigido hacia la deiformidad de todos los hombres. Esto adquiere una significación precisa: "el Reino de Dios es el despliegue histórico de aquello que constituye radicalmente el origen mismo de la humanidad: la proyección ad extra de la vida trinitaria". A partir de este origen se ha iniciado un proceso cuyo término es el Reino de Dios, un proceso en el cual se va logrando la deiformidad del individuo y de la comunión personal constituida en la Iglesia. Esto acontece "en y por la Trinidad", dice Zubiri; en efecto, es la vida trinitaria, recibida de Dios y vivida por el hombre, lo que va dando al hombre una "forma divina", una deiformidad, a lo largo de la vida. Este pensamiento zubiriano se puede completar diciendo que, en concreto, la *deiformidad* del hombre será siempre una *cristoformidad*, será siempre una realización humana consistente en una configuración según la figura de Cristo. Todo hombre tiene esta posibilidad y está llamado a apropiársela y realizarla, explícita o implícitamente (446).

### 3. *La dimensión personal*

El proceso escatológico tiene un término. A este término se ha de llegar, y ello debe suceder necesariamente de un modo *personal*. La consecución del término se ha de lograr "por el proceso por el que cada cual llega a realizar en sí aquello en lo que el Reino de Dios consiste": una "deiformidad en Cristo". Los momentos más significativos del proceso son el Bautismo como inicio y la Eucaristía como plenitud. En la Eucaristía se deben notar los siguientes aspectos: una plena incorporación a Cristo, una "asimilación intrínseca y formal de la realidad de Cristo", y una deiformación, que proviene de una cristoformación y nos hace vivir religiosamente. Los tres aspectos, considerados en unidad, son aquello por lo cual cada una de las personas va haciendo su *eschaton*, su ultimidad (446s).

Hacemos la propia ultimidad viviendo el proceso de configuración hacia la propia figura definitoria y definitiva, y ello acontece mediante la intrínseca implicación de tres elementos, cuya aportación al proceso es esencial e inevitable: la vida (a), la libertad (b), la muerte (c).

a. *La vida humana*. En primer lugar, la vida de cada hombre es una manera finita de vivir el don divino de la vida trinitaria *fuera de Dios*. Por ello podemos decir que cada hombre es una manera "de ser lo que Dios es". No hay excepciones, subraya Zubiri, e insiste en que todos somos una plasmación *ad extra* de la vida trinitaria, plasmación que consiste en ser de modo finito *lo que Dios es* (447).

b. *La libertad*. La cuestión tiene un segundo y decisivo aspecto. El hombre no sólo es de modo finito lo que Dios es, por la donación de vida trinitaria fuera de Dios; el hombre, además, es lo que Dios es *como Dios lo es*, es decir, según la *manera como Dios lo es*, pero de modo finito. Ahora bien, "la manera finita de ser como Dios es, es precisamente la libertad". La libertad es algo esencial a la proyección *ad extra* de la vida trinitaria. El hombre vive una proyección de la vida trinitaria *fuera de Dios* por donación del Creador, y la vive esencialmente según el modo divino de vivirla: la vive en *libertad*.

La libertad es, precisamente, el punto donde está en juego el drama de las distintas posibilidades que puede tener la conclusión escatológica de la vida vivida por el hombre. Por el modo divino que se le ha concedido de vivir la vida, es decir, por la libertad, el hombre puede vivir en el mundo de dos maneras; puede vivir de una manera *conversiva*, a saber, orientado hacia Dios e inmerso en la vida trinitaria recibida por creación; pero, justamente por tener libertad, el hombre puede vivir de manera *aversiva*, alejándose de Dios y en oposición contra Él. Zubiri dice que el pecado, incluso el más grave, es un modo negativo de vivir la *vida trinitaria* recibida de Dios: es vivirla *aversivamente*, lo cual sería "una especie de semblanza negativa de la vida trinitaria" (447).

La Escatología. La consumación de la vida del hombre

Existen, por tanto, dos modos de vivir finitamente el don de la vida trinitaria: el modo *conversivo* y el modo *aversivo*. Se trata de dos modos del ser de la sustantividad, dos modos de la actualidad del hombre en el mundo, y, por consiguiente, dos modos de configuración de la figura del Yo en la realización humana hacia la figura definitiva. Los dos modos están determinados por la *libertad*, según los momentos constitutivos de la *estructura* de toda realidad humana, recibida por "la proyección *ad extra* de la vida trinitaria": realidad sustantiva, actualidad, intimidad (447).

Ahora bien, la vida humana no sólo es vivida en libertad. Tiene, además, un carácter esencial y un límite inapelable: la muerte. ¿Qué es la muerte como límite conclusivo de la vida humana? (447s).

c. *La muerte*. Desde una perspectiva exclusivamente racional, la muerte es el límite que concluye la vida humana, y a ello quedaría reducida la entera cuestión contemplada desde un punto de vista meramente racional.

Desde la perspectiva cristiana la muerte no es un límite sino una *limitación* del estado de vida sobre la tierra, dice Zubiri, y añade que, en cuanto *limitación*, la muerte no cancela la inmortalidad del hombre. Pero hay que advertir que la afirmación de la inmortalidad "es una verdad puramente de fe" (C 448). Más tarde, cuando su pensamiento llegó a la madurez, nuestro autor decía que en la realidad humana, el alma y el cuerpo forman una sustantividad, y son inseparables (HD 39-46); en la muerte muere el hombre entero y la inmortalidad se puede afirmar sólo desde la fe en el poder de Dios que resucita a los muertos (SH 669-671).

### C. La muerte como fijación. Dos posibilidades

La muerte es "una limitación de la procesualidad" hacia el Reino; es, por tanto, una limitación de la vida en este mundo, y en cuanto tal, es una *fijación*. Esta *fijación* hace *definitiva* la *figura* alcanzada por el hombre en el proceso de configuración de su vida: "la muerte es fijación en el modo de ser que uno definitivamente ha logrado y ha querido libremente lograr". El *eschaton*, lo último y definitivo, es algo *decidido por la libertad*. Zubiri dice: "Lo que será de mí en el otro mundo es lo que he querido en este mundo que sea". Por tanto, la escatología consiste en una fijación en aquello que el hombre, libremente, ha querido ser; y lo sigue queriendo ser de modo definitivo precisamente por esa fijación (C 448).

La fijación en la figura definitiva es, además, un *apoderamiento*. En efecto, el hombre está religado al poder de la realidad. El hombre religioso descubre y reconoce el poder de Dios en el poder de la realidad, y la presencia del poder de Dios en el hombre como gracia. Pero existe también el pecado como un poder que puede dominar al hombre. Pues bien, la muerte como fijación en aquello que el hombre ha querido ser, es un apoderamiento; hay fijación porque hay un poder que se apodera del hombre.

La cuestión decisiva es que en la muerte, como conclusión y fijación, el hombre puede quedar *fijado* bajo el poder de Dios o bajo el poder del pecado. Hemos visto anteriormente que la vida como proceso hacia la consumación definitiva puede tener dos modalidades: el modo *conversivo*, orientado hacia Dios, y el modo *aversivo*, opuesto a Dios. En un caso, el *eschaton* consiste en quedar fijado bajo el poder de Dios; en el otro, quedar fijado bajo el poder del pecado (449).

1. *Fijación en el modo aversivo de vivir (condenación)*

Quien hubiera quedado *fijado* bajo el poder del pecado sería un condenado, y a esa situación la llamamos infierno. Pero el "infierno no es una cárcel donde se imponen penas y castigos. Dios no impone penas y castigos a nadie, ni tan siquiera a los condenados"; las penas que debe sufrir el condenado son una cosa distinta, pues no son castigos impuestos desde fuera. Quien hubiera quedado fijado bajo el poder del pecado, estaría "real y efectivamente queriendo con toda su libertad, pero con toda su fijación, el apoderamiento del pecado en que su situación consiste".

La situación es paradójica. La vida humana tiene la estructura trinitaria correspondiente al hombre como imagen de Dios; ha sido recibida de Dios por creación e implica la libertad. Precisamente por disponer de libertad, el hombre ha decidido libremente vivir de modo *aversivo*, y está "queriendo real y efectivamente su propio estado", bajo el poder del pecado (449).

**2. Fijación del modo conversivo de vivir (salvación)**

La vida vivida y concluida *conversivamente*, es decir, orientada hacia Dios, deja al hombre fijado bajo el poder de Dios. En este caso, la muerte tiene el sentido de ser "una incorporación a la muerte misma de Cristo". La muerte de Cristo fue la consecuencia de la plena obediencia a la voluntad del Padre de vivir una vida verdaderamente humana hasta el fin, sin protegerse con acciona extraordinarias y aceptando, incluso, una condena injusta y la cruz. Por ello la muerte de Cristo fue la ofrenda de su vida al Padre como expiación y superación de los pecados de la humanidad. La muerte de Cristo fue también la victoria sobre el poder del pecado; éste actuó sobre Él hasta su muerte, sin desviarlo de su plena obediencia al Padre. El poder del pecado quedó superado por el poder de Dios en la plena obediencia de Cristo, que era ya un resplandor de la Gloria de Dios, y que le condujo a través de la muerte a la Gloria como suprema Exaltación sobre todas las cosas.

Quien vive y concluye la vida de modo *conversivo*, queda fijado bajo el poder de Dios e incorporado definitivamente a Cristo; unido a Él pasa por la muerte "de la tierra a la gloria". ¿En qué consiste la gloria que se alcanza por la salvación? (450).

### D. La gloria

"La gloria consiste pura y simplemente en ser plena y sempiternamente lo que hemos querido ser en y por Cristo", de modo explícito o implícito. Tanto la salvación como la condenación son situaciones que dan un carácter definitivo a la realización que efectiva y libremente el hombre ha logrado, y sigue queriendo por la fijación de la muerte. En el caso de la salvación, la gloria otorgada "es la deiformidad plenaria y positiva". Esta deiformación definitiva encuentra la expresión adecuada en tres conceptos:

*1. El conocimiento de Dios*

La salvación consiste, ante todo, en poder llegar a conocer a Dios. San Juan identifica la vida eterna y el conocimiento de Dios: "Ésta es la vida eterna: que te conozcan a ti, el único Dios verdadero, y al que tú has enviado, Jesucristo" (*Jn* 17,3). Zubiri observa que el término conocer, contenido en la frase, corresponde a una palabra hebrea que se usa en expresiones como "conocer la enfermedad", "conocer la desgracia", "conocer mujer". Se trata de un conocimiento que sucede por *intimación* con una realidad personal. Ciertamente, el conocimiento de Dios como el momento intrínseco y formal de la participación en la gloria, no es un conocimiento intelectual o una visión objetiva, sino un conocimiento por intimidad que sucede con la participación en la "intimidad que es la efusión del Espíritu Santo del Hijo al Padre". La inmersión en la estructura trinitaria radical, constituye "la intimación en que consiste, en primer término, la gloria" (450).

### 2. *La felicidad*

El conocimiento de Dios en la gloria ha de ser una fuente inagotable de plena felicidad. Ahora bien, Zubiri nota que la felicidad se ha entendido como el "sentirse feliz", como gozar, como "tener fruición", y advierte que, en la tradición cristiana, ello ha llevado a la existencia de dos orientaciones, según las cuales "la raíz última de la gloria es un conocimiento (según santo Tomás) o un acto de fruición, un acto de voluntad (para Escoto)". Él cree poder matizar las dos ideas atendiendo a algo más profundo: la felicidad de la gloria no consiste en sentirse feliz, sino en algo más radical (451).

Nuestro autor recuerda que en la cultura griega la felicidad (*eudaimonia*) consistía en "llegar a la plenitud de forma, a aquello que formalmente constituye la *forma* del hombre, a aquello que es su naturaleza". La *forma*, desplegada en plenitud, sería la *felicidad* griega; la felicidad sería, por tanto, "ser en plenitud aquello que se es", ser en plenitud lo que corresponde al pleno despliegue de lo que es ser hombre (451).

El sentido cristiano de la felicidad en la gloria es distinto porque incluye una radical novedad. En efecto, se llega a la gloria porque se vive y se muere bajo el poder de Dios; y quien consigue la salvación obtiene la plena felicidad porque alcanza aquello a lo que tiende, y también, porque en él mismo sucede una deiformidad, una divinización. La felicidad en la gloria consiste en el despliegue en plenitud de la deiformidad, ya poseída en el mundo de modo latente y escondido, y manifestada plenamente en el acceso al mundo de Dios. El hombre, en

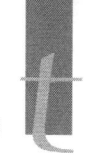

## La Escatología. La consumación de la vida del hombre

la gloria, se siente feliz por encontrar a Dios, el término de su entera realidad, y es también feliz "por saberse a sí mismo como deiforme", por poder vivir de verdad el "ser un pequeño dios". El pecado radical de soberbia, al principio de la vida humana, fue, precisamente, querer ser como Dios. En la gloria, la felicidad incluye el "ser como Dios" por gracia de Dios, gracia que procede de la muerte y resurrección de Cristo (451).

### 3. *La resurrección como integridad escatológica*

La gloria escatológica consiste en el *conocimiento* de Dios por intimidad personal y en la *felicidad* por la plenitud de la deiformidad del justo. Esta felicidad tiene un momento de *integridad*, es una felicidad *íntegra*, y Zubiri se pregunta: ¿en qué consiste la integridad escatológica?

La figura del Yo del hombre justo es la actualidad concreta de su realidad. Bajo el poder de Dios, esa figura es teándrica, es humano-divina, y lo es por la deiformación que acontece en el justo. La figura del Yo del justo está regenerada y es deiforme por la participación en la muerte y resurrección de Cristo en el Bautismo y la Eucaristía. Ahora bien, esta deiformación acontece en la *actualidad* y "retorna" de la *actualidad* a la *realidad* por la *intimidad*; por ello la realidad del justo se va convirtiendo en "una realidad sustantiva regenerada y deiforme", es decir, una realidad *resucitada*. "La repercusión de la deiformidad de la actualidad, o figura del Yo, sobre la realidad sustantiva en la gloria es justamente una resurrección" (452).

Evidentemente existe una relación entre la realidad humana resucitada y la idea paulina del *cuerpo espiritual*, que aparece en el contexto del tema de la resurrección (cfr 1 Co 15,42ss). La expresión "cuerpo espiritual" no hace referencia a un cuerpo "hecho de espíritu", sino a un cuerpo determinado a ser cuerpo espiritualmente: el cuerpo espiritual del resucitado no está animado con vida terrena, sino vivificado con vida eterna.

Según san Pablo, el cristiano posee ya las arras o primicias del *cuerpo espiritual* propio del resucitado. En el Bautismo se participa a la muerte y resurrección de Cristo (*Rm* 6,4; *Col* 2,12); la Eucaristía es la plenitud de la incorporación a Cristo; la vida cristiana es una "vida oculta con Cristo en Dios", llamada a aparecer gloriosa con Cristo (*Col* 3,3s). Por tanto, se debe afirmar que "todos resucitaremos con Cristo, porque

Cristo ha resucitado", y porque poseemos ya las arras o primicias de la resurrección al quedar incorporados al cuerpo de Cristo mediante el cuerpo eclesial (452s).

En resumen, el *eschaton* o consumación escatológica, consiste en que los hombres llegan a ser de modo definitivo lo que libremente han querido ser, "en aversión a Dios o en inmersión en Dios". Todos los hombres forman una unidad en cuanto están inevitablemente embarcados en el proceso que conduce hacia la realización del Reino de Dios. Tanto el proceso como la realización tienen una interna y esencial dimensión cristológica. En efecto, el proceso consiste en una progresiva configuración a Cristo a lo largo de toda la vida, de modo explícito o implícito, hasta llegar a una plena incorporación a Él. Cristo vivió una vida terrena, y después de su muerte y resurrección continúa haciéndose actual en la vida de la Iglesia. Por ello todo proceso humano hacia la realización definitiva tiene una relación con la Iglesia, explícita o implícita, que es imprescindible en cuanto esa relación está fundada en Cristo, quien se actualiza en la Iglesia. Por tanto, la Iglesia es camino hacia el cumplimiento definitivo de la vida del hombre como un proceso ya iniciado y que va hacia su definitiva conclusión en la Escatología (453).

CAPÍTULO 12

# REVELACIÓN, HISTORIA DE LOS DOGMAS Y PRESENCIA DE CRISTO EN LA IGLESIA

Hemos visto anteriormente el origen y fundamento de la Iglesia, el carácter estructural de su unidad (c. 10) y su camino hacia la consumación escatológica (c. 11). Debemos ahora completar la cuestión tratando sobre la presencia de Cristo en la Iglesia, prometida hasta la consumación de los siglos (cfr *Mt* 28,20). A la presencia de Cristo en la Iglesia "pertenece como momento esencial la evolución de la revelación y la evolución del dogma" (C 453).

La presentación de la cuestión sigue la exposición hecha por Zubiri y tiene, por tanto, un presupuesto decisivo. En efecto, hemos de tener en cuenta puntos de su pensamiento que alcanzaron la madurez al final de su vida. Nos interesa en particular la dimensión histórica del ser humano (HD 68-74), la religación a la realidad como experiencia, manifestación y enigma (HD 95-99), y la concepción zubiriana de la inteligencia sentiente, cuya actividad primordial no es la afirmación o el juicio, sino la aprehensión de realidad (IS I). Son cosas expuestas en la primera parte, en sus dos primeros capítulos.

*La religación como manifestación.* Zubiri comprende la vida del hombre como una realización personal, posible por la religación a la realidad. Ésta le ofrece las posibilidades de realización. La religación es vivida como una experiencia manifestativa, en la que se manifiesta el poder de la realidad y las posibilidades que ofrece. Ahora bien, la revelación es una donación de Dios al hombre, y acontece "porque el hombre es constitutivamente y formalmente una religación", en la que tiene la experiencia de la *manifestación* de la realidad. En esta manifestación tiene lugar, precisamente, la revelación de Dios al hombre (C 455).

## La dimensión histórica de la revelación

Cristo ha fundado la Iglesia como una comunión personal incorporada a Él, la cual consiste en una realidad esencialmente dinámica que se va transmitiendo de unos a otros. Y cabe preguntarse por el modo como Cristo está presente en una Iglesia que "es constitutivamente histórica" (C 454).

Al inicio de la exposición Zubiri advierte que no es lo mismo estar en la historia como lo están todas las cosas, que estar en la historia *históricamente*. La observación tiene una aplicación particular a la Iglesia, presente históricamente en la historia, y a Cristo, históricamente presente en la Iglesia.

Hemos visto anteriormente que la dimensión histórica del hombre consiste en la transmisión de formas de estar en la realidad. Éstas llevan consigo posibilidades de realización que pueden ser apropiadas, rechazadas o cambiadas; y también se van renovando o, simplemente, aparecen nuevas formas de estar en la realidad porque "se inventan" (cfr SH 202-204).

Pues bien, la revelación es una posibilidad ofrecida al hombre, y cuando es aceptada como principio de vida y comunicada a los demás se va constituyendo históricamente la Iglesia. La cuestión que nos interesa es, justamente, la presencia histórica de Cristo en la misma historia de la Iglesia. Ahora bien, la revelación es manifestación y, por esta razón, en la experiencia de la manifestación de la realidad el hombre puede tener la experiencia de la revelación de Cristo presente en la Iglesia (C 454s).

En resumen, "el problema de cómo está históricamente presente Cristo a la Iglesia no es sino ver en qué consiste el carácter intrínseca y formalmente histórico que tiene la revelación". Zubiri trata la cuestión respondiendo a cuatro preguntas: ¿Qué es revelación? ¿Cómo acontece? ¿A quién se revela? ¿En qué consiste la historicidad intrínseca de la revelación? (454s).

### I. ¿Qué es revelación?

La revelación es, ante todo, una *donación* que Dios ofrece, en la que "da de sí su propia verdad real", es decir, da de sí la actualidad de su realidad que es Cristo. Esta donación está destinada a ser acogida por el hombre en un *conocimiento personal* en el que estará en juego lo más hondo de la intimidad humana: la acogida de la revelación es "un conocimiento intimante". Además, "esta donación intimante de Dios como verdad real, es principio de vida". Es preciso subrayar con vigor que la revelación de Dios está esencialmente ordenada a ser principio de vida para el hombre (C 455).

La revelación, don de Dios y principio de vida, se manifestará a la realidad humana en todas sus dimensiones; se manifestará, por tanto, a la entera sustantividad humana y, evidentemente, será acogida por la *inteligencia sentiente* cuyo acto primordial es la aprehensión de realidad. Por consiguiente, antes de ser comunicación de afirmaciones, la revelación es una manifestación de realidad dirigida al hombre y acogida por él en una aprehensión primordial del *contenido real* del don de Dios (455).

Ahora bien, todo ello sucede porque el hombre está religado a la realidad, y en la religación hace la experiencia manifestativa de la realidad y de su poder. Por esta razón, el don de Dios puede ser manifestación, es decir, puede ser revelación para el hombre.

Es conveniente observar que la entera cuestión tiene un aspecto muy paradójico. En efecto, la realidad tiene un poder sobre el hombre; pero ese poder no es impositivo; no se impone al hombre cancelando la libertad. La manifestación de la realidad y su poder lleva consigo un enigma, y la respuesta al enigma puede ser la "pura mundanidad" (un mundo sin Dios) o un Dios personal fundamento del mundo. En la fe cristiana el Dios personal, fundamento del mundo, se ha manifestado en una experiencia muy concreta: la revelación de Dios en Cristo (cfr 456).

La revelación puede manifestarse de diversas maneras. En la Biblia se pueden reconocer tres etapas en el modo como se manifiesta la revelación. Ésta comienza en la creación como "primer acto manifestativo de Dios en las criaturas" (primera etapa). La etapa siguiente es la constitución de la historia misma de Israel mediante la elección y la Alianza. Israel es el Pueblo elegido y "la índole del decurso histórico de ese pueblo se resume en fidelidad o infidelidad" a la Alianza establecida con Dios. De acuerdo con ello se puede afirmar que "la realidad y el decurso histórico del pueblo de Israel sean la realidad y el decurso histórico del Pacto", cuyos momentos son los siguientes: Alianza, fidelidad o infidelidad, castigo, arrepentimiento, y misericordia divina (segunda etapa) (456). La tercera etapa de la revelación es la vida de Cristo, que constituye la consumación y la plenitud de la revelación. Cristo es la *revelación subsistente*, que se nos da en "el Espíritu de la Verdad, constitutivo de Pentecostés" (457).

Notemos que el término "revelación subsistente" referido a Cristo indica que en Él no sólo acontece la revelación sino que en Cristo se cumple la revelación misma: no hay que esperar o buscar algo más allá de Él. Creyendo en Cristo se recibe y se acepta la plenitud de la revelación.

II. ¿CÓMO ACONTECE LA REVELACIÓN?

Digamos ante todo que la revelación no es algo parecido a un dictado. Revelación es "una iluminación de la inteligencia de la manera que sea". La iluminación puede ser directa; por ejemplo, la visión de Dios del profeta Isaías (cfr *Is* 6), aunque los elementos de la visión correspondieran a la contemplación de la majestad de un rey oriental.

La actividad primordial de la inteligencia es la aprehensión de realidad. Por ello, la revelación como iluminación significa que la inteligencia recibe una luz por la cual puede captar algo en las cosas que aprehende y ve con medios humanos, que no podría captar con la sola luz que los medios humanos proporcionan. La revelación, por tanto, no sólo no excluye el esfuerzo humano de captación de las cosas y reflexión sobre ellas sino que la supone. Pero la luz de la revelación permite ver en las cosas algo que no se podría ver contando únicamente con los medios humanos. Por consiguiente, la revelación no es como un dictado; tampoco tiene porque ser algo milagroso; y no excluye el esfuerzo humano de captación de las cosas y reflexión sobre ellas. Quien recibe la revelación va viviendo los acontecimientos que ocurren, y reflexiona sobre ellos "a una luz y a un criterio que, ciertamente, no viene de los acontecimientos mismos". Debe llamarse revelación a esta iluminación especial (457).

III. ¿A QUIÉN SE DIRIGE LA REVELACIÓN?

La revelación ha de implicar la inteligencia de aquel a quien se dirige. Sólo así será una verdadera manifestación. Pero es preciso hacer dos aclaraciones.

Revelación, historia de los dogmas y presencia de Cristo en la iglesia

En primer lugar, la revelación implica a la inteligencia pero no se dirige exclusivamente a ella. Ciertamente ha de ser una manifestación. Pero la revelación es esencialmente una donación de Dios destinada a ser un principio de vida para el hombre, y como principio de vida no puede estar dirigida exclusivamente a la inteligencia. Ciertamente, la revelación aportará contenidos reales aprehendidos y comprendidos, pero pensar que va dirigida exclusivamente a la inteligencia es una comprensión claramente insuficiente de la revelación (458).

En segundo lugar, la afirmación de que la revelación implica la inteligencia puede ser entendida también de un modo insuficiente. En efecto, la actividad primordial de la inteligencia humana no es la afirmación sino la aprehensión de realidad. Por tanto, si la revelación como principio de vida no va dirigida exclusivamente a la inteligencia pero la debe incluir necesariamente, la deberá incluir como inteligencia *sentiente*, y no como una inteligencia cuya actividad primordial fuera el juicio o la afirmación (458).

Por tanto, la revelación es principio de vida e incluye la inteligencia; implica, por tanto, al hombre dotado de inteligencia. Por consiguiente, la revelación incluye al destinatario de la revelación, y lo hace de una manera muy concreta. En efecto, la revelación está dada para que quien la recibe crea en ella, y el término "creer" (*credere*) tiene su origen en "dar el corazón" (*cor dare*), es decir, "entregarse" (459); la fe es esencialmente admisión de la verdad revelada y entrega a ella (HD 211s).

En el momento inicial la revelación va dirigida al individuo. Pero la "revelación individual es para comunicarla a los demás". Aquellos que de una forma u otra han recibido la revelación, han recibido con ella el encargo o misión de comunicarla a los demás. Los que comunican y reciben la revelación forman un conjunto humano que puede ser considerado con una suficiente unidad, la cual tendrá en sí misma una dimensión histórica: en el seno de esa unidad sucederá la transmisión y apropiación de la revelación como posibilidad de realización humana (C 459).

En conclusión, la noción de revelación incluye necesariamente al hombre, su destinatario, pues la revelación es donación de Dios para la vida del hombre. Éste, por su parte, posee una dimensión histórica. "Por tanto, la revelación es también histórica o, por lo menos, le pertenece de un modo esencial una historicidad" (459).

IV. ¿En qué consiste la historicidad de la revelación?

Afirmar que la revelación es histórica equivale a decir que la revelación subsistente, que es Cristo, "es una verdad históricamente constituida". Pero la afirmación de una historicidad no se reduce, simplemente, a la afirmación de que una verdad sea progresiva. Hay momentos de la vida de la Iglesia en los que la recepción de la revelación ha tenido más bien momentos de retroceso u oscurecimientos parciales. Un ejemplo sería la crisis del arrianismo. Tuvo una difusión tal que en algunas regiones llegó a ser la opción mayoritaria. Ello es comprensible porque la revelación está ofrecida al hombre para que crea y la acepte, y existe siempre la posibilidad de una aceptación parcial o errónea (459).

La revelación cristiana plena se identifica con Cristo, la verdad real de Dios en el mundo. En cuanto realidad revelada, Cristo se manifiesta al hombre como posibilidad de realización. Precisamente, la aceptación de la revelación significa apropiarse la posibilidad de vivir bajo el poder de Dios, es decir, aceptar su dominio y apoderamiento: "La historicidad de la revelación no es sino la historicidad de este apoderamiento" (460). Ahora bien, esta historicidad tiene estratos distintos.

A. *El progreso en la comprensión de la revelación*

El primer estrato de la historicidad de la revelación corresponde al hecho de que la revelación está dirigida al hombre dotado de inteligencia. El hombre acepta la revelación en una fe que es entrega personal, y en esa entrega querrá comprender la revelación aceptada. Evidentemente, esa comprensión podrá progresar y crecer. Desde la perspectiva de la comprensión, por tanto, la revelación tiene un progreso en la línea de una mejor intelección. Esto sería el *progreso teológico* en la comprensión de la revelación; sería un progreso en el nivel de la revelación *comprendida* (460).

B. *El progreso en la revelación vivida*

Hay un estrato más hondo en la situación del hombre bajo el poder de la revelación. En efecto, la revelación puede ser apropiada de modo creciente, pues la apropiación puede crecer en intensidad y suscitar un progreso de orden espiritual y religioso. Este progreso no es teológico sino teologal, pues afecta a la vida entera del hombre. Es un progreso en el nivel de la revelación *vivida* (461).

### C. *El progreso en la misma manifestación de la revelación*

Hay un estrato todavía más hondo. Puede haber un progreso no sólo en la comprensión de la revelación o en el modo de vivirla, sino también en la revelación misma. La revelación se manifiesta para ser recibida y aceptada, y puede darse un progreso en el quedar manifestada al hombre. No será sólo un progreso teológico o espiritual. En este caso se trata de "un progreso real que afecta a la revelación misma" (462).

Zubiri precisa la cuestión refiriéndose a un caso concreto: la definición del dogma de la Inmaculada Concepción. Sobre este dogma no había acuerdo entre los teólogos y es conocida la oposición de Santo Tomás. A pesar de todo Pío IX lo definió. Ello ha significado que "la revelación ha tenido un progreso real". Aparece ahí la cuestión de "la existencia histórica de la revelación". Ésta, como manifestación y donación de Dios, tiene un progreso, "tiene una intrínseca historicidad" (462).

### D. *La historicidad de la revelación*

Hemos llegado a la conclusión de que la revelación es histórica en sí misma. En efecto, la revelación no consiste, simplemente, en la comunicación del contenido de un texto o de unas instituciones, que deba ser aceptado. Ante todo, es preciso advertir que "está dada a unos para que estos la transmitan a otros" (462). En esa transmisión se va formando una "unidad histórica" constituida por aquellos que han recibido y transmitido la revelación. Ésta puede ser llamada, con razón, anuncio de la Buena Noticia, proclamación del Evangelio (kerigma), predicación. De acuerdo con ello, los momentos de predicación y anuncio deberían ser momentos de transmisión de la revelación (463).

Ahora bien, la revelación no sólo es histórica; desde la perspectiva cristiana, "la historia no es otra cosa sino la revelación misma en acto". Esto acontece cuando la revelación se transmite, y al transmitirla "queda fijado algo" que se comunica y se entrega. Esa transmisión es, precisamente, lo que se llama *tradición* (*paradosis*).

La revelación ha comenzado cuando Cristo ha hecho cristianos a sus discípulos, y ha continuado en la actividad apostólica de estos. En la transmisión de unos a otros la revelación mantiene una unidad histórica; en efecto, quienes la transmiten comunican su *contenido* a partir de "una experiencia manifestativa de su vida con Cristo". En ello se pone de manifiesto que la cuestión de la historicidad intrínseca de la revelación coincide con la cuestión de la estructura de esa entrega o tradición viva de unos a otros, iniciada en la misma actividad terrena d Cristo (463).

La tradición

Zubiri aplica al Cristianismo los tres momentos que, según él, existen en toda tradición religiosa: La tradición constituyente (A), la tradición continuante (B) y la tradición progrediente o de progreso (C).

**A. La tradición constituyente**

La tradición es la transmisión de la revelación. Quien la acepta queda libremente situado bajo el poder de Dios. Esta transmisión es un don que entrega algo que está dado, que está "puesto" (es un *positum*), y está dado no sólo para enriquecer al que lo recibe sino para ser su principio de vida; en cuanto tal debe ser custodiado y guardado (464).

En la revelación se comunica algo dado (*positum*) que es el contenido real revelado. Ello queda concretamente determinado y fijado, se denomina "depósito revelado" (*depositum*) y debe "ser guardado en la intimidad vital de quienes lo reciben". La comunicación inicial del contenido real revelado (depósito revelado) es el momento constituyente y radical, y consiste en "una entrega de Cristo hecha en la efusión de su propia intimidad en el Espíritu de la Verdad, el Espíritu Santo" (464).

*La fijación por escrito de contenido revelado*. La fijación del contenido revelado puede realizarse por escrito. En este caso la fijación va asociada a lo que se llama *inspiración*. Según la teología, la inspiración es una "acción que se recibe", y se recibe sólo para escribir, con la finalidad de enseñar sin error mediante lo que queda escrito (464).

En primer lugar, el escrito inspirado enseña sin error únicamente lo que el autor quiere enseñar. Por ejemplo, en el Antiguo Testamento hay textos inspirados que quieren enseñar sin error lo que sucedió o se creyó en Israel; pero esto no quiere decir que el texto inspirado quiera enseñar sin error que se deba creer todo aquello que Israel creía en aquel momento (465).

En segundo lugar, la inspiración es una moción para enseñar sin error "al modo como el autor lo quiere enseñar". Ahí aparece el tema de los géneros literarios. Según Zubiri, propiamente se trata de una cuestión que abarca géneros intelectuales y conceptuales. No se trataría sólo de un género literario sino de un género intelectual o modo de pensar propio del autor y de su tiempo. Serán modos diversos si se trata del profeta Isaías o del apóstol Pablo. Por tanto, la inspiración ha sido recibida para enseñar sin error aquello que el autor quiere enseñar y del modo como lo quiere enseñar (465).

En tercer lugar, la inspiración ha sido recibida por el autor para enseñar sin error a aquellos a quienes quiere enseñar. No se trata sólo de las determinadas circunstancias de una enseñanza inspirada. Se trata en particular de unos textos inspirados "en unas circunstancias concretas, desde un autor determinado, para unos fines determinados". Ahora bien, qué sea lo que ha sido revelado de este modo deberá ser averiguado mediante una labor de interpretación (465).

Sea cual sea el modo como se ha fijado, la revelación es siempre algo concreto, destinado a ser principio de vida para quien la reciba. En el momento constituyente la revelación acontece con una *pedagogía*, según la cual las cosas reveladas y enseñadas quedan abiertas a verdades que las trascienden (466).

### B. La tradición continuante

La aceptación de la revelación significa acogerse bajo su poder. El momento de tradición es un momento de apoderamiento. Ahora bien, lo que se transmite es el contenido de realidad revelada, llamado depósito de la revelación. Los discípulos lo han recibido de Cristo y queda fijado como contenido real para ser transmitido. Lo dado en la tradición inicial constituyente debe ser comunicado en la tradición *continuante*. Se trata de transmitir la posibilidad de realización revelada por Dios en Cristo.

Zubiri observa que el contenido real transmitido (*depositum*) adquiere el carácter de algo propuesto (*propositum*); en efecto, queda propuesto el contenido real de la revelación inicial como posibilidad de realización personal. Él advierte, además, que lo propuesto no es algo distinto del contenido real de realidad revelada; se trata simplemente de "la reactualización del depósito primario" (466). El contenido de realidad revelada (depósito) queda *propuesto* como reactualización del contenido real inicial en momentos y circunstancias posteriores.

Nuestro autor hace notar que en el momento inicial de la tradición Cristo tuvo una *pedagogía* particular al manifestarse a sus discípulos. En cambio, después de su resurrección permanece entre ellos, en lo profundo de la tradición, "como gran *maestro* en el seno del pueblo de Dios". Lo que al inicio era pedagogía se convierte luego, por parte de Cristo, en una *enseñanza* (*didaskalia*) (467).

### C. La tradición progrediente

La tradición de la revelación tiene un momento inicial constituyente y luego sus momentos continuantes. Tiene también momentos de progreso que constituyen la tradición progrediente: son momentos de "progreso real de la revelación", con los cuales, sin embargo, "no se va a alterar la revelación". Hay un verdadero progreso pero la revelación no se altera. ¿Cómo explicar la paradoja? (467).

El contenido real revelado se apodera de quien lo recibe, y ese apoderamiento se refiere en particular a la inteligencia. En efecto, la inteligencia acoge la revelación en una aprehensión primordial cuya comprensión queda expresada en las afirmaciones sobre la revelación. Ésta acontece en un momento de manifestación, y sin que se altere el contenido puede haber un progreso real en su condición de manifestación. No se altera el contenido constituyente; pero éste puede hacerse más manifiesto por un progreso real.

El contenido real de la revelación era inicialmente algo *dado*; quedaba de algún modo *fijado*, y era luego *propuesto* como posibilidad de realización. Por tanto, el contenido real de la revelación funciona como algo fijado (depósito) y propuesto en el momento de la transmisión. ¿Cómo funciona ese contenido real en los momentos de progreso? (467).

# Revelación, historia de los dogmas y presencia de Cristo en la iglesia

El contenido real de la revelación, que es dado, fijado y propuesto, funciona en los momentos de progreso de la revelación como su *supuesto* (*suppositum*): el contenido real (depósito) es el supuesto del progreso de la revelación. Zubiri advierte que el término "supuesto" tiene aquí el sentido particular etimológico, según el cual el contenido real e inicial de la revelación es previo al progreso y permanece inalterable en los momentos de progreso real. A partir de ahí nuestro autor se pregunta tres cosas: 1. ¿Cuál es el carácter de supuesto que tiene la revelación en los momentos de su progreso real? 2. ¿En qué consiste el progreso? 3. ¿Cuál es la estructura del progreso? (467).

*1. La revelación como "supuesto"*

Zubiri recuerda que la teología ha explicado el progreso de la revelación de dos maneras, y no las considera satisfactorias. Lo que él llama *supuesto*, es decir, aquello presente en el progreso pero que no se altera, ha sido comprendido como un germen cuyo desarrollo constituiría el progreso de la revelación (cfr *Mt* 13,31s), y también como la levadura, que hace fermentar la masa (cfr *Mt* 13,33) (468). Pero, según nuestro autor, el contenido real de la revelación: el *supuesto* del progreso, no funciona en el progreso como un germen o fermento, sino como *substrato* sobre el cual "está montado el progreso". Lo que Zubiri llama substrato del progreso no es forzosamente un germen o fermento, porque este substrato es un contenido que no se altera, que no puede tener un "incremento interno e intrínseco" (468).

Se debe advertir que ese concepto de substrato no se puede aplicar al Antiguo Testamento. En efecto, en el Antiguo Testamento hay un verdadero progreso del mismo contenido real de la revelación, que va aumentando y además está siempre abierto. En cambio, en el Nuevo Testamento, con la muerte del último apóstol, la revelación ha quedado conclusa. Esto significa que el contenido real de la revelación ha quedado fijado como depósito, debe ser propuesto en el momento de tradición continuante, y es el supuesto y *substrato* en el momento de progreso de la revelación (469).

El carácter de substrato del contenido revelado tiene un aspecto negativo: no hay más revelaciones nuevas. Pero tiene también un aspecto positivo que consiste en una exigencia interna de que haya progreso real. Será un progreso que afectará a la totalidad de la revelación en el sentido de que "lo revelado esté más revelado" (469). ¿En qué consiste este progreso?

2. *El progreso de la revelación*

"Progresar es dar de sí". Toda realidad es por sí misma activa y "da de sí", generando un progreso de la manera que sea. En la revelación Dios da de sí su verdad real, que es Cristo, el Verbo encarnado. En el mismo Cristo tiene lugar un progreso desde su concepción hasta su muerte y resurrección, que consiste en la configuración de su Yo hasta alcanzar la figura definitiva y definitoria: Cristo crucificado. La figura definitiva define lo que ha sido el entero proceso de configuración de Cristo: obediencia al Padre y donación incondicional al hombre.

Cristo se ha manifestado a los apóstoles mediante una pedagogía adecuada para lograr una verdadera comunicación de su identidad, comunicación que ha concluido en Pentecostés. A partir de ahí los apóstoles han podido acoger en profundidad la plena figura de Cristo como don y principio de vida. Ésta es la tradición constituyente de la revelación que se concluye con la muerte del último apóstol (470).

Cristo está presente al comienzo de la Iglesia y durante su continuación y desarrollo posterior. Está también presente en los momentos de progreso de la revelación "haciendo que esté más revelado aquello que, de una vez por todas, ha revelado". Ese progreso no consiste en una revelación más sino que acontece a partir de lo que Zubiri llama *substrato*, identificándolo con lo que san Ireneo llamaba "el cuerpo de la verdad".

Lo que ha sido revelado queda fijado como depósito de la revelación. Pero llegado el momento, "no puede seguir siendo él mismo más que progresando". En efecto, "la revelación inicial no puede seguir siendo igual a sí misma más que si progresa". Hay momentos que requieren un necesario progreso; en efecto, para que se pueda mantener la identidad del *substrato*, es decir, de la revelación, ésta debe actualizarse en un momento de progreso. En esto consiste "la esencia misma del progreso substratual: actualización de la mismidad" (470).

Como ejemplos de este progreso podemos mencionar la definición de la consubstancialidad del Hijo con el Padre (Nicea), las dos naturalezas y la única persona en Cristo (Calcedonia), la transformación sub-

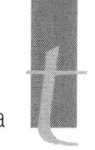

stancial en la eucaristía (Trento). Son momentos en los que el contenido revelado: la realidad de Cristo y su presencia en la eucaristía, precisan de un "progreso de definición" para poder mantener la *misma* identidad, que se actualiza como "la misma" en los momentos de progreso. Con ello queda dicho que el progreso pertenece a la revelación también intrínsecamente. Pero queda abierta la cuestión de la adecuación de las definiciones al contenido de la revelación. Los dogmas deben ser conformes al contenido de la revelación; sin embargo, no podemos decir que el contenido de la revelación sea expresado adecuadamente por el conjunto de los dogmas (471).

La cuestión se puede explicar a partir de la concepción zubiriana de la inteligencia. La revelación va dirigida al hombre, quien acoge su contenido real en una aprehensión de realidad. De ella brotan los enunciados que expresan la comprensión del contenido aprehendido y lo definen. Ahora bien, esa expresión de la comprensión deberá ser conforme al contenido aprehendido, pero nunca lo expresará de un modo plenamente adecuado. Por tanto, los dogmas significan un progreso de la revelación, pero nunca expresan de modo adecuado el contenido revelado.

En conclusión, la tradición, en sus momentos constituyente, continuante y de progreso, no es más que la permanente actualidad de la revelación: "La tradición es pura y simplemente la actualización de la presencia de Cristo en la Iglesia". Por consiguiente, la tradición y la Escritura "no constituyen dos fuentes de la revelación, sino dos formas de la revelación" (471).

Hemos de advertir que el concepto de tradición empleado aquí es teológico y no simplemente histórico. En sentido teológico, la tradición es "la reactualización del depósito revelado", y en esta reactualización puede haber un progreso en los enunciados conformes al contenido real revelado, el cual permanece siempre el mismo. Por ejemplo, en un momento determinado ha aparecido la definición dogmática del privilegio de María como Inmaculada Concepción. Ha surgido como algo que pertenece al contenido de la revelación, aunque como enunciado aparezca sólo a partir de un momento determinado. "La revelación en tanto que es término de un progreso es justamente lo que se llama dogma". Anteriormente hemos citado los ejemplos de Nicea, Calcedonia y Trento (472).

Ahora bien, el progreso de la revelación tiene una estructura determinada.

3. *La estructura del progreso de la revelación*

Para tratar el tema hay que afrontar la siguiente cuestión central: ¿Cómo salen los dogmas del contenido real de la revelación, llamado depósito revelado? (472).

Zubiri se refiere, en primer lugar, a dos respuestas representativas que se han dado a la cuestión, y manifiesta su desacuerdo con ellas. La primera quiere explicar el progreso dogmático comparándolo a la semilla que se desarrolla hasta su plenitud (Newman). La segunda es la dada por teólogos a partir del s. XV, según los cuales lo que conduce a una definición dogmática es un razonamiento que parte de un dogma de fe, y llega a una conclusión que sería definible como dogma de fe (473).

Nuestro autor está de acuerdo con la tesis de que las llamadas conclusiones teológicas no son definibles (Suárez) y, por su parte, afirma que el progreso dogmático no es similar al desarrollo de un germen biológico ni consiste en un razonamiento teológico cuya conclusión fuera definible. La explicación zubiriana de la cuestión se desarrolla en tres puntos (a, b, c) y se completa tratando una serie de cuestiones anexas (474).

a. *La situación espiritual y religiosa*

El progreso dogmático acontece siempre dentro de una determinada situación espiritual y religiosa. Un ejemplo es, de nuevo, el dogma de la Inmaculada Concepción. Grandes maestros de la teología especulativa no lo admitían. Sin embargo, la verdad del contenido revelado se manifestó en la profundidad y coherencia teologal de la devoción a María como Inmaculada Concepción, devoción que era vivida en el ámbito de la espiritualidad franciscana. En este caso el progreso dogmático aconteció a través de una determinada situación religiosa y espiritual del hombre entero. Lo decisivo no fue un razonamiento teológico (475).

b. *La revelación como posibilidad*

La situación religiosa en la que puede surgir una verdad dogmática es también una situación de apoderamiento. En ella el poder de la rea-

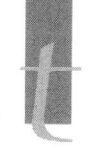

lidad revelada ofrece una posibilidad de realización. En efecto, la revelación está ofrecida como una posibilidad, que al ser aceptada se apodera de quien cree en ella (según Zubiri, vivir en gracia de Dios significa vivir bajo su poder o dominancia).

En consecuencia, se debe decir que el poder de la revelación sobre el creyente pertenece al orden de las posibilidades y no al orden de los gérmenes que se desarrollan o de las conclusiones de razonamientos teológicos (475).

c. *La posibilidad de comprensión*

Las posibilidades ofrecidas por el contenido real de la revelación incluyen siempre una posibilidad de comprensión. Evidentemente, esa comprensión ha de ser concreta y dependerá, por tanto, de la situación cultural en la que acontezca. Las situaciones son distintas cuando son determinadas por culturas y modos de pensar diferentes, como, por ejemplo, la situación determinada por la cultura griega o por la cultura europea occidental. Esto significa que la comprensión en una determinada situación cultural no agota las posibilidades de comprensión de la revelación, que ha sido aceptada y tiene un poder sobre el creyente. Otras culturas o mentalidades pueden hacer posible una mejor comprensión del contenido real de la revelación (475s).

Por consiguiente, el progreso dogmático está vinculado a las posibilidades de comprensión que aparecen en las distintas situaciones que vive la Iglesia. Las posibilidades se presentan para ser apropiadas, pero según los casos, unas posibilidades pueden ser acertadas y otras no. Aparece aquí el problema de la verdad en la comprensión de la revelación que se puede formular del modo siguiente: ¿Las posibilidades de comprensión que se presentan se cumplen en el contenido real de la revelación? (476).

d. *Criterios de cumplimiento verdadero en el contenido revelado*

La cuestión del cumplimiento de la comprensión de la revelación en el contenido revelado tiene una evidente relación con el tema de la infalibilidad. Zubiri está convencido de que antes de hablar de la "infalibilidad docente", propia del magisterio, hay que hablar de una "infalibilidad de creyente" propia del entero cuerpo de la Iglesia (*infallibilitas credendi*). En todo caso, el cumplimiento verdadero en el contenido real revelado de las posibilidades de definición se debe averiguar mediante la infalibilidad. La cosa es decisiva pues de ella depende que haya un progreso dogmático verdadero y no suceda un desarrollo erróneo (476).

Para averiguar si una posible definición es verdadera y se cumple en el contenido real de la revelación se requieren criterios, y Zubiri indica los siguientes.

*Criterio de mismidad.* Un criterio de la verdad de una afirmación de fe es que todos los testigos digan lo mismo. Esto es lo que ha sucedido en el momento de tradición constituyente con el testimonio de los testigos originarios de la revelación. Todos ellos han atestiguado lo mismo cuando afirmaban haber visto a Cristo resucitado. Es el mismo testimonio sobre algo sucedido que pertenece al momento constituyente de la tradición. La mismidad en el testimonio es un criterio del verdadero cumplimiento en el contenido revelado (476).

*Criterio de permanencia.* El criterio de mismidad se puede aplicar también a la permanencia del contenido real revelado, que permanece siempre el mismo. El criterio de permanencia corresponde al momento de tradición continuante, y la teología lo ha expresado diciendo que es definible "lo que se cree siempre, en todas partes y por todos". Ciertamente, lo que todos creen podría ser definido. Pero esto no significa que sólo pueda ser definido lo que todos creen. No se excluyen otras posibilidades (477).

*Criterio de aspiración común.* Un tercer criterio es el de la "aspiración común", es decir, una aspiración del cuerpo entero de la Iglesia. Esa aspiración sería una "con-spiración", un *cum-spirare*, y en cuanto la "aspiración" sea un *spirare*, consistirá en "un modo de sentir la vida de Cristo por el Espíritu" en el corazón de los creyentes. La aspiración debe ser común, y eso significa que muchos comparten una aspiración hacia lo mismo (477).

Zubiri advierte que el criterio de "aspiración común" hay que aplicarlo teniendo en cuenta largos plazos de la historia. No basta sólo un cierto período de tiempo. Si fuera así se podría pensar que el arrianismo era verdad en el tiempo de san Jerónimo; de hecho durante algún tiempo fue la opción mayoritaria en ciertas regiones.

En la "aspiración común" en el seno de la Iglesia, se manifiesta la identidad del contenido real revelado y su constante permanencia, y se manifiesta también "la fecundidad misma de la revelación de Cristo en el Espíritu de la Verdad" (478).

*El cumplimiento efectivo de una definición en el contenido revelado.* Una comprensión de la revelación puede tener la correspondencia suficiente con los tres criterios indicados: la mismidad, la permanencia, la aspiración común. Pero queda abierta todavía la cuestión del cumplimiento *efectivo* en el contenido revelado de una posibilidad de comprensión definible. Se trata del cumplimiento efectivo de una posibilidad de comprensión, y esto, dice Zubiri, es una verdad que tiene el carácter de suceso, es decir, es una verdad histórica; el cumplimiento de las posibilidades de comprensión en el contenido revelado constituye un cumplimiento histórico. De ello se sigue que los dogmas o posibilidades de comprensión definidas surgen del contenido revelado históricamente; no surgen por una especie de desarrollo de un germen biológico o por la dinámica de un razonamiento lógico. Los dogmas estaban ya en el contenido revelado. De él salen históricamente cuando se dan unas determinadas circunstancias y surgen unas posibilidades de comprensión, y finalmente se llega a la definición dogmática (478).

Zubiri saca de todo ello las siguientes consecuencias. Él cree que no existe una evolución del dogma sino una historia de los dogmas. Además, los dogmas, que surgen históricamente del contenido revelado, no estaban antes en él virtualmente o implícitamente; los dogmas estaban en el contenido revelado "como las posibilidades están en la realidad que tiene propiedades para que esas posibilidades puedan existir". Las posibilidades no están en la realidad de un modo germinal, virtual o implícito, sino de un modo *fundamental*; las posibilidades que surgen de una realidad se fundan en las propiedades reales de esa realidad. El contenido real revelado posee unas posibilidades de comprensión, que surgen y llegan a ser definidas cuando se dan unas determinadas circunstancias. La revelación misma es el *fundamento* de las posibilidades de su mejor comprensión. Por ello los dogmas no definidos están en el contenido revelado "fundamentalmente pero indiscernidamente", es decir, están en el contenido revelado como sus posibilidades reales pero no tienen todavía actualidad histórica. Esta actualidad acontece cuando se dan las circunstancias adecuadas para la definición dogmática (479). El dogma de la Inmaculada Concepción no tenía actualidad histórica antes de su definición, pero era una posibilidad real en el contenido real revelado. Por tanto, la definición de un dogma no es una nueva revelación (ni en sentido formal ni equivalente) pues "con la muerte de los apóstoles está ya terminada y conclusa la revelación". Los dogmas surgen históricamente del contenido real revelado y adquieren actualidad histórica en un momento de terminado (480).

Ahora bien, la dimensión histórica de la revelación y la historia de los dogmas es "algo que acontece en el cuerpo de la Iglesia en tanto que es cuerpo de Cristo y comunión personal con Él", es decir, acontece por la presencia de Cristo en la Iglesia (480).

e. *Analogía entre las definiciones dogmáticas y los sacramentos*

Podemos establecer un paralelismo entre lo que acabamos de decir y lo expuesto anteriormente sobre los sacramentos. En efecto, decíamos en el capítulo octavo que en la celebración de los sacramentos acontece una acción de Cristo; se hacen actuales unas acciones que Cristo ejecutó durante su vida terrena (489). Podemos afirmar análogamente que las definiciones dogmáticas, que van enriqueciendo la comprensión de la revelación en el curso de la historia, son acciones de Cristo; las definiciones las hacen los hombres, pero las hacen por referencia a Cristo. El bautismo lo celebra la Iglesia, pero es una acción de Cristo. De modo similar, la definición dogmática acontece en la historia, pero es también una acción de Cristo, que tiene un carácter muy preciso: "Una definición dogmática no es una acción en que la Iglesia define la revelación, sino que es pura y simplemente Cristo definiéndose a sí mismo" (480).

Zubiri recuerda versículos de los evangelios en los que Cristo se define a sí mismo, como por ejemplo, los siguientes: "Antes que Abraham existiera, existía Yo", definiendo su preexistencia divina (*Jn* 8,58);

Revelación, historia de los dogmas y presencia de Cristo en la iglesia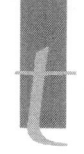

"El que me ha visto a mí, ha visto al Padre", definiendo su filiación divina (*Jn* 14,9); en el evangelio de Mateo, Caifás proclama, en nombre de la entera historia de Israel: "Yo te conjuro por Dios vivo a que nos digas si tú eres el Cristo, el Hijo de Dios" (*Mt* 26,63), y Jesús responde: "Sí, tu lo has dicho", definiendo su identidad mesiánica (26,64). Son momentos de definición de Cristo en circunstancias históricas de su vida terrena, y estos momentos tienen su continuación en la historia de la Iglesia con sus definiciones dogmáticas. En ellas Cristo se define a sí mismo en circunstancias históricas de la vida de la Iglesia. "Por eso la definición dogmática es un acto de Cristo como lo son los sacramentos" (481).

Pero queda todavía la cuestión decisiva: ¿Cómo se llega a la definición de un dogma?

f. *La infalibilidad y la historicidad de la revelación*

A la definición de un dogma se llega ante todo "por aquello que constituye la presencia de Cristo en el seno de la Iglesia: el Espíritu de la Verdad" (481). De este principio Zubiri concluye que el entero cuerpo de la Iglesia, considerado históricamente, está dotado de una "infalibilidad de creyente" (*infallibilitas credendi*) (481s). Ciertamente, en la Iglesia hay un ministerio: el Papa y los obispos, que tienen la infalibilidad docente; pero ésta es real cuando forma parte de la primera; no son dos infalibilidades distintas. Es más, "tomadas a una la infalibilidad docente y la infalibilidad de creyente constituyen una sola cosa: la infalibilidad del cuerpo de Cristo (*infallibilitas corporis Christi*)" (482).

La infalibilidad no es una propiedad meramente negativa; no consiste sólo en una asistencia para no cometer errores. La infalibilidad incluye una iluminación interior. Pero no se trata de una nueva revelación sino de una iluminación para definir la comprensión del contenido real de la revelación. Así entendida, "la infalibilidad es el órgano de la identidad histórica de la revelación. Es un órgano de historicidad. Y esto es precisamente lo que hace posible que haya un progreso" (482).

Ahora bien, sólo puede haber progreso de la realidad cuando la realidad tenga un fundamento que permanezca el mismo en el progreso, y que Zubiri llama *substrato*. En el caso de la revelación el fundamento (el substrato) es el contenido real revelado, y por ello puede haber un progreso de la revelación. Pero no sólo puede haber progreso, sino que tiene que haberlo. "El progreso de la revelación es esencial a la revelación", y lo es porque "la historia es algo que pertenece a la constitución misma de la revelación" (482).

En efecto, la revelación es histórica no sólo por las vicisitudes externas por las que atraviesa; la revelación es histórica, sobre todo, por las posibilidades de comprensión que van emergiendo de su contenido real en circunstancias determinadas. Acontece así el progreso dogmático y se va constituyendo el "cuerpo de la verdad", el cual tiene actualidad y consistencia por la presencia de Cristo en la Iglesia. La revelación es histórica no sólo porque está sumergida en la historia; la revelación es formalmente histórica, es histórica en sí misma.

La dimensión histórica de la revelación consiste en un ofrecimiento de posibilidades de realización; por ello la revelación está presente en la historia no como lo están las cosas sino que está presente históricamente: ella misma es histórica. Lo mismo sucede con Cristo. Él está presente en la historia históricamente, es decir, está en la historia como la posibilidad decisiva de verdadera realización. Cristo no sólo se ha revelado en la historia sino que se ha revelado en ella históricamente. Desde esta perspectiva podemos decir que el Espíritu Santo, el Espíritu de la Verdad, es "la historia misma de la revelación en tanto que historia". La acción del Espíritu es el testimonio acerca de Cristo como respuesta al enigma de la realidad. El testimonio del Espíritu de la Verdad tiene una influencia decisiva en el momento histórico de la aceptación de Cristo (483).

El contenido real de la revelación está dado y concluido de una vez para siempre. Pero tiene un progreso en la comprensión humana y en el apoderamiento del hombre por el poder de Dios, que acontece en el Espíritu de la Verdad. Por ello el progreso es una acción de Cristo, presente en la Iglesia, que es su Cuerpo y va avanzando hacia la consumación. Cristo, en su vida terrena, tuvo un progreso en la experiencia teologal de su filiación divina: "toda su biografía fue la experiencia teologal de su propia filiación divina". Pues bien, ello se debe completar diciendo que "la historia de los dogmas no es sino la experiencia teologal e histórica de la revelación que tiene Cristo y, con él, su Iglesia", en la que está presente (483).

### g. *La problemática de la dimensión histórica de la revelación*

La dimensión histórica de la revelación y del progreso dogmático es esencial al Cristianismo. Zubiri recuerda que debido a su dimensión histórica el Cristianismo ha tenido problemas con el mundo moderno, especialmente con la mentalidad científica y filosófica en los siglos XVIII y XIX. La exposición zubiriana se detiene en particular en el momento en que el contenido de la revelación cristiana tuvo que enfrentarse con un determinado tipo de razón conocido como "razón histórica, que adquiere su gran plenitud en la filosofía de Hegel". En efecto, la razón histórica plantea un serio problema al Cristianismo que debe ser afrontado. Se trata de ver si los dogmas, considerados como un conjunto unitario, encajan con la razón histórica (484).

Normalmente, cuando la teología trata del progreso dogmático lo que hace es intentar la justificación de cada uno de los dogmas buscando su correspondencia en el Nuevo Testamento. Pero el intento de justificar cada uno de los dogmas (Newman) no es suficiente. Lo que se debe hacer es considerar la entera historia de los dogmas como un todo unitario, contemplándola en "la totalidad de la constitución del cuerpo de la verdad". La cuestión debe abarcar la entera historia de los dogmas como un todo. Se trata de ver "el conjunto de todos los dogmas en su concatenación interna, desplegándose y constituyéndose a lo largo de la historia". ¿Qué es lo que ahí sucede? (484).

Según Zubiri, en la cuestión de la historia de los dogmas el Cristianismo se enfrenta a la entera historia teológica de la realidad de Dios, considerada en su totalidad. Para unos, Dios en su historia ha muerto (Nietzsche). Para otros, Dios vive y su vida consiste en que se va haciendo, va llegando a ser, Dios es un devenir en sí mismo (Hegel). Si la historicidad del Cristianismo fuera un devenir del mismo Dios, esta historicidad sería "la razón absoluta, la idea, que se va plasmando en conceptos finitos a lo largo de la historia". Pero esa no es la estructura de la totalidad histórica de los dogmas (484s).

En primer lugar, la historia de los dogmas no es la vida de Dios. Dios no se va haciendo a sí mismo sino que va haciendo que las criaturas sean. El devenir que acontece en lo más profundo de la revelación "es pura y simplemente Dios dando de sí, es decir, deviniendo en otro", es decir, deviniendo en la entera humanidad creada (485), y creación es la constitución de una "alteridad sin alteración" (153). Además, el "devenir en otro" de Dios es la proyección fuera de sí, *ad extra*, de su propia vida trinitaria; y esa proyección fuera de sí de Dios, es la que se manifiesta en la revelación. La historia de los dogmas "es la historia de esta revelación, y no la historia de la realidad física misma de Dios" (485).

Ahora bien, en lo más profundo, Dios no sólo da su vida fuera de sí a las criaturas; además, Dios da su realidad de forma concreta e histórica en la persona de Cristo. Dios está históricamente en la historia, y este estar histórico "es una experiencia teologal de las posibilidades de manifestación de Cristo. La dialéctica de la revelación no es el despliegue conceptual de una idea, sino la experiencia teologal de Dios, históricamente, *ad extra*", fuera de Dios. La donación de Dios, que es la donación de su vida en la creación y de su realidad en la encarnación, tiene un término: la realidad humana (485s).

### Conclusión

Digamos como conclusión que lo más radical del Cristianismo no es la historicidad. En el Cristianismo lo radical es que en la historia de la revelación acontece un "dar de sí" de Dios, una donación de sí mismo para "deiformar" al hombre. La revelación está históricamente presente en la historia para "la deiformación personal de cada uno de los hombres". El hombre ha sido creado para realizarse en la religación a la realidad configurando en el mundo el ser de su sustantividad. Por su experiencia manifestativa el hombre puede llegar a descubrir a Dios como realidad personal, viva y única, y creer en Él como respuesta al enigma de la realidad, viviendo la vida como entrega personal a Dios. Ese descubrimiento y esa entrega constituyen lo que justamente debe llamarse fe. Cuando esta fe se plasma "en la realidad entera del hombre, individual y colectivo, es lo que llamamos religión". En el Cristianismo, el Dios vivo y único se revela en Cristo. Él posee la misma realidad divina. En la experiencia manifestativa de la revelación de Cristo acontece la revelación histórica de Dios. La fe cristiana reconoce en Cristo la justa respuesta al enigma de la realidad. Mediante este reconocimiento y la entrega creyente, el hombre se apropia la posibilidad de una verdadera realización personal (cfr 486).

## CONCLUSIÓN GENERAL

Hemos visto en la primera parte elementos de la filosofía de la realidad de Xavier Zubiri y su comprensión del hombre. Hemos seguido después a Javier Monserrat en su planteo y desarrollo de la credibilidad del Cristianismo en la época de la ciencia. La novedad particular que ofrece Monserrat es una argumentación que no pretende poseer certezas absolutas o una fuerza racional impositiva. El argumento decisivo de credibilidad es la "debilidad" de la figura de Cristo, que ha dado los signos suficientes de la verdad de su condición divina, pero se ha mantenido en su verdadera condición humana hasta la muerte. Èl crucificado es la figura definitiva y definitoria que revela en el mundo el amor de Dios, en el pleno respeto de la libertad del hombre. Ello nos ha llevado, en el capítulo quinto, a preguntarnos por la necesidad de un "cambio de paradigma" en el pensamiento cristiano.

Monserrat afirma con decisión y fundamento que la transmisión genuina del Mensaje cristiano se debe liberar de elementos que durante largo tiempo han sido básicos y determinantes, como, por ejemplo, la concepción dualista del mundo y del hombre, la pretensión de poseer certezas racionales absolutas, el teocentrismo. Son cosas que han contribuido a componer una síntesis de pensamiento que ha sido convincente y útil durante siglos. Pero esos elementos proceden de contextos culturales pasados y hoy son un lastre. Liberarse de ellos sería un beneficio para la predicación y la evangelización. Son muchos los representantes de la teología cristiana que reconocen la fragilidad de la síntesis tradicional y la problemática que hoy presenta. Pero Monserrat tiene razón cuando dice que el pensamiento cristiano, en su conjunto, debe liberarse de la ilusión de estar apoyado en una *filosofía perenne*.

Ahora bien, la alternativa apropiada no es prescindir de la filosofía. De hecho siempre habrá adherencias culturales de algún tipo. Lo más conveniente y urgente es lograr una transmisión del Mensaje cristiano desde una adecuada comprensión actual del mundo y del hombre.

En la segunda parte hemos presentado la convincente propuesta de Zubiri. El empleo que hace de los propios conceptos en la exposición teológica ofrece abundantes elementos para estructurar un pensamiento cristiano desde un "nuevo paradigma". Lo hemos podido verificar en la aplicación de su filosofía de la persona a la conceptuación de la Trinidad y de la Encarnación. También la comprensión zubiriana de la realización del hombre en su religación a la realidad, presenta una enriquecedora novedad en su aplicación a la vida de Cristo y a la transformación cristiana del hombre.

En efecto, el Verbo encarnado se ha realizado en su religación a la realidad creada, que ha sido el fundamento de su realización humana. La religación ha sido para Él, como para todos los hombres, *experiencia, manifestación y enigma*. Cristo ha vivido esa *experiencia* filialmente; su sentimiento *filial* profundo ha permanecido incólume a pesar de estar religado a una realidad herida por el pecado. Además, en la religación a la realidad se le fue *manifestando* a lo largo de la vida la voluntad del Padre, a quien obedeció hasta el final, cuando llegó el momento de aceptar la condena a morir en cruz. La paradójica voluntad de Dios estaba motivada por la lealtad hacia el supremo bien de la creación: la *libertad* del hombre, y por la fidelidad a la plena verdad de la encarnación: la auténtica condición *humana* del Hijo. La religación a la realidad fue también *enigmática* para Cristo, pero lo fue de una manera única y particular. Cristo percibía que en Él se manifestaba la respuesta al enigma de la realidad: se revelaba el Padre, principio absoluto de todo, y se revelaba la identidad de realidad entre el Padre y el Hijo ("el que me ha visto a mí, ha visto al Padre", dijo a Felipe; *Jn* 14,9). La plena respuesta al enigma de la realidad se hace actual en el mundo en Jesús de Nazaret.

Jesús fundó el Cristianismo. Tiene sumo interés la insistencia de Zubiri en afirmar que esta fundación consistió, ante todo, en "hacer cristianos" a los hombres, y ser cristiano consiste en "irse haciendo cristianos unos a otros". El hombre se hace cristiano cuando su actualidad en el mundo, la figura de su Yo, se configura según la figura de Cristo y se realiza viviendo la religación a la realidad de modo similar

## Conclusión

a como la vivió Cristo. Pero ¿en qué consiste realizarse de un modo similar a como se realizó Cristo?

El hombre está religado a la realidad, fundamento de su realización, y la religación es experiencia, manifestación y enigma. Realizarse de modo similar a Cristo significa vivir la *experiencia* de la religación *filialmente*, desde un profundo sentimiento *filial* hacia Dios; significa, además, discernir su voluntad en la *manifestación* de la realidad, acatarla y obedecerla; finalmente, la religación a la realidad es *enigmática*, y el cristiano cree que en Cristo se revela y se hace actual la plena respuesta al enigma de la realidad. Ciertamente, todo ello puede suceder de modo implícito en quienes no conocen a Cristo o no creen en el Cristianismo. Pero, en todo caso, realizarse de modo similar a Cristo significa vivir según una *experiencia filial* la religación a la realidad, en obediencia a la voluntad de Dios *manifestada* en ella, reconociendo en Cristo la respuesta al *enigma* de la realidad. Éste es el resultado de la transformación del hombre operada por Cristo por medio de la predicación y los sacramentos. En los *sacramentos* se hace actual una acción de Cristo. La tarea propia de la *predicación* debe ser hacer actual en la Iglesia y en el mundo la figura de Cristo, transmitida por los relatos evangélicos (cfr C 271).

La realización cristiana acontece durante la entera vida del hombre, viviendo la religación de un modo similar a como la vivió Cristo, y haciendo actual la figura de Cristo en el mundo. Tiene una iniciación: el Bautismo, y una plenitud: la Eucaristía. Cristo instituyó, además, el sacramento del Orden. La misión de los que lo reciben, simbolizada en la entrega de las "llaves del Reino de los Cielos", consiste en el servicio de indicar las vías y caminos que conducen al Reino, ayudando a recorrerlos con fidelidad, y a mantener con lealtad la "figura filial" cristiana hasta la realización definitiva. Esta misión se cumple en la dedicación a suscitar, mantener y fomentar la realización cristiana del hombre, desde la *iniciación* y la *plenitud*, hasta la consumación.

Estas son las cosas que, a mi juicio, merecen ser destacadas en el volumen *El Problema teologal del hombre. Cristianismo* (C), en el que se han reunido textos inéditos de Zubiri. En él encontramos una exposición de los contenidos de la fe cristiana hecha a partir de una comprensión actual del mundo y del hombre. Con esta obra, Zubiri ofrece una seria contribución para renovar el pensamiento teológico, liberándolo de elementos que tienen su raíz en la filosofía griega, que durante siglos han tenido un influjo determinante en la teología cristiana.

# ABREVIATURAS

| | | |
|---|---|---|
| C | ZUBIRI, X., | *El problema teologal del hombre: Cristianismo*, Madrid 1997 |
| HD | ___ | *El hombre y Dios*, 5ª ed., Madrid 1994 |
| IS I | ___ | *Inteligencia sentiente. Inteligencia y realidad*, Madrid 1980 |
| IS II | ___ | *Inteligencia y Logos*, Madrid 1982 |
| IS III | ___ | *Inteligencia y Razón*, Madrid 1983 |
| NHD | ___ | *Naturaleza, Historia, Dios*, 10ª ed., Madrid 1994 |
| PFMO | ___ | *Los problemas fundamentales de la metafísica occidental*, Madrid 1995 |
| SR | ___ | *Sobre la realidad*, Madrid 2001 |
| SH | ___ | *Sobre el hombre*, Madrid 1986 |
| SE | ___ | *Sobre la esencia*, 4ª ed., Madrid 1972 |
| SS | COROMINAS, J. -VICENS, J. A., | *Xavier Zubiri. La soledad sonora*, Madrid 2006 |
| *Conv* | ___ | *Conversaciones sobre Xavier Zubiri*, Madrid 2008 |
| EMC | MONSERRAT, J., | *Existencia, Mundanidad, Cristianismo*, Madrid 1974 |
| HNC | ___ | *Hacia el Nuevo Concilio. El paradigma de la modernidad en la Era de la Ciencia*, Madrid 2010 |
| RD | MILLÁS, J. M., | *La realidad de Dios. Su justificación y sentido en Xavier Zubiri y Javier Monserrat*, Roma 2004 |

# ÍNDICE DE AUTORES

| | | | |
|---|---|---|---|
| Abraham, | 90, 91, 93, 112, 318 | Hegel, | 321 |
| Adán, | 209 | Heidegger, M. | 7, 8, 14, 22 |
| Agustín, | 119, 156 | Hitler, A. | 8 |
| Alejandro Magno, | 91 | Husserl, E. | 6, 7, 14, 20 |
| Apolinar, | 148, 216, 224 | Ireneo de Lyon, | 312 |
| Aristóteles, | 20, 25, 54, 82, 115, 116, 117, 119, 120, 201, 264, 265, 266 | Isaac, | 91 |
| | | Isaías, | 92, 205, 223, 228 |
| | | Jacob, | 91 |
| Arrio, | 152, 154, 306, 317 | Jerónimo, | 317 |
| Atanasio, | 153 | Josué, | 91 |
| Atenágoras, | 152 | Juan, | 101, 151, 177, 193, 214, 223, 228, 260, 261, 267, 276, 297 |
| Augusto, | 94 | | |
| Balthasar, V. | 113 | | |
| Berengario d.T. | 263 | Juan Pablo II, | 116 |
| Buenaventura, | 263 | Justino, | 118 |
| Bultmann, R. | 111 | Kant, E. | 22, 52 |
| Caifás, | 319 | Lucas, | 214 |
| Caín, | 90 | Lutero, M. | 112 |
| Ciro, | 91 | Marción, | 149 |
| Corominas, J. | 7 | Marcos, | 213, 214 |
| Coyne, J. | 116 | Marx, K. | 116 |
| David, | 91, 92, 93 | Mateo, | 214, 271, 319 |
| Einstein, A. | 7 | Moisés, | 91, 92, 93 |
| Ellacuria, I. | 8, 141 | Mussolini, B. | 6 |
| Escoto, | 298 | Nabucodonosor, | 91 |
| Felipe, | 134, 215, 324 | Nestorio, | 216 |
| Galileo, | 84 | Newman, | 314, 321 |
| Galván, T. | 58, 133 | Newton, | 84 |

| | | | |
|---|---|---|---|
| Nicolás II, | 263 | Radberto, P. | 263 |
| Nietzsche, | 321 | Rahner, | 232 |
| Noé, | 90 | Ratramno, | 263 |
| Orígenes, | 151, 152 | Sabelio, | 150 |
| Pablo de Tarso, | 96, 256, 259, 262, 278, 283, 284, 299, 309 | Salomón, | 91 |
| | | Sartre, J. P. | 14 |
| | | Saul, | 91 |
| Parménides, | 25 | Schrödinger, E. | 7 |
| Pedro, | 281 | Solano, J. | 113 |
| Penna, R. | 240 | Suárez, | 314 |
| Pío IX, | 307 | Tiberio, | 94 |
| Planck, M. | 7 | Tomás d. A. | 115, 116, 117, 119, 258, 263, 298, 307 |
| Platón, | 20, 82, 115, 120, 184 | | |
| Pompeyo, | 91 | Vicens, J. A | 7 |
| Poncio Pilato, | 94 | | |

# ÍNDICE GENERAL

| | |
|---|---:|
| **INTRODUCCIÓN** | 5 |
| PRIMERA PARTE | |
| **REALIDAD Y CREDIBILIDAD DE CRISTO** | 11 |
| CAPÍTULO PRIMERO | |
| **ELEMENTOS DE FILOSOFIA DE LA REALIDAD** | 13 |
| A. El acto primordial de la inteligencia | 13 |
|    1. *Inteligencia y sensibilidad* | 14 |
|    2. *La impresión* | 15 |
|    3. *Impresión de realidad* | 16 |
|    4. *Aprehensión de realidad* | 18 |
| B. Actualidad y substantividad | 20 |
|    1. *La actualidad* | 20 |
|    2. *Las cosas reales y sus elementos: las "notas"* | 23 |
|    3. *La substantividad. La cosa real como "sistema de notas"* | 24 |
|    4. *La respectividad* | 27 |
|    5. *El ser de la cosa real* | 27 |
|    6. *El poder de la realidad* | 28 |
|    7. *La verdad real* | 28 |
| **Apéndice 1.** *La actividad afirmativa y la actividad racional* | 30 |
| **Conclusión** | 32 |
| CAPÍTULO SEGUNDO | |
| **LA REALIDAD DEL HOMBRE** | 35 |
| A. La realidad humana | 35 |
|    1. *Tres grupos de elementos en la realidad humana* | 35 |
|    2. *La realidad humana: cuerpo y psique* | 37 |
|    3. *Definición de la realidad humana* | 39 |

    4. *La forma propia de la realidad human. Realidad personal* .............. 40
    5. *El modo de inserción del hombre en la realidad*....................... 42
**B. La actualidad en el mundo de la realidad humana**...................... 43
    1. *El ser del hombre. Su actualidad* .......................... 43
    2. *La realidad del hombre* ........................................ 43
    3. *El Yo del hombre. Su constitución* ........................ 44
    4. *El hombre, realidad específica* ............................... 45
**C. La realización de la realidad humana**........................ 46
    1. *La realización del hombre* ................................. 46
    2. *La biografía del hombre*................................... 47
    3. *La realidad, fundamento del hombre* ................. 48
    4. *La estructura de la fundamentalidad* ................... 49
    5. *El acontecimiento de la fundamentalidad* ............ 49
    6. *La cuestión del fondamento* ................................ 51
    7. *La voluntad de verdad* ..................................... 53
**D. La muerte del hombre** .................................................. 54

CAPÍTULO TERCERO
**EL ENIGMA DE LA REALIDAD. DOS RESPUESTAS POSIBLES** ........ 57
**Introducción** .............................................................. 57
**A. El hombre y las dos respuestas posibles**........................ 59
    1. *La respuesta "existencia de Dios"* ........................ 59
    2. *El hombre y la respuesta "mundo sin Dios"* ........ 60
    3. *El sentido de la existencia en la pura mundanidad* ............ 61
**B. La respuesta racional "mundo sin Dios"** ....................... 62
    1. *La contradicción interna en el concepto de Dios* ............ 63
    2. *La coherencia y el sentido de un mundo sin Dios* ............ 64
    3. *La opción por la "pura mundanidad"* .................. 65
**C. Nueva referencia a Dios en la pura mundanidad** ............. 66
    1. *La realización del hombre en un mundo sin Dios* ............ 66
    2. *La experiencia de la limitación* ........................... 66
    3. *Un nuevo interés por la cuestión de Dios* ............ 67
    4. *Dios. Indigencia. Alienación* ............................... 69
**D. La afirmación racional de Dios** ................................. 69
    1. *El sentido del silencio de Dios en el mundo* ............ 70
    2. *La afirmación racional de Dios* ........................... 72
    3. *El sentido existencial correspondiente a la afirmación de Dios* ............ 73

Índice general

4. Permanencia de la coherencia de un mundo sin Dios ............ 74
5. La apertura a la pura mundanidad como presupuesto de la afirmación de Dios.. 74

**E. Observaciones complementarias** ............ 75
1. La referencia a la acción escatológica de Dios ............ 75
2. La manifestación de Dios como gracia ............ 75
3. La presencia del Espíritu ............ 76
4. Pura mundanidad, dimensión sobrenatural, pecado ............ 77
5. Formas de pseudo ateísmo en la opción por un "mundo sin Dios" ...... 78
6. Los límites y el significado de las afirmaciones humanas sobre Dios.... 79

**Apéndice 2.** Confirmación de lo dicho en el capítulo a partir de datos de la historia ............ 80
1. Los sistemas míticos y simbólicos primitivos ............ 81
2. El cristianismo medieval ............ 82
3. El periodo postrenacentista ............ 83

CAPÍTULO CUARTO
LA CREDIBILIDAD DE LA FIGURA DE CRISTO............ 87

**A. Valoración de la credibilidad del cristianismo** ............ 87
1. Los criterios de valoración............ 87
2. Contenidos fundamentales de la fe cristiana ............ 89
3. Los contenidos de la fe y la realidad histórica............ 92
4. Aplicación de los criterios de valoración............ 95
5. El argumento decisivo de la credibilidad ............ 99

**B. La fe cristiana** ............ 104
1. El inicio de la fe ............ 104
2. Coherencia racional de la fe cristiana ............ 103
3. La fe, acto libre............ 107
4. La fe, gracia de Dio ............ 108
5. Fe y actitud teológica............ 108
6. Fe personal y fe de la Iglesia ............ 109

**Conclusión** ............ 110

**Apéndice 3.** Límites en la comprensión de la kénosis ............ 111

CAPÍTULO QUINTO
¿HACIA UN NUEVO PARADIGMA DEL PENSAMIENTO CRISTIANO? ............ 115

**A. Elementos del paradigma tradicional** ............ 118
1. Inteligencia y fe............ 118

2. Una comprensión dualista del mundo y del hombre .................. 119
3. La certeza absoluta o metafísica ................................................ 123
4. El teocentrismo ........................................................................... 124
5. La Ley natural ............................................................................. 125
6. La comprensión teocrática de la autoridad ............................ 128

**B. Elementos para un nuevo paradigma** ................................... 129
1. Comprensión unitaria del mundo y del hombre .................. 129
2. El silencio de Dios ..................................................................... 131
3. La certeza moral ........................................................................ 132
4. La figura de Cristo..................................................................... 133

## CONCLUSIÓN DE LA PRIMERA PARTE ..................................... 137

### SEGUNDA PARTE
### REALIDAD Y TEOLOGÍA

## INTRODUCCIÓN ............................................................................. 141

### CAPÍTULO SEXTO
### EL MISTERIO DE DIOS Y DE SU VIDA TRINITARIA ..................... 145

I. El misterio de Dios en la revelación ........................................ 148

**A. La comprensión de Dios en la Escritura** ................................ 148

**B. La definición dogmática de lo que es Dios** ........................... 148
1. La funcionalidad ........................................................................ 148
   a. Las dimensiones de la funcionalidad ................................. 149
   b. El modalismo y la respuesta de la Iglesia......................... 149
2. La trascendencia ........................................................................ 151
   El arrianismo............................................................................ 152
3. La consustancialidad ................................................................ 153

II. La conceptuación del misterio ................................................ 155

**A. Las tres *personas* divinas** ........................................................ 156
1. La filosofía de la persona y su aplicación a Dios ................ 156
   a. El concepto de suidad o de autoposesión personal ........ 157
   b. La suidad o autoposesión personal, aplicada a Dios ...... 157
   c. Persona y realidad en Dios .................................................. 158
2. El punto de partida en la teología de la Trinidad................ 159

Índice general

**B. La *procesión* de persona a persona en la Trinidad** .................. 159
La actividad de la realidad como un *"dar de sí"* .......................................... 160

**C. La estructura procesual en la realidad de Dios** ........................ 161
   1. *El punto de partida* ................................................................................ 161
   2. *La verdad de la realidad divina* .......................................................... 162
      a. *La concepción zubiriana de la "verdad real"* .............................. 162
      b. *Aplicación a la teología trinitaria* .................................................. 163
      c. *La generación del Hijo* ...................................................................... 164
   3. *Identidad de realidad y verdad* .......................................................... 164
   4. *Tres preguntas complementarias* ...................................................... 165

**D. La vida trinitaria de Dios** .................................................................... 167
   1. *Implicación* ................................................................................................ 167
   2. *Compenetración* ...................................................................................... 168
   3. *Vida personal* .......................................................................................... 169
      Resumen ........................................................................................................ 172

**Conclusión** ........................................................................................................ 173

CAPÍTULO SÉPTIMO
**LA CREACIÓN. UN PROCESO HACIA LA LIBERTAD** ........................................ 175

I. ¿QUÉ ES CREACIÓN? ............................................................................................ 175

**A. El carácter formal del acto creador** .................................................. 176
   1. *El Antiguo Testamento* ............................................................................ 176
   2. *El Nuevo Testamento* .............................................................................. 177

**B. La estructura del acto creador** ............................................................ 178
   1. *Qué es la creación por parte de Dios* ................................................ 179
      a. *El carácter vital del acto creador* .................................................. 179
          La creación procede de la vida trinitaria ........................................ 179
          La creación, procesión hacia *"fuera de Dios"* ............................ 180
          Procesión iniciante ............................................................................ 180
          Procesión consecutiva ........................................................................ 181
          La creación, iniciativa de Dios ........................................................ 181
          Iniciativa libre de Dios ...................................................................... 181
          Necesidad y contingencia .................................................................. 181
          La creación, libre efusión de amor .................................................. 182
          La realidad creada, término de una efusión divina .................... 182
          La creación, don de Dios .................................................................. 182
          La oblación, correlato humano al don de Dios ............................ 183
          Dios vive la creación eternamente .................................................. 183

      b. *El carácter extático de la realidad de Dios. Su fecundidad* .............. 184
      c. *La infinitud de Dios en su acción creadora* ........................................ 184
          *Omnipotencia* ............................................................................... 184
          *Omnisciencia* ............................................................................... 185
          *Providencia* ................................................................................. 186
   2. *Qué es la creación por parte del mundo* .................................................. 186
      *Las cosas creadas dan gloria a Dios* ....................................................... 187
      *Las cosas creadas son buenas* ................................................................. 187
      *Las cosas creadas constituyen el mundo* ................................................ 188
      *El mundo está abierto a la autoformación* ............................................. 188
   3. *La realidad integral de la creación* ......................................................... 189

II. Los modos de la creación ....................................................................... 191

**A. Primer modo. Creación de las esencias cerradas** ............... 192

**B. Segundo modo. Creación de las esencias abiertas** ............... 193
   1. *La creación del hombre en la Escritura*.................................................. 193
      a. *El cuerpo humano* ............................................................................ 194
      b. *El dominio sobre la tierra* ................................................................ 194
      c. *El carácter absoluto de la realidad personal* ..................................... 194
   2. *La realidad humana. Su estructura* ........................................................ 195
      a. *Elementos estructurales de la realidad humana* .............................. 196
          *La realidad sustantiva* ................................................................ 196
          *La actualidad* ............................................................................... 196
          *La intimidad* ................................................................................ 197
      b. *La finitud* ........................................................................................ 198
      c. *La libertad* ....................................................................................... 199
   3. *El proceso real y efectivo de la vida del hombre* ................................... 200
      a. *Un proceso biográfico* ..................................................................... 200
          *La causalidad personal* .............................................................. 201
          *La gracia* ....................................................................................... 201
          *El pecado* ..................................................................................... 202
          *Voluntad permisiva y voluntad de beneplácito en Dios* .......... 203
          *La unidad en la voluntad de Dios* ............................................. 203
      b. *Un proceso histórico* ....................................................................... 205
          *El mundo* ..................................................................................... 205
          *Las iniciativas divinas* ................................................................ 205
          *La deformación del hombre* ...................................................... 206
          *El mal* ............................................................................................ 206
          *El juicio del mundo* ..................................................................... 207
      c. *Un proceso originado* ...................................................................... 207

Índice general

    *El hombre y la evolución* ............................................................. 208
    *El pecado de origen* ..................................................................... 209
III. La unidad de la creación ............................................................. 210

CAPÍTULO OCTAVO
**LA ENCARNACIÓN. LA REALIZACIÓN HUMANA DE LA VERDAD DE DIOS** ...... 213

Primera parte
**A. El hecho de la Encarnación en el Nuevo Testamento** .......... 213

**B. La precisión de las formulaciones dogmáticas** ...................... 215

Segunda parte
La conceptuación teológica ............................................................ 217

I. La persona de Cristo ..................................................................... 218

**A. ¿Quién es Cristo? Su actualidad en el mundo** ..................... 218
    1. *La figura del Yo. La actualidad de Cristo en el mundo* ........ 219
        a. *Presupuesto filosófico* .................................................... 219
        b. *Aplicación a Cristo* ......................................................... 220
    2. *La figura del Yo. La verdad real de Cristo* ............................ 221
        a. *Presupuesto filosófico* .................................................... 221
        b. *Aplicación a Cristo* ......................................................... 221
    3. *El paso del Yo de Cristo a su realidad sustantiva* ................ 222
        *El secreto mesiánico* ........................................................... 223

**B. ¿Quién es Cristo? Su realidad sustantiva** ............................ 223

**C. La autoposesión personal de Cristo** .................................... 225
    1. *La autoposesión personal de Cristo desde el punto de vista de Dios* ...... 225
    2. *La autoposesión personal de Cristo desde el punto de vista del hombre* 226
    3. *¿Por qué se ha encarnado la segunda persona de la Trinidad?* ............ 227

**D. La realidad de Cristo y las demás personas de la Trinidad** 228

**E. Dos cuestiones complementarias** ......................................... 229
    1. *¿Cómo sabe Cristo que es Hijo de Dios?* ............................. 230
    2. *La posición de Cristo en la Creación* ................................... 230

II. La vida de Cristo ........................................................................... 231

**A. La biografía en la vida de Cristo** .......................................... 232
    1. *La biografía del hombre* ........................................................ 232
    2. *Aplicación a Cristo* ................................................................ 234

B. La realización de la biografía de Cristo .................................. 235
   *Presupuesto filosófico* .......................................................... 236
   *Aplicación a Cristo* ............................................................... 236
   1. *Cristo, religación subsistente y filial* ................................... 236
   2. *Cristo, revelación subsistente y actual* ............................... 238
   3. *Cristo, actualidad del Misterio de Dios* ............................. 240

III. LA OBRA DE CRISTO .................................................................. 241

A. ¿Qué se entiende por fundar? ................................................. 242
B. La acción de fundar el Cristianismo ....................................... 243
   1. *La muerte de Cristo* .......................................................... 244
      *El significado de la muerte para Cristo* ............................. 244
      *El significado de la muerte de Cristo para los demás* ........ 244
   2. *La resurrección de Cristo* .................................................. 247
      *El significado de la resurrección de Cristo para los hombres* .......... 247
      *La gracia* .......................................................................... 248
   3. *La fundación del Cristianismo* .......................................... 249

CAPÍTULO NOVENO
**LOS SACRAMENTOS. LA TRANSFORMACIÓN DEL HOMBRE** ............. 251

A. La permanencia de las acciones de Cristo .............................. 251
B. La teología de los sacramentos ................................................ 253
   1. *Elementos de Sacramentaria fundamental* ........................ 254
   2. *El concepto de sacramento* ............................................... 255
   3. *El concepto de actualidad aplicado a los sacramentos* ....... 256
C. La iniciación: el Bautismo ....................................................... 257
   1. *La incorporación a Cristo* ................................................ 258
   2. *El perdón* .......................................................................... 259
   3. *La gracia* .......................................................................... 259
   4. *La regeneración* ............................................................... 259
D. La plenitud: la Eucaristía ........................................................ 260
   1. *La institución de la eucaristía* ........................................... 260
   2. *La fe de la Iglesia en la Eucaristía* ................................... 262
   3. *La controversia eucarística* .............................................. 263
   4. *La doctrina del Concilio de Trento* .................................. 263
E. La conceptuación teológica de la Eucaristía .......................... 265
   1. *La conversión del alimento natural en alimento espiritual* ......... 266

2. La transformación de la realidad en la Eucaristía .................. 266
3. El modo de la presencia real .................................................. 268
   La actualidad ............................................................................ 268
   El cuerpo humano .................................................................... 268
   La presencia de Cristo en el pan ............................................. 268
4. La razón formal de la eucaristía ............................................. 269

**F. Otros sacramentos** ................................................................. 270

CAPÍTULO DÉCIMO
**LA IGLESIA. ACTUALIDAD DE CRISTO EN EL MUNDO** .................... 273

**A. El fundamento de la unidad en la Iglesia** ............................ 274
1. La sacramentalidad de la Iglesia ........................................... 274
2. La actualidad de Cristo en la Iglesia .................................... 275
3. La efusión del Espíritu en Pentecostés ................................. 276

**B. La índole interna de la unidad en la Iglesia** ........................ 277
1. La mismidad ........................................................................... 278
2. La comunidad ......................................................................... 278
   La comunión personal .............................................................. 279
   La comunidad personal cristiana ............................................. 280
   Comunidad personal y sacramental ......................................... 280
   Comunión personal y Pueblo de Dios ..................................... 282
3. La corporalidad ...................................................................... 283
   La Iglesia, cuerpo de Cristo .................................................... 283
   El cuerpo personal de Cristo ................................................... 284
   El cuerpo eucarístico ................................................................ 285
   La deiformidad en la Iglesia .................................................... 286

CAPÍTULO UNDÉCIMO
**LA ESCATOLOGÍA. LA CONSUMACIÓN DE LA VIDA DEL HOMBRE** ......... 289

**A. Fases en la realización del Reino** ......................................... 291

**B. La estructura del proceso: sus dimensiones** ........................ 291
1. La dimensión eclesial ............................................................. 291
2. La dimensión cristológica ...................................................... 292
3. La dimensión personal ........................................................... 293
   a. La vida humana ................................................................... 294
   b. La libertad ............................................................................ 294
   c. La muerte ............................................................................. 294

### C. La muerte como fijación. Dos posibilidades ........................ 295
  1. *Fijación en el modo aversivo de vivir (condenación)* .................... 296
  2. *Fijación del modo conversivo de vivir (salvación)* ...................... 297
### D. La gloria ........................................................... 297
  1. *El conocimiento de Dios* ............................................... 297
  2. *La felicidad* .......................................................... 298
  3. *La resurrección como integridad escatológica* .......................... 299

## CAPÍTULO DUODÉCIMO
## REVELACIÓN, HISTORIA DE LOS DOGMAS Y PRESENCIA DE CRISTO EN LA IGLESIA ........................................ 301

LA DIMENSIÓN HISTÓRICA DE LA REVELACIÓN ....................... 302
I. ¿QUÉ ES REVELACIÓN? ......................................... 302
II. ¿CÓMO ACONTECE LA REVELACIÓN? .............................. 304
III. ¿A QUIÉN SE DIRIGE LA REVELACIÓN? ......................... 304
IV. ¿EN QUÉ CONSISTE LA HISTORICIDAD DE LA REVELACIÓN? ........ 306

### A. El progreso en la comprensión de la revelación ............... 306
### B. El progreso en la revelación vivida ......................... 306
### C. El progreso en la misma manifestación de la revelación ..... 307
### D. La historicidad de la revelación ........................... 307

LA TRADICIÓN ..................................................... 308

### A. La tradición constituyente ................................. 308
### B. La tradición continuante .................................. 309
### C. La tradición progrediente ................................. 310
  1. *La revelación como "supuesto"* .............................. 311
  2. *El progreso de la revelación* ............................... 312
  3. *La estructura del progreso de la revelación* ................ 314
     a. *La situación espiritual y religiosa* ..................... 314
     b. *La revelación como posibilidad* .......................... 314
     c. *La posibilidad de comprensión* ........................... 315
     d. *Criterios de cumplimiento verdadero en el contenido revelado* 315
     e. *Analogía entre las definiciones dogmáticas y los sacramentos* 318
     f. *La infalibilidad y la historicidad de la revelación* ..... 319
     g. *La problemática de la dimensión histórica de la revelación* .... 321

Índice general

| | |
|---|---|
| CONCLUSIÓN | 322 |
| CONCLUSIÓN GENERAL | 323 |
| ABREVIATURAS | 327 |
| ÍNDICE DE AUTORES | 329 |
| ÍNDICE GENERAL | 331 |

SALATIELLO, Giorgia (a cura di)
**"Theologia" 9**
2012 pp.304
978-88-7839-237-3 - euro 30,00

La domanda sul significato che oggi può avere un teologo scomparso da un quarto di secolo obbliga a fare delle distinzioni: la sua persona era di un'altra epoca rispetto a quella attuale – Rahner appartiene al ventesimo secolo. La sua opera – il suo pensiero – vive nei suoi discepoli e nelle sue testimonianze, siano esse pubblicate o conservate in archivi. L'uomo di oggi può ricorrere ad esse. Il suo pensiero, spesso, ha così tanto peso, che vale la pena rifletterci sopra e, benché inizialmente sia stato sviluppato nella sua epoca, coinvolge di nuovo la persona. I percorsi qui delineati sono quelli di Rahner medesimo, ovvero le fondamentali direzioni del suo pensiero, secondo le quali si può organizzare l'immenso materiale che questo autore ha prodotto. Ma i sentieri tracciati in questa raccolta muovono dalla rilettura del suo pensiero che, al di là di qualsiasi facile esagerazione, ha segnato profondamente la teologia e, bisogna dirlo, anche alcuni ambiti della filosofia del ventesimo secolo. Nessuna tentazione apologetica, ma soltanto la convinzione che, così come la riflessione di Rahner ha segnato il secolo precedente, analogamente ora essa può essere ripensata da chi voglia collocarsi nell'oggi con lo stesso impegno e con la stessa onestà che ieri sono stati di Rahner.

MILLAS José M.
**"Theologia" 10**
2013, pp. 144
978-88-7839-252-6 - euro 15,00

L'origine di questo scritto sono le dispense per gli studenti; la ricezione positiva mi ha incoraggiato a trasformarle in materiale pubblicabile. Il testo presenta elemnti della filosofia zubiriana della realtà e dell'uomo (1 e 2) e l'approccio all'enigma della realtà di J. Monserrat, per il quale la risposta agnostica ha coerenza razionale sufficiente. Il riconoscimento di senso nell'esperienza del silenzio di Dio porta all'affermazione razionale di Dio, ed ad una rinnovata e approfondita giustificazione razionale della verità di Cristo nell'epoca della Scienza (3 e 4). Ciò conduce a considerare la convenienza di un cambio di paradigma nel pensiero cristiano (5). Il testo corrisponde alla prima parte di uno scritto in spagnolo, la cui seconda parte espone l'applicazione della filosofia di X. Zubiri alla teologia. Mi auguro di poter offrire più avanti il testo spagnolo completo.

BRODEUR, Scott N. SJ
**"Theologia" 11**
2013, pp. 448
978-88-7839-263-2 - euro 33,00

*Studio introduttivo esegetico-teologico delle lettere paoline*
L'Autore completa con questa pubblicazione lo studio introduttivo della trattazione epistolare paolina. La presente introduzione allo studio delle lettere paoline, concentrata essenzialmente sulle epistole incontestate dell'Apostolo dei Gentili, costituisce ora un'opera unica in due volumi, *Il cuore di Cristo è il cuore di Paolo* e *Il cuore di Paolo è il cuore di Cristo*. Si propone una panoramica ampia e ben costruita dell'epistolario paolino oltre a fornire utili chiavi ermeneutiche per la comprensione del pensiero di Paolo. In questo secondo volume, l'Autore si occupa dei restanti libri e di una sintesi teologica essenziale del vangelo paolino attenta all'attualizzazione nella Chiesa di oggi. Il lavoro tenta di favorire l'ingresso degli studenti del primo ciclo di teologia nel ricco e complesso mondo del pensiero di Paolo mediante un impatto appassionante.

Due i tratti specifici dell'opera: l'enfasi sull'impiego liturgico delle lettere e sul loro carattere di testi legati alla proclamazione in ambito comunitario ed ecclesiale, che rivela il riconoscimento sin dall'inizio di questi scritti come testi ispirati, e l'esegesi puntuale di brani significativi del corpus, attraverso il ricorso al metodo sincronico dell'analisi retorico-letteraria. Altra intuizione, l'approccio interdisciplinare alle lettere che coinvolge gli ambiti della letteratura, della storia, dell'arte e della musica; l'attenzione all'eredità del messaggio paolino, alla sua trasmissione all'interno della compagine ecclesiale e all'attualizzazione del Vangelo nella testimonianza dei santi. Attestata dalla fecondità di un ministero, quello di Paolo, che da secoli ha reso visibile l'esempio di Gesù, questa eredità ha suscitato in passato e suscita oggi un fascino ed un'attrazione nel cuore di molti che, guardando Paolo, si sono appassionati maggiormente o per la prima volta a Cristo, cuore pulsante della sua predicazione e della sua missione, come si evince in ogni lettera.

MILLÁS José M.
**"Theologia" 12 - II Vol.**
2014, pp. 208
978-88-7839-284-7 - euro 15,00

Questo scritto, secondo volume di Cristianesimo e Realtà, tradotto dal R.P. Domenico Ronchitelli SJ, vuole presentare i risultati ottenuti da X. Zubiri, nell'applicazione alla teologia della sua filosofia, trattata nella prima parte. Da questa operazione viene fuori una esposizione sistematica di contenuti fondamentali alla fede (Trinità, Creazione, Incarnazione...) L'interesse dell'esposizione risiede sia nel fatto che è stata eseguita partendo da una comprensione attuale del mondo e dell'uomo, sia nelle conseguenze che ne derivano, in particolare due. Da una parte l'approccio alle questioni teologiche e il loro sviluppo sistematico fanno a meno degli elementi radicati nella filosofia greca, che nei secoli hanno avuto un influsso determinante sulla teologia. Dall'altra, nell'esposizione emerge con forza la realtà di Cristo come centro del pensiero cristiano. Mi auguro che il testo possa essere d'aiuto nell'attuale processo di rinnovamento della teologia.

"Theologia" 13
2014, pp. 304
978-88-7839-290-8 - euro 30,00

Questo libro è il frutto di una riflessione interdisciplinare di un gruppo di docenti della Pontificia Università Gregoriana, coordinato dal Dipartimento di Teologia Morale. Il tema conduttore è il rapporto tra evangelizzazione e morale, accogliendo l'insegnamento papale come stimolo al pensiero e alla ricerca della comunità universitaria. In tal modo, la relazione tra magistero e teologia diviene feconda, stimolata ancor più dal fatto che in questo caso è proprio il magistero a domandare alla teologia di continuare a pensare con quella creatività secondo lo Spirito che armonizza prudenza e audacia. Ed è così che qui vengono offerte «chiavi di lettura» dell'*Evangelii Gaudium*, ma anche testimonianze e prospettive generate da una lettura incorporante realtà pastorali, al crocevia di questioni che restano aperte alla riflessione, in dialogo con spazi, tempi ed esperienze ecclesiali molteplici.

Finito di stampare nel mese di Ottobre 2014
presso Scuola Tipografica S. Pio X - Roma